凝煉知識品味閱讀

文化行政

夏學理、凌公山、陳媛◎編著

五南圖書出版有限公司

再版序

在本書開始之前，筆者特別要在此，對於本書的編寫內容做一說明。讀者或許曾發現，雖然本書的名稱叫做「文化行政」，但是，除了本書的第一篇，曾對於文化行政所可能涵括的事務範圍，做過原則性的說明與介紹之外，書中的其他各篇，則是分別以「表演藝術行政」、「視覺藝術行政」、以及「博物館行政」來做爲本書的編寫內容。爲了避免誤導各位讀者，以爲「表演藝術行政」、「視覺藝術行政」、以及「博物館行政」的總合，就是「文化行政」，因此，筆者必須要在這裡做一個觀念上的釐清。

筆者想要表達的是，「表演藝術行政」、「視覺藝術行政」、以及「博物館行政」，只是「文化行政」的組成基礎之一，它們十分的重要，但卻並不是代表「文化行政」的全部。筆者以及另外兩位編著者，之所以會將本書的編寫重點，放在「表演藝術行政」、「視覺藝術行政」、以及「博物館行政」等三大文化行政工作項目上，最主要的原因，除了是因爲考量每一位編著者的學術專業以及研究興趣之外，也著實是希望能以「聚焦」的方式，來導引本書的編寫方向。畢竟，筆者以及另外兩位編著者，寧可選擇對於「表演藝術行政」、「視覺藝術行政」、以及「博物館行政」等三大文化行政工作項目，做一完整性的介紹，而不願僅是以說明整體文化行政的表象爲題材，而讓各位讀者於讀完本書之後，心生一股「看了等於沒看」的遺憾。總之，希望各位讀者，能夠體諒筆者以及另外兩位編著者的心意，也希望，這本以「表演藝術行政」、「視覺藝術行政」、以及「博物館行政」爲主要編寫內容的非完整版「文化行政」，確能對於各位讀者有所助益。

總之，本書先選定將編寫內容，鎖定在「表演藝術行政」、「視覺藝術行政」、以及「博物館行政」等三大面向上，再由筆者負責編寫「表演藝術行政」部分，而凌公山以及陳媛兩位教授則分別負責編寫「視覺藝術行政」（凌教授在其所編寫的種種視覺藝術行政課題部分，也偶爾會擷取若干表演藝術行政方面的例子，以做爲相互驗證參考之用），以及「博物館行政」的部分。以筆者與凌公山教授所負責的藝術行政部分（含表演藝術行政以及視覺藝術行政二者）來說，英美學界將「藝術行政」當做一門學科，實是近半世紀以來的事。究其原因，即是由於社會文明蓬勃發展，藝術相關人口與事務激增，政府各層級和民間團體機構，在藝術的投注十分龐雜而活絡，而愈發突顯了藝術行政的重要。而「藝術行政」在研究與應用上，亦由於發展較晚，故也深具時代性和迫切性。

反觀臺灣於近三十餘年來，在「文化行政」事務上，也同樣經歷了最爲重要的變遷。從民國六十年代末起各縣市文化中心的成立，到八十年代末起分布各縣市的文化局；從民國七十年代初的文建會設置，到今日（一百年代初）已轉型爲文化部，這所有的變化都只說明了「文化行政」在臺灣，已正式進入到一個需要「學界」關注，並將其視爲一專業學門的階段。於是，這些年來，國內也就開始有不少的公私立大學系所，選擇以成立相關研究所或在大學部開設相關課程甚或設系的方式，來共同灌溉「文化行政」的園地。這一切，都是歡慶百年的臺灣，「迎向『藝』百年」、「航向文化國」的關鍵指標。且讓你我引領期待，因爲文化藝術，將能讓「福爾摩沙」更美、更好。

在此同時，筆者也要感謝筆者之研究生助理邱文蕾小姐，謝謝她那具效率與專業的表現，協助筆者得以在期限內完成此次的修訂工作。

夏學理　謹識

民國一〇一年十二月一日

目錄

第一篇　緒論

第一章　文化與行政

學習目標

讀完本章內容之後，學習者應能達成下列目標：

1.了解文化的定義。

2.比較由不同學者，所提出之文化定義。

3.了解行政的定義。

4.從不同的觀點來解釋行政的內容。

摘要

文化乃是經由人類創造而成，於是，不同的族群就自然會擁有屬於他自己的文化特色。不過，若從各個不同學者的觀點來做一綜合比較，我們又可以發現，所謂的「文化」，其所指的仍不脫一般所謂的藝術修養、生活禮儀，或是經過世世代代的傳承交替，以及因著學習而來的一切經驗累積。只不過，基於不同的族群所獨有的特性，而導致不同文化結果的產出。

另在行政的定義方面，在藉由我國學者張潤書教授的闡釋與說明下，使得我們可以很容易的自「政治」、「管理」與「公共政策」等三個面向，來對於「行政」二字，做一清楚的了解與認識。

第一節　何謂文化

文化是經由人類所創造而成的。克羅孔（C. Kluchkhohn）曾說：「當我們把一般的文化，看做是一個敘述性的概念時，文化即是人類因爲創造而所累積起來的寶藏，如書籍、繪畫、建築等均屬之。」（*Kluchkhohn, 1945*）

因此，基於文化乃是經由人類所創造而成的這個緣故，不同的族群自然會擁有屬於自己的文化特色。然而，儘管如此，文化仍舊不脫一般所謂的藝術修養、生活禮儀，或是經由世代傳遞學習而來的一切經驗累積。就如洛維（R. H. Lowie）所指出的：「我們所了解的文化，是一個人從他所屬的社會中，所獲得的一切事物之總和。這些事物，包括了：信仰、風俗、藝術形式、飲食習慣，以及手工業……等。」（*Lowie, 1920*）

洛維所論及的這些文化產物，舉凡語言文字、風俗習慣、哲學思想，與建築藝術等等，可以說，無一不是人類偉大的演進見證。這也就是說，人類之所以能夠不同於這世界上的其他種動物，正是因爲人類有能力創造文化，而文化又同時可以被人類加以傳遞與延續。總之，每一個人打從出生開始，即不斷的受到生活周邊事物的制約與影響。而這些制約與影響你我思想及行爲的事物，無論是有形的還是無形的，也不管是傳承的亦或是新創的，都可以被界定爲文化的內容之一。所以，「文化」一詞的定義不但十分的廣泛，而且，也相當的難以被解析形容。因爲，「文化」二字，不但可以大到代表一個具有悠久歷史、道統傳承的文化社會，也可以小到只在於描述人類的某種生活方式，甚或是行爲模式。無怪乎，羅威勒（A. L. Lowell）會說：「在這個世界上，沒有別的東西會比文化更難捉摸。我們不能分析它，因爲它的成分無窮無盡；我們不能敘述它，因爲它沒有固定的形狀。我們想用文字來規範它的意義，而這又正像要把空氣抓

在手裡一樣；當我們在尋找文化時，它除了不在我們手裡之外，它事實上無所不在。」（韋政通，民78，頁21）

此外，再根據我國學者莊英章教授的說法，有關於「文化」的思考，最早可溯自十八世紀德國的思想家，他們多著眼於歷史哲學與民族學的興趣，致力於探討過去的風俗制度以及現今習俗的演變傳承。不過，在當時所用的詞彙是「文明」（Civilization）而不是「文化」（Culture）。因為，事實顯示，在英、法、德文中，「文明」一詞的出現，是要比「文化」一詞的出現，來得較為早些。因此，學界在後來，也就曾經對於此二詞的意義，產生了爭論。且直到二十世紀的三〇年代，才將「文明」與「文化」二詞視為同義，並開始以使用「文化」一詞為主（莊英章，民81，頁12）。

總而言之，儘管在有關於「文化」的定義方面，眾說至今，世上還沒有能夠產生出一個公認的結果。不過，英國的學者泰勒（E. B. Tylor），所瞥經對於文化一詞注下的意義，誠可以說，是最為各界所廣泛引用的一個解釋。泰勒認為：「文化，是一種複合整體（Complex Whole），是因為人身為社會的成員之一，乃得以獲得的。它包含了：知識、信仰、藝術、道德、法律、風俗，以及人類其他的能力與習慣等等。」（*Tylor, 1871*）

泰勒這個在十九世紀對於文化一詞所下的經典定義，後來也被收錄到牛津大辭典之中。而根據此一定義，我們即可發現，你我以及世界上的任何一人，不但個人的所言所行，是確實地受到文化的指引，而且，我們同時也在延續以及創造文化。其實，我們每一個人皆隨時隨地的受到文化的薰陶感染，但卻由於早已習慣於如此，所以很少意識到它的存在。而這也許就正如史瓦慈（T. Schwartz）所認為的：「由於文化是一個知識的總集合（Apool of knowledge），也由於每一個人對於其自身在文化上的貢獻，均有其各自不同的方式及程度，因此，文化在其累積、創造以及被使用上，都超越了個人層次。而同時，由於文化也涵括了差異性（Diversity）以及共同性（Commonality），因此，它的差異性增加了文化的創造活力，而它的共同性，則促使了在文化方面的溝通以及組織控制的可能。」（莊英章，民81，頁20）

第二節　何謂行政

美國的政治學者威爾遜（W. Wilson），曾於十九世紀末葉，以一篇名為「行政研究」（The Study of Administration）的專論，激發起人們開始注意諸多行政問題與現象的興趣，譬如：政府的組織結構、管理運作、人事財務、法令規章、工作動機、人際關係……等等，並促使「行政」逐漸演變成一項新興的學問（張潤書，民*82*，頁*1*）。而若再根據我國學者張潤書教授的界定，「行政」依其發展的過程，實可由以下的三個觀點來解釋其意義：

一、從「政治」的觀點來解釋行政

（一）以「三權分立」的觀點來解釋，即所謂：「行政就是政府行政部門所管轄的事務。」或「凡國家立法、司法以外的政務總稱為行政。」不過，此種早期的解釋實不甚完備。因為，人、財、事、物等行政現象，並非僅存在於行政部門而已。其實，整個政府（含立法、司法機關）以及公務組織（如公共團體、財團法人）的業務，都在行政的研究處理範圍之內。

（二）以「行政附屬於政治」的觀點來解釋，即所謂：「政治的範圍大、層次高；而行政的範圍小、層次低」，遂把行政看作是政治的附屬品。譬如，古德諾（F. Goodnow）就曾經說過：「政治是國家意志的表現；行政是國家意志的執行。」不過，在實務上，政治與行政卻應該是互補且缺一不可的。因為，政府首長必須要透過行政手段來解決政治問題，而相對地，在制訂決策時，政府首長也需要考量相關政治因素。

二、從「管理」的觀點來解釋行政

自從在工商企業界發生了「科學管理」的大革命之後，政府機構便開始認爲，科學管理所強調的效率、成本、品質等觀念，也可以在公務單位中被加以推行，以使得政府的責任與使命得以有效的完成。此項觀點，就誠如我國學者張金鑑教授所曾經指出的「十五M」理論一般，認爲無論是政府或者是公務單位，都應當對於以下的十五項管理重點，不斷的謀求增強、精進與革新：

（一）Aim——目標；（二）Program——計畫方案；（三）Men——人員；（四）Money——金錢；（五）Materials——物料；（六）Machinery——組織；（七）Method——方法；（八）Command——領導；（九）Motivation——激勵；（十）Communication——溝通；（十一）Morale——士氣；（十二）Harmony——協調；（十三）Time——時間；（十四）Room——空間；（十五）Improvement——改進。

三、從「公共政策」的觀點來解釋行政

所謂「公共政策」的觀點，乃是將政治與行政合爲一體以研究行政現象。因爲，政府政策的制訂、執行與評估等等，實爲一連串的行政過程，當然也是極爲明顯的政治活動。而政府如何制訂良好的政策，並保證其能被加以貫徹施行，的確是每一個在政府單位服務的人員，所不可推卸的責任。

總之，依張潤書教授之見，不論是從政治的、管理的，還是公共政策的觀點來解釋，「行政」實脫離不了政府與公共團體的範圍，並與政府及公共團體的一切活動有關。結言之，行政的意義概可被約略歸納成以下五

點：

1.與公眾有關的事務，須由政府或公共團體來處理者。

2.涉及政府部門的組織與人員。

3.政策的形成、執行與評估。

4.運用管理方法（計畫、組織、領導、溝通、協調、控制……等等）以完成政府機關（機構）的任務與使命。

5.以公法爲基礎的管理藝術（張潤書，民82，頁2～9）。

關鍵詞彙

文化	文明	政治	公共政策
文化產物	行政	管理	公共團體

自我評量

1.請試就不同學者所提出的文化定義中，選出一個你最爲認同的定義，並說明你之所以會認同的原因。

2.請試就自己的觀點，爲「文化」二字下一定義。

3.對於由我國學者張潤書教授所提出的三項觀點而言，你認爲其中的哪一項觀點，最能夠解釋「行政」的意義。

4.請試就自己的觀點，爲「行政」二字下一定義。

第二章　何謂文化行政

學習目標

讀完本章內容之後，學習者應能達成下列目標：

1. 了解文化行政的定義。
2. 了解文化行政的最高實踐原則。
3. 對於當代外國政府在文化行政實務工作上所進行的努力做一了解。
4. 對於我國現階段之文化行政實務工作做一了解。

摘要

前章在對於「文化」以及「行政」的定義，做了概括性的介紹之後，本章乃旨在於說明，何以文化行政會成爲政府以及公共團體所必須承擔的一份重責大任。究其原困，主要是因爲，文化既是各民族的精神支柱，也是維繫國家完整的一份基本力量。因此，在人人均對於文化負有責任的情況下，政府以及公共團體當然更應該將文化事務，視作其組織運作的基本使命。

此外，爲使文化行政之理論與實務得以契合，本章也另對國外暨國內的文化行政專責機構做一重點式的簡介，俾增益讀者們的學習印象。

第一節　文化行政之基本界說與實踐原則

如前所述，「由於文化涵括了差異性（Diversity）以及共同性（Commonality），因此，它的差異性增加了文化的創造活力，而它的共同性，則促使了在文化方面的溝通以及組織控制的可能。」故而，在文化事務亦等同於「與公眾有關的事務，須由政府或公共團體來處理」，同時「涉及政府部門的組織與人員」的情況下，文化行政的功能便順勢而生。此外，又誠如我國學者賴維堯教授所說：「在現代社會中，行政的質、量正與人民的日常生活息息相關。我們的食、衣、住、行、育、樂，或生命財產安全，都依賴於政府機關的績效表現。」（賴維堯等，民*86*，頁*9*）另也亦如強生（W. C. Johnson）所界定的政府七大任務（見表2-1）中所指：「文化生根以及休閒娛樂，乃是政府機關協助民眾提升生活品質的典型任務。」（*Johnson, 1992, 7~l0*）而我國憲法〈第十三章　基本國策〉中，有關於文化方面的基本宣示，更可以稱得上是我國政府在執行文化行政業務、發揮文化行政功能時的最原始法源依據（請參考以下所條列之中華民國憲法第十三章基本國策第五節教育文化、中華民國憲法增修條文第十條）。

表2-1　政府任務分類表

任務類別	說明例子
1.保護民眾生命財產與權利	國防、治安、消防、公共衛生、疾病管制、勞動安全、反歧視（性別、族群差別待遇等的解除）。
2.確保民生資源供給無虞	石油、電力、飲用水、緊急食物供配、醫藥。
3.照顧無依民眾	退休金、老弱孤寡殘障者照顧、弱勢者生存、失業救濟。
4.促進經濟穩定均衡成長	利率管制、企業融資、對外貿易、就業訓練、交通建設、勞資和諧。

（續下表）

5.提升生活品質與個人成就機會	教育發達、住宅普及、文化生根、休閒娛樂。
6.保護自然環境	水土保持、野生動物保護、汙染監控、廢棄物管理。
7.獎勵科學技術發展	科技研究補助、發明專利、著作權維護、資訊傳播。

資料來源：William C. Johnson, Public Administration: Policy, Politics, and Practice. Guilford, Connecticut: DPG, 1992, pp.7-10.

中華民國憲法

第十三章　基本國策　第五節　教育文化

（宗旨）

第一百五十八條　教育文化，應發展國民之民族精神、自治精神、國民道德、健全體格與科學及生活智能。

（教育機會之平等）

第一百五十九條　國民受教育之機會一律平等。

（基本教育及補習教育）

第一百六十條　六歲至十二歲之學齡兒童，一律受基本教育，免納學費。其貧苦者，由政府供給書籍。

第一百六十一條　各級政府應廣設獎學金名額，以扶助學行俱優無力升學之學生。

（教育文化機關之監督）

第一百六十二條　全國公私立之教育文化機關，依法律受國家之監督。

（教育文化經費之補助）

第一百六十三條　國家應注重各地區教育之均衡發展，並推行社會教育，以提高一般國民之文化水準，邊遠及貧瘠地區之教育文化經費，由國庫補助之。其重要之教育文化事業，得由中央辦理或補助之。

（教育文化經費之寬籌）

第一百六十四條　教育、科學、文化之經費，在中央不得少於其預算總額百分之十五，在省不得少於其預算總額百分之二十五，在市、縣不得少於其預算總額百分之三十五。其依法設置之教育文化基金及產業，應予以保障。

（教育文化工作者之保障）

第一百六十五條　國家應保障教育、科學、藝術工作者之生活，並依國家經濟之進展，隨時提高其待遇。

（科學發明與創造者之保障）

第一百六十六條　國家應獎勵科學之發明與創造，並保護有關歷史、文化、藝術之古蹟、古物。

（教育文化事業成績優良者之獎助）

第一百六十七條　國家對於下列事業或個人，予以獎勵或補助：

一、國內私人經營之教育事業成績優良者。

二、僑居國外國民之教育事業成績優良者。

三、於學術或技術有發明者。

四、從事教育久於其職而成績優良者。

中華民國憲法增修條文

八十六年七月十八日第三屆國大第二次臨時會第三十三次大會三讀通過

（原增修條文一至十條修訂為一至十一條）

第十條　國家應獎勵科學技術發展及投資、促進產業升級，推動農漁業現代化，重視水資源之開發利用，加強國際經濟合作。

經濟及科學技術發展，應與環境及生態保護兼籌並顧。

國家對於人民興辦之中小型經濟事業，應扶助並保護其生存與發展。

國家對於公營金融機構之管理，應本企業化經營之原則；其管理、人事、預算、決算及審計，得以法律為特別之規定。

國家應推行全民健康保險，並促進現代和傳統醫藥之研究發展。

國家應維護婦女之人格尊嚴，保障婦女之人身安全，消除性別歧視，促進兩性地位之實質平等。

國家對於身心障礙者之保險與就醫、無障礙環境之建構、教育訓練與就業輔導及生活維護與救助，應予保障，並扶助其自立與發展。

教育、科學、文化之經費，尤其國民教育之經費應優先編列，不受憲法第一百六十四條規定之限制。

國家肯定多元文化，並積極維護發展原住民族語言文化。

國家應依民族意願，保障原住民族之地位及政治參與，並對其教育文化、交通水利、衛生醫療、經濟土地及社會福利事業予以保障扶助並促其發展。其辦法另以法律定之。對金門、馬祖地區人民亦同。

國家對於僑居國外國民之政治參與，應予保障。

由於文化既是各民族的精神支柱，也是維繫國家完整的一份基本力量，所以，在兼顧「延續」、「創造」，以及「傳遞」文化的前提之下，由前人所遺留下來的文化資產，不但需要被你我悉心的加以維護、保存，當代的文化資源亦是需要受到我們的發掘，鼓勵與重視。故而，基於這個「人人有責」、「人人有分」的道理，爲了處理公共事務而存在的政府與公共團體，當然更是應該要視維護、保存文化資產，以及發掘、鼓勵與重視當代文化資源爲其基本的使命，來用以「延續」、「創造」，以及「傳遞」文化，才能符合其存在的意義。理由是，文化的興衰存亡，必都是在受到特定的政治、經濟，以及社會結構的影響之後，才會產生出興衰或存亡與否的變化。不過，我們在此要特別指出的是，當現代政府或公共團體，在以行政的手段處理文化事務時，其所必須嚴守的分際，實必須被侷限在以下的幾點範圍之內，以避免因行政過度的涉入與干預文化，而違背了文化應是由人們自然創造的原始本質。換言之，**文化行政之目的，僅止是在於鼓勵、支持、協助與服務，而並非在於管制、監督、干預與局限。**以下，就是政府與公共團體在執行文化行政工作時，所應秉持的最高實踐原則：

1.執行文化行政工作，是爲了讓社會大眾皆有均衡的機會，去普遍及廣泛的接觸一切文化性事務與活動，同時，也相對地讓所有的文化性事務與活動，有均等的機會，去與社會大眾接觸。

2.執行文化行政工作，是爲了要扶植地方性以及非主流的文化性事務與活動。以使文化性的事務與活動，不會因爲地域、階級、種族之間，甚或年齡以及身心狀況的差異，而導致延續與發展某種文化的障礙。

3.執行文化行政工作，是爲了要保存、維護固有的以及傳統的文化事務與活動，在保存與維護的工作需要持續性的進行，同時所費不貲的情況下，政府或公共團體必須介入，並提供足夠的人力、物力、財力，以讓固有的和傳統的文化事務及活動得以傳續綿延。

4.執行文化行政工作，是爲了要掖助、增進社區文化的發展。雖然，社區性的文化事務與活動，不如區域性或是全國性文化事務與活動般的較具層次性與規模性，但是，經由社區文化這種日復一日，平等且互惠的生活方式，所產生出來的那種社區性文化特質，卻是形成整體文化鏈（文化複合體）的最重要基本元素。

第二節　當代文化行政實務說明與介紹

一、國外文化行政實務簡介

相對於上述的四點文化行政實踐原則，我們亦可以從政府與公共團體在文化行政實務上的履行，一窺文化行政的端倪與究竟，並進而求得文化行政原理與文化行政實務之間的交相呼應。首先，就當前法國的文化行政體制而言，法國文化部成立的目的，正是以「促進文化普及、促成全民共享」爲其立基的主軸，而不是希望在政府的主導下，形成一個單一的文化型態。以下，就是法國前總統戴高樂（C. De Gaulle）於西元一九五九年，在其於法國文化部之成立所頒布的法令，對於該部之行政任務所做的明文規範：

> 文化部之成立，乃在於促使法國廣大民眾，可以不分階層的去自由接觸人類之偉大文明，尤其是法國的歷史古物部分。而文化部除應確保本國文化史蹟的可供各界參觀之外，並應鼓勵藝術創作，同時弘揚藝術之精神（鄒明智，民79，頁6）。

再者，法國文化部的這種文化促進（Promotion of Culture）理念，主要被分成以下三個執行層面：

1.藝術的執行層面。

2.居住與自然環境的執行層面。

3.知識與文化之間相互配合的執行層面。

以及如下列的五大工作要項：

1.有關文化資產調查、研究與維護工作。

2.有關藝術創作的發掘、獎勵與發表工作。

3.有關音樂政策之訂定與推廣工作。

4.有關電影事業政策之掌握與推動。

5.有關文化中心之設計及其經營方針之策劃工作（張植珊，民79，頁64～65）。

總之，從法國文化行政的實務上，我們可以看出，法國政府乃是希望藉由鼓勵與建議的方式，來讓所有的法國人民得以體認，文化發展乃是全民的共同責任。同時，法國政府也明白，必須在經過分析與衡量民眾的文化需求之後，才能夠進行文化政策的籌劃工作，以避免政府行政公權力的過度介入（請詳閱本書第七章第二節）。

在對於法國的文化部有一基本認識之後，接著，再讓我們以兩階段來認識英國的文化行政，首先，讓我們從成立於西元一九六四年的英國藝術部，來看看英國政府對於文化的重要元素之一，「藝術」，所抱持的基本態度與觀念。以下，就是英國政府於該國藝術部成立時，所發表的公開聲明：

> 藝術部的成立，不在於決定英國應有何種藝術情趣，也不在於限制那些所謂最不正統，或是尚處於實驗階段的藝術活動。藝術部的責任，乃是在於支持藝術活動，使其能夠達到最高的成就，並使最佳的藝術活動，能夠普及於民間（楊孔鑫，民79，頁10）。

以上英國政府的這段宣示，可謂明白的顯現英國政府，在對於藝術事務所抱持的基本態度與觀念上，正如同法國政府一般，是站在鼓勵與協助的立場，而不是對其加以干預或控制（請詳閱本書第七章第三節）。此種超然且大格局，同時充滿自由思想的表現，正是促使法、英兩國之文化藝術，得以綿延不墜、蓬勃發展的最主要原因。而除了英國藝術部之外，

（行政中樞）＝（國立文化機構）（國立對外服務機構）

部長

次長

傳播事務

部務辦公室

國際事務服務處

部長祕書處

行政總監察

檔案司 — 國家檔案處

博物館司 — 三十五個國立博物館
- 國立博物館會議
- 羅浮宮學院
- 羅丹（Rodin）、摩洛（Moreau）、赫內（Henner）博物館
- 羅浮宮大博物館

圖書司 — 國立公共圖書館合作中心
- 國立文藝中心
- 公共資訊圖書館
- 國家圖書館

文化資產維護司 — 國立歷史古蹟保管處

一般行政及文化環境司

國立龐畢度文化藝術中心

教育與訓練議會

表演戲劇司
- 國立巴黎高級戲劇藝術學
- 國立斯塔斯堡戲劇藝術學院
- 國立歐狄昂（Od'eon）法語劇院
- 莎幼（Chaillot）劇院
- 國立高等馬戲中心

音樂舞蹈司
- 國立巴黎歌劇院
- 國立巴士底歌劇院
- 國立巴黎音樂學院
- 國立里昂音樂學院

造型藝術司 — 羅馬法蘭西藝術學院
- 國立造型藝術中心
- 國立裝飾藝術高等專科學校
- 國立美術高等專科學校
- 國立工業設計高等專科學院

國立電影資料中心

（駐地方服務處）中央政府技術監督之地方單位（政府輔導單位）
（恕不備載）

一般行政及文化環境
司派駐全國專門委員

- 博物館顧問（多人）
  - 99個省及市檔案處
  - 已分級及督導博物館 32～1000單位
- 圖書出版顧問（多人）
  - 99個省立借書圖書館
  - 54個分級市立圖書館 1200個未分級圖書館
- 民族學顧問（多人）
- 地區歷史古蹟維護處
- 地區文物清查服務處
- 史前及歷史物鑑定處
- 古物及藝術品收藏管理員（多人）
- 法國建築物設計師（多人）
- 22個地方文化事務司
- 文化活動及戲劇顧問（多人）
  - 31所國立地區音樂學院
  - 84所國立音樂專科學校（省）
- 音樂舞蹈顧問（多人）
  - 145所國立或已立案音樂專科學校（市）
- 造型藝術顧問（多人）
  - 50所地方（市）藝術學校

國立電影資料館派駐
地區代表辦事處

- 歐洲影像音響業基金會
- 高級技術委員會（電影）
- 法國影片海外傳播協會
- 坎城國際影展
- 法國電影圖書館
- 地區電影發展協會

340個公共演說協會及其他協會
地方訓練中心
里昂國立攝影藝術基金會
J. H. Lartigue協會
青年慈善藝術坊協會
保護協會
古蹟及歷史建築物所有人協會
文化事業管理互助協會
全國文化活動工作人員訓練中心
國立造型藝術中心分支單位
22所國立戲劇中心
6所青少年國立戲劇中心
437所私有戲劇社團
私人戲劇支援協會
馬戲訓練支援拓展協會
法國國家馬戲團
12所文化之家
27所文化活動推廣中心
國立藝術傳播辦事處
巴黎交響樂團
13個地方交響樂團
13所市立民俗戲劇院
法國青年交響樂團
高級雜耍訓練中心
國立音樂活動中心
國立圖形及造型藝術基金會
國立攝影中心
工業藝術創作推展協會

圖 2-1　法國文化暨傳播部組織架構

根據鄒明智，民79，頁25。

實際在當時爲該部負責執行倡導與資助藝術工作的大不列顛藝術理事會（請見圖2-2），其成立的目的，也同樣地是在展現其鼓勵與協助的基本立場。根據頒發於西元一九四六年的皇家敕書（*Royal Charter, 1946*）內容所載，大不列顛藝術理事會的成立目的，共有以下三項：

1.提升和改善表演藝術與視覺藝術的活動水準，同時，增進大眾對於藝術的認知與了解。

2.促進藝術在英國各地的普及性。

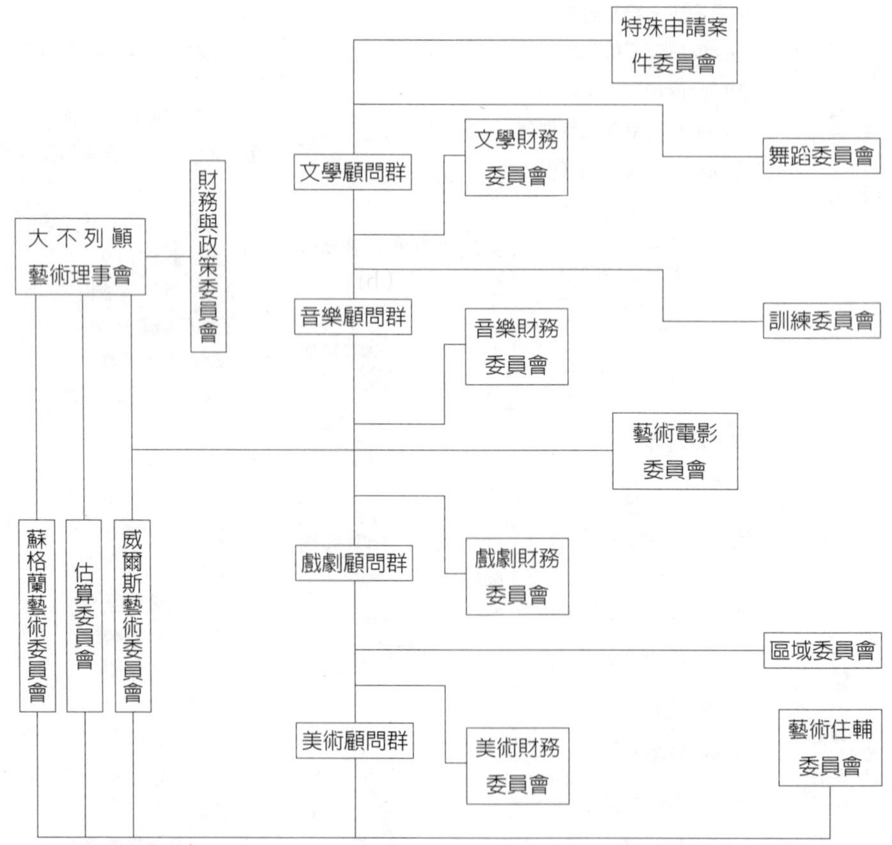

圖2-2　英國大不列顛藝術理事會組織架構

3.就藝術問題，向政府部門、地方執政當局，以及其他相關團體組織提供建議，並且與之合作（楊孔鑫，民79，頁17）。

承繼英國「藝術部」任務的，是成立於一九九七年七月的英國「文化、媒體與體育部」（Department for Culture, Media, and Sport）。它的前身是英國成立於一九九二年四月的「國家史蹟部」（Department of National Heritage）。目前，該部以約擁有四百名工作成員的人力規模，名列英國最小的部會之一。該部現透過五十餘個非營利組織推動各項文化、媒體與體育事務（www. culture. gov.uk/index_noflash.html）。其中，最具有代表性的組織就是承繼「大不列顛藝術理事會」任務的「英格蘭藝術理事會」（The Arts Council of England）。

就當前「英格蘭藝術理事會」的成立宗旨而言，該理事會主致力於「發展、延續與推動藝術」（developing, sustaining and promoting the arts）。至於該理事會的五大工作任務則分別如下：

1.將藝術引領至更廣大的觀眾面前（bringing the arts to a wider audience）。

2.鼓勵個人創作特色與實驗性（encouraging individuality and experimentation）。

3.激發跨世代的創意行爲（nurturing creativity across the generations）。

4.熱切支持多元文化（embracing the diversity of our culture）。

5.開拓新穎的藝術表現形式（exploring new forms of expression）。

（www.artscouncil.org.uk/index.html）

在了解當代法、英政府對於文化藝術所抱持的基本立場後，再讓我們來看看鄰國日本的案例。日本政府於西元一九六八年，於文部省之下，設置了文化廳這個新機構，來負責保護國家傳統文化財產，並積極促使文化藝術，得以普及於日本各地。而爲了達到這個「保護與促進」文化藝術的最高原則，日本文化廳在法令的規定下，共負有如下的五項主要任務（圖2-3）：

1.推展並普及藝術與生活文化和國民娛樂。例如文學、音樂、舞蹈、表演藝術、美術等之推展、普及；籌建劇場、音樂廳、美術館等文化設施，並與各文化團體保持聯繫，積極推展生活文化和國民娛樂。

2.文化財的保護與活用：爲保護文化財並且加以活用，文化廳應調查並指定文化財，同時協助修復以及管理文化財，以期能保護、展示暨活用文化財。

3.改良日語等：改良、普及日語，同時，推動外國人學習日語等。

4.著作權之保障：修訂著作權、出版權等相關律法，同時。促使著作權觀念的普及。

5.宗教事務行政的推展。例如：對於宗教法人規章的認定，以及與宗教團體之間保持聯繫等（簡瑞宏，民79，頁7）。

二、我國文化行政實務簡介

最後，再讓我們對於本國的文化行政體系做一介紹。以我國現階段全國最高文化行政機關——中華民國文化部爲例，該部會前身是在民國七〇年十一月十一日成立的文化建設委員會，任務在於統籌規劃國家文化建設施政，在全國性和地方性的文化發展工作上，扮演政策規劃與推動者的角色。

隨著二十一世紀亞洲華人世界的崛起，臺灣面對全球化的競爭、數位化的衝擊、產業化的壓力、亞洲區域文化板塊勢力的移動，以及中國大陸的挑戰，臺灣所具備的獨特性與環境優勢，勢必透過更具計畫性及長遠

圖2-3　日本文化廳組織架構

發展性的策略運用，方可在這一波的激烈競爭中，取得更有利的位置與焦點。

因此，配合中央政府組織改造的啓動，一〇一年五月二十日文建會改制爲文化部，任務在於解決文化業務長久以來面臨人力及資源的困境，將政府組織中原本分散的文化事務予以整合；更重要的是能營造豐富的文化生活環境，激發保存文化資產意識，提升國民人文素養，讓所有國民，不分族群、不分階級，都成爲臺灣文化的創造者與享用者，展現臺灣的文化國力。

文化部目標在於突破以往偏狹的文化建設施政概念，打破傳統以個別業務或載體設置司處的作法，以彈性、跨界、資源整合及合作之角度進行規劃。從生活美學、在地文化形塑、文化傳播、文化產業加值等面向，厚植文化創意活力，協助民間社會與產業邁向更多元且具深度的文化發展與成效。

目前在文化部下，共轄有十九個附屬機關（構）：分別爲負責辦理原行政院新聞局業務，自一〇一年五月二十日所成立的「文化部影視及流行音樂產業局」；位於蘭陽平原，觀光客樂於前往造訪的「國立傳統藝術中心」；位於臺北市中心，歷史悠久的「國立臺灣博物館」、「國立國父紀念館」、「國立中正紀念堂管理處」、「國立歷史博物館」以及位於新北市的「國家人權博物館籌備處」；位於中部地區的「國立臺灣工藝研究發展中心」、「國立臺灣交響樂團」、典藏最多臺灣藝術家作品的「國立臺灣美術館」以及「文化部文化資產局」；位於臺南市中心原臺南州廳的「國立臺灣文學館」；另正籌建中的「國立臺灣歷史博物館」亦於該地。在高雄地區，設有「衛武營藝術文化中心籌備處」，準備興建南臺灣的國際級表演場所，臺東地區則設有「國立臺灣史前文化博物館」；而在新竹、彰化、臺南、臺東則各有一個「生活美學館」，負責深耕地方生活美學。

（一）基本職掌

依照「文化部組織法」規定，文化部職掌主在於統籌規劃及協調、推動、考評有關文化建設事項及發揚我國多元文化與充實國民精神生活。

其當前掌理事項如下：

(1)文化政策與相關法規之研擬、規劃及推動。

(2)文化設施與機構之興辦、督導、管理、輔導、獎勵及推動。

圖2-4　文化部組織圖

(3)文化資產、博物館、社區營造之規劃、輔導、獎勵及推動。

(4)文化創意產業之規劃、輔導、獎勵及推動。

(5)電影、廣播、電視、流行音樂等產業之規劃、輔導、獎勵及推動。

(6)文學、多元文化、出版產業、政府出版品之規劃、輔導、獎勵及推動。

(7)視覺藝術、公共藝術、表演藝術、生活美學之規劃、輔導、獎勵及推動。

(8) 國際及兩岸文化交流事務之規劃、輔導、獎勵及推動。

(9) 文化人才培育之規劃、輔導、獎勵及推動。

(10) 其他有關文化事項。

（二）組織編制

1.文化部本部設置部長一人、次長三人、主任祕書一人。

2.業務單位設有七個業務司、五個輔助單位、一個任務編組；十九個附屬機關；另於美國紐約、法國巴黎及日本東京設有海外文化中心。各單位並視業務之需要，分科辦事。

綜合規劃司業務工作

(1)文化部施政方針、重要措施與政策之研擬、協調及規劃。

(2)國內外重大文化趨勢、政策、措施與議題之蒐集、評析及研議。

(3)文化部中長程計畫、年度施政計畫、先期作業與重要會議決議事項之追蹤、管制、考核及評估。

(4)文化部綜合性法規之研擬及訂修。

(5)文化部綜合性業務資料之蒐集、彙整、建置、出版及推動。

(6)文化法人與公益信託之設立及督導。

(7)民間資源整合與跨領域人力發展之規劃、審議、協調、獎勵及推動。

(8)文化志工與替代役之培訓、管理、輔導及獎勵。

(9)文化部公共關係及新聞媒體聯絡業務。

(10)其他有關綜合規劃事項。

文化資源司業務工作

(1)文化資產、文化設施、博物館、社區營造政策與法規之規劃、研擬及推動。

(2)文化資產、文化設施、博物館、社區營造之人才培育規劃與業務資料之蒐集及出版。

(3)文化資產應用與展演設施產業相關事項之規劃、研議及推動。

(4)文化設施興建、整建及相關營運管理計畫之規劃、審議、輔導、考核及獎勵。

(5)博物館之設立、輔導、評鑑、督導及交流。

(6)社區營造計畫之審議、協調、輔導、考核及獎勵。

(7)其他有關文化資源事項。

文創發展司業務工作

(1)文化創意產業政策之規劃、業務整合、協調及督導。

(2)文化創意產業相關法規之研擬及訂修。

(3)文化創意產業之人才培育及交流合作。

(4)文化創意產業調查指標與資料之研擬、建置及出版。

(5)文化創意產業獎補助、融資、投資等財務融通機制之規劃及推動。

(6)文化創意產業園區與產業聚落之規劃、審議、輔導、考核及獎勵。

(7)文化創意產業與科技應用之研擬及推動。

(8)文化創意產業跨界加值計畫之研擬及推動。

(9)時尚、文化科技結合等計畫之研擬及推動。

(10)財團法人文化創意產業發展研究院之監督及輔導。

(11)其他有關文化創意產業發展事項。

影視及流行音樂發展司業務工作

(1)電影產業政策之規劃及推動。

(2)電影產業法規之研擬及訂修。

(3)廣播、電視產業政策之規劃及推動。

(4)廣播、電視產業法規之研擬及訂修。

(5)流行音樂產業政策之規劃及推動。

(6)流行音樂產業法規之研擬及訂修。

(7)電影、廣播、電視及流行音樂類財團法人之監督及輔導。

(8)其他有關電影、廣播、電視及流行音樂發展事項。

人文及出版司業務工作

(1)人文素養之培育、規劃、協調、輔導及推動。

(2)文學創作之人才培育及交流。

(3)多元文化保存、融合與發展政策之研擬、規劃、宣導、獎勵及推動。

(4)出版產業政策及法規之規劃、研擬、輔導、獎勵及推動。

(5)出版產業交流合作及人才培育。

(6)出版產業業務資料、指標之研擬、蒐集、規劃及出版。

(7)出版產業類財團法人之監督及輔導。

(8)政府出版品政策與法規之規劃、研擬、輔導、獎勵及出版資源之調查、研究發展、資訊公開。

(9)公有文化創意資產之圖書、史料等之利用、管理與政府出版品之推廣、銷售、寄存及交流。

(10)其他有關人文及出版事項。

藝術發展司業務工作

(1)視覺藝術、公共藝術、表演藝術政策之規劃、協調及推動。

(2)視覺藝術、公共藝術、表演藝術相關法規之研擬及訂修。

(3)視覺藝術、公共藝術、表演藝術人才培育之規劃、輔導、獎勵及推動。

(4)視覺與表演藝術團體、個人之獎補助機制之規劃及推動。

(5)視覺與表演藝術活動之規劃、輔導、獎勵及推動。

(6)視覺藝術、音樂及表演藝術產業之規劃、輔導、獎勵及推動。

(7)視覺與表演藝術業務資料、指標之研擬、蒐集、規劃及出版。

(8)跨界展演藝術規劃、輔導、獎勵及推動。

(9)傳統藝術政策之規劃、協調及推動。

(10)其他有關藝術發展事項。

文化交流司業務工作

(1)國際及兩岸文化藝術交流、合作業務之規劃及推動。

(2)國際及兩岸文化藝術交流相關法規之研擬及訂修。

(3)國際及兩岸文化藝術交流之獎勵及輔導。

(4)國際及兩岸文化藝術交流業務資料、指標之研擬、蒐集、規劃及出版。

(5)其他有關文化交流事項。

祕書處業務工作

(1)印信典守及文書、檔案之管理。

(2)議事、出納、財務、營繕、採購及其他事務管理。

(3)工友（含技工、駕駛）之管理。

(4)不屬其他各司、處事項。

人事處業務工作

掌理文化部人事事項，分三科辦事。

政風處業務工作

掌理文化部政風事項。

會計處業務工作

掌理文化部歲計、會計及統計事項，分四科辦事。

資訊處業務工作

分三科辦事，其掌理事項如下：

(1)文化部及所屬機關（構）資訊應用服務策　規劃及協調推動。

(2)文化部及所屬機關（構）資訊應用環境規劃及管理。

(3)文化部及所屬機關（構）資通安全規劃及推動。

(4)其他有關資訊事項。

3.另設法規會爲常設性任務編組，辦理法制、訴願及國家賠償業務，分二科辦事。

4.目前文化部共計轄有十九個附屬機關（構），其職掌及組織編制分別如下：

文化部文化資產局

該局掌理事項如下：

(1)文化資產之指定、登錄、公告、廢止或變更。

(2)文化資產之調查、整理、教育、研究、推廣、保存及活用。

(3)文化資產保存技術與保存者之審查指定、保存技術之研究發展、推廣及運用。

(4)文化資產環境評估、整合及再發展。

(5)文化資產保存區、特定專用區之研擬及推動。

(6)直轄市、縣（市）政府辦理文化資產業務之輔導及協助。

(7)文化資產相關業務之國際合作及交流。

(8)文化資產保存及活用之獎勵及輔助。

(9)其他有關文化資產管理事項。

(10)置局長一人，副局長兩人，主任祕書一人。

(11)設有會計室、人事室、政風室、祕書室四個內部單位，以及綜合規劃組、古蹟聚落組、古物遺址組、傳藝民俗組、文化資產保存研究中心五個單位。

文化部影視及流行音樂產業局

該局掌理事項如下：

(1)電影、廣播、電視、流行音樂及其衍生之流行文化內容產業輔導、獎勵法令之擬議、闡釋。

(2)電影、廣播、電視、流行音樂及其衍生之流行文化內容產業調查、趨勢研究。

(3)電影、廣播、電視、流行音樂及其衍生之流行文化內容產業及其從業人員之輔導、獎勵。

(4)電影、廣播電視節目、流行音樂典藏、推廣及再利用之輔導。

(5)電影事業及廣播電視節目供應事業之管理。

(6)電影片及錄影節目之分級管理。

(7)大陸地區及香港澳門電影片、廣播電視節目、錄影節目、流行音樂有聲出版品進入臺灣地區之管理。

(8)電影、廣播、電視、流行音樂交流之推動及執行。

(9)其他有關電影、廣播、電視、流行音樂及其衍生之流行文化內容產業之輔導、獎勵、管理事項。

(10)置局長一人、副局長二人、主任祕書一人。

(11)設有三組（電影產業組、廣播電視產業組、流行音樂產業組）、九科（各組均包括綜合業務、產製輔導及行銷推廣三科）、四室（祕書、人事、會計、政風），負責相關業務推動。

國立傳統藝術中心

該中心掌理事項如下：

(1)傳統藝術之研究、展演、推廣、獎助、典藏及創新發展。

(2)傳統藝術文獻圖書視聽資料、資訊之採編、出版及管理。

(3)傳統藝術數位加值運用及教育推廣。

(4)傳統藝術之人才培育。

(5)傳統藝術之國際及兩岸交流。

(6)臺灣音樂之調查、採編、保存、研究、交流及推廣。

(7)傳統藝術園區與派出單位場館營運發展管理及督導。

(8)其他有關傳統藝術事項。

(9)置主任一人、副主任二人、主任祕書一人。

(10)設有綜合企畫組、劇藝發展組、營運推廣組三個業務單位、祕書室、人事室、會計室三個幕僚單位，另設國光劇團、臺灣豫劇團、臺灣國樂團及臺灣音樂館四個派出單位，全力推動傳統藝術紮根、活化與質化之目標。

國立國父紀念館

該館掌理事項如下：

(1)國父紀念文物史料之蒐集、研究、展覽、典藏、維護及管理。

(2)國父事蹟、思想之推廣及合作交流。

(3)藝術文化之研究、交流、展示及出版。

(4)藝文教育、終身學習活動等推廣服務。

(5)文化創意商品開發運用及推廣服務。

(6)劇場活動之規劃辦理及管理事項。

(7)紀念館建築、機電等公共設施之規劃、維護及管理。

(8)其他有關國父紀念及藝文推廣事項。

(9)置館長、副館長、祕書各一人。

(10)設有綜合發展、研究典藏、展覽企畫、劇場管理、推廣服務、工務機電六組，及人事、會計兩室。

國立中正紀念堂管理處

該處掌理事項如下：

(1)先總統蔣公紀念文物史料之蒐集、展覽、典藏、維護及管理。

(2)先總統蔣公史蹟之研究、推廣及國際合作交流。

(3)藝文之研究、交流及出版。

(4)藝文作品之蒐集、展示、典藏、維護及管理。

(5)藝文教育、文化創意產品開發、運用及推廣。

(6)管理處各項公共設施之規劃、維護及管理。

(7)其他有關先總統蔣公紀念及藝文推廣事項。

(8)置處長、副處長各一人。

(9)設有綜合規劃組、文化資源組、研究典藏組、展覽企畫組、推廣教育組、工務機電組、人事室、會計室。

國立歷史博物館

該館掌理事項如下：

(1)歷史文物與美術品之蒐集、考訂、學術研究及出版。

(2)歷史文物與美術品之展示規劃及實施。

(3)歷史文物與美術品之典藏、建檔、維護及修護。

(4)歷史文物與美術品之教育推廣、國內外交流之規劃及實施。

(5)歷史文物與美術品之文化創意加值運用、推廣行銷及企畫合作。

(6)其他有關歷史文物及美術品事項。

(7)置館長、副館長、主任祕書各一人。

(8)設有人事、會計、祕書三室，以及文創行銷、教育推廣、典藏、展覽、研究五組。

國立臺灣美術館

該館掌理事項如下：

(1)美術史、美術理論與美術技法之研究及發展。

(2)美術作品展覽、國際美術作品交流及展示服務管理。

(3)美術作品之徵集蒐藏、考據鑑定、分類登記、整理、保存及修護。

(4)美術教育之推廣與規劃、美育推廣專輯及書刊之編印。

(5)美術圖書資料之蒐集、整理、保存、利用及服務等相關業務。

(6)結合美術資源並推展生活美學。

(7)所屬生活美學機構之督導、協調及推動。

(8)其他有關美術業務推動事項。

(9)置館長、副館長、主任祕書各一人。

(10)設有研究發展、展覽、典藏管理、教育推廣、圖書資料五組，祕書、政風、人事、會計四室，以及國立新竹、彰化、臺南、臺東生活美學館四個派出單位。

國立臺灣工藝研究發展中心

該中心掌理事項如下：

(1)工藝文化研究、工藝文物典藏、展覽及競賽活動。

(2)工藝文化美學教育及推廣。

(3)工藝資訊之蒐集、研究、整理、運用及諮詢服務。

(4)工藝文化國際交流。

(5)工藝產業資源調查、整合研究及創新育成。

(6)工藝技術研發應用及試驗、分析。

(7)工藝技術創意設計人才培育。

(8)工藝創意設計及加值應用。

(9)工藝產業扶植培力。

(10)其他有關臺灣工藝事項。

(11)置主任一人。

(12)設有會計、人事、祕書三室，美學推廣、典藏、研究及展覽、行銷、技術、設計六組，以及苗栗工藝產業研發分館、鶯歌多媒材研發分館、臺北當代工藝設計分館三個派出單位。

國立臺灣博物館

該館掌理事項如下：

(1)臺灣自然史與文化史之調查、蒐集及研究。

(2)典藏制度規劃、藏品管理維護及保存修護。

(3)展示空間發展、環境監控、展示主題之規劃、設計、執行及管理維護。

(4)教育推廣、行銷與公關、國內外館際交流合作、志工管理及公共服務。

(5)館藏史料、圖書與影音資料管理、數位加值運用及出版。

(6)其他有關臺灣自然史及文化史業務之推動事項。

(7)置館長、副館長各一人。

(8)設有研究組、典藏管理組、展示企畫組、推廣教育組四個業務單位，另有祕書室、人事管理員、會計員三個行政單位。

國立臺灣史前文化博物館

該館掌理事項如下：

(1)臺灣與周邊地區史前文化、原住民與南島語族相關之研究、典藏、遺址現地保存及學術交流合作之推動。

(2)臺灣與周邊地區史前文化、原住民與南島語族相關之展示、教育推廣及出版。

(3)館務規劃、館區興建營運、各項公共設施建設與維護、景觀規劃之統籌及管理。

(4)委外業務監督、公共服務、志工組訓、票務管理及社教、藝文活動之企畫執行。

(5)其他有關臺灣史前文化事項。

(6)置館長、副館長各一人。

(7)設有展示教育組、研究典藏組、工務機電組、公共服務組四個業務單位，另有人事室、會計室、祕書室三個行政單位，以及遺址管理中心、南科分館籌備處二個單位。

國立臺灣交響樂團

該團掌理事項如下：

(1)音樂演奏。

(2)音樂研究發展。

(3)音樂之輔導推廣及人才培育。

(4)音樂資料之蒐集及典藏。

(5)其他有關音樂演奏及推廣事項。

(6)置團長、副團長、指揮、副指揮各一人。

(7)設有演出活動組、企畫行銷組、研究推廣組、資料組的業務單位，另設有行政室、會計室、人事室三個行政單位。

國立臺灣歷史博物館

該館掌理事項如下：

(1)臺灣歷史與民俗文化有關之學術研究、史料編輯、圖書、資訊及出版。

(2)臺灣歷史與民俗文化相關文物與史料之蒐集、維護、建檔、登錄及管理。

(3)臺灣歷史與民俗文化展示之主題設計、展示製作、規劃及維護管理。

(4)臺灣歷史與民俗文化相關研究成果與知識之教育推廣、導覽解說及志工培訓。

(5)其他有關臺灣歷史及民俗文化事項。

(6)置館長、副館長、祕書各一人。

(7)設有研究組、典藏組、展示組、公共服務組四個業務單位，另設有行政室、會計機構、人士機構三個行政單位。

國立臺灣文學館

該館掌理事項如下：

(1)臺灣文學之研究、譯述、編輯及出版。

(2)臺灣文學史料與作家文物之調查蒐集及典藏。

(3)臺灣文學展示之主題設計、展示製作、規劃及維護管理。

(4)臺灣文學之教育推廣、導覽服務及國內外館際合作。

(5)其他有關臺灣文學業務之推動。

(6)置館長、副館長、祕書各一人。

(7)設有研究典藏組、展示教育組、公共服務組三個業務單位，以及行政室一行政單位。

衛武營藝術文化中心籌備處

該處掌理事項如下：

(1)衛武營藝術文化中心興建工程之規劃設計與專業設施之採購及監督。

(2)衛武營藝術文化中心未來營運之研究、規劃及相關法規之研擬。

(3)藝術人才培育之策辦、藝術欣賞人口之研究、活化及表演團隊之扶植。

(4)國際藝術文化交流展演計畫及研習活動之辦理。

(5)其他有關籌設事項。

(6)置主任、副主任各一人。

(7)設有工務組、企畫組二個業務單位，及行政室、人事機構、會計機構等行政單位。

國家人權博物館籌備處

該處掌理事項如下：

(1)國家人權博物館籌設之總體規劃。

(2)人權史料、相關文物之蒐集、研究、典藏、保存及維護。

(3)人權展覽及相關推廣業務之策辦。

(4)人權組織團體及相關博物館之交流。

(5)景美、綠島人權文化園區之營運管理。

(6)其他有關國家人權博物館籌設事項。

(7)置主任、副主任各一名。

(8)設有研究典藏組，綜合規劃組二個業務單位，另設有行政室一行政單位。

國立新竹、彰化、臺南、臺東生活美學館

為推廣社會教育、辦理社區生活美學、社區營造、社區文化、特色產業及社區藝術展演等業務，特赦各國利生活美學館。

美學館掌理事項如下：

(1)生活美學、文化藝術展演、文化創意產業及社區營造等業務之推廣、調查、研究、編輯及出版。

(2)社會教育之發展、研習及推廣。

(3)前二款業務之人才培育及活動輔導。

(4)其他有關區域生活美學推動事項。

(5)各美學管置館長一人、祕書一人。

(6)各美學館設研究發展組、推廣輔導組二個業務單位及行政室、人事機構、會計機構等行政單位。

（三）政策脈絡

民國七十年成立初期的文建會，其主要工作在於提供藝文工作者和團體的補助與獎勵，包括國際的交流活動及以臺北首都地區爲主的文化活動。首任文建會主委陳奇祿博士是專門研究臺灣原住民物質文化的人類學家，對於書法也有很深的造詣。繼任的郭爲藩主委出身教育界，任內開始策劃幾項重大文化設施計畫。經過了十年的發展，臺灣的經濟環境與政治民主化趨於成熟，文化藝術領域也漸受重視。

民國八十二年，由資深音樂家申學庸女士接任文建會主委，臺灣的文化政策開始進入關鍵性的轉型期。其中包括公共藝術設置計畫、捐助成立財團法人國家文化藝術基金會、地方性的藝術季與國際小型展演活動蓬勃發展、國立文化藝術機構的建立等等，使得文建會的影響力越來越具擴散性。而原本集中在精緻文化和以都會知識分子爲取向的文化資源分配也開始轉型，其中最具有代表性的政策即爲「社區總體營造」計劃的推動。

社區總體營造理念的主要訴求，在於透過將空間建築、產業文化與藝文活動等議題做爲公共領域，從激發提升地方社區公民與共同體的自主意識開始，並以重建一個新的公民社會和文化國家做爲目標。這個理念在獲得地方文化工作者的認同下，成爲最主要的國家文化政策之一，並爲後繼的幾任主委所延續。其中包括：擅長傳播媒體及行銷，推動「文化產業化，產業文化化」理念，逐步建立地方文化產業的行銷、包裝與社造模式的鄭淑敏女士，以及進一步將中央主導的文藝季轉型爲地方主導的小型國際展演，並首度提出「心靈改革」政策的林澄枝女士。

二〇〇〇年總統大選後，由民進黨獲得勝選取得執政權。民進黨政府聘請鋼琴演奏家陳郁秀教授接任主委，並由其提出一系列與文化相關的國家發展政策，其中最具有跨時代意義的，即是「文化創意產業」發展計畫，這個計畫不但把臺灣的文化政策思惟，從對純藝術的想像，擴大轉引成應用與商業藝術，也讓個別、單一、零星的創作，轉邁入集體創新的時代（有關國內外「文化創意產業」發展之要義論述，請參閱由五南圖書出版之〈文化創意產業概論〉一書）。

二〇〇四年，由人類學家陳其南博士繼任主委職務（陳其南主委爲申學庸主委時期的副主委，一般都把社區總體營造思想和政策的推動歸諸於他的努力）。專擅人類學的陳主委，選擇以社區總體營造爲本，提出了包括推展文化公民權運動，以及公民美學、建築藝術、興建全國性與地方文化設施等計劃。二〇〇六年一月起，轉由國立臺北藝術大學校長邱坤良接任主委，推出「以人爲本，從心做起」的施政理念。二〇〇七年五月，再由曾任彰化縣長及數屆立委的翁金珠女士接任主委，期本著「文化臺灣・世界發光」的精神，從確立臺灣文化主體性的整體架構著手進行文化施政，並希望以「文化公民」、「文化環境」、「文化外交」等三個面向作爲基礎，達到全民共享文化活動的目標。二〇〇八年二月，由民進黨立委王拓接任主委，任內主希致力於促成「文化觀光部」的設置。

二〇〇八年總統大選後，由國民黨取回執政權。同年五月上任的黃碧端博士，藉由其在教育、表演藝術、文學學術領域的豐富經驗，盼能本著扎根、平衡、創新、開拓的原則，以及在穩定中求進步的理念，推動新一階段的文化發展。二○○九年十一月中，行政院進行局部內閣改組，由東吳大學教授盛治仁博士受命出任主委，盛主委提出以「向下扎根」及「走向國際」兩個基本方針，做爲推動各項文化建設的根本。二○一一年十一月，由美國賓州州立大學心理學博士曾志朗出任主委，曾主委於未來預算編列部分提出「怎麼給科技，就應該怎麼給文化」一方針，認爲科技一定要有文化軟實力的搭配，科技和文化加上教育培養人才，才能成爲巧實力。（http://blog.udn.com/mybook679/5859352）

二○一二年，隨著二十一世紀亞洲華人世界的崛起，臺灣面對全球化的競爭、數位化的衝擊、產業化的壓力、亞洲區域文化板塊勢力的移動，以及中國大陸的挑戰，臺灣所具備的獨特性與環境優勢，勢必透過更具計畫性及長遠發展性的策略運用，方可在這一波的激烈競爭中，取得更有利的位置與焦點。

因此，配合中央政府組織改造的啓動，於五月二十日將文建會改制爲文化部，任務在於解決文化業務長久以來面臨人力及資源的困境，將政府組織中原本分散的文化事務予以整合；更重要的是能營造豐富的文化生活環境，激發保存文化資產意識，提昇國民人文素養，讓所有國民，不分族群、不分階級，都成爲臺灣文化的創造者與享用者，展現臺灣的文化國力。

由美國堪薩斯州立大學英美文學龍應台博士出任部長，龍部長提出三個驅動方向，那就是所有施政都要深刻思考「泥土化」、「國際化」、「雲端化」的作法，亦即，向泥土紮根，服務於庶民；向國際拓展，以「軟實力」領航；向雲端發展，讓文化與先鋒科技結合。（http://www.moc.gov.tw/about.do?method=list&id=4）

（四）施政重點

文化部首要職責在於文化國力的培養與提升。將文化視爲國力，在政策上有四個主要基本目標：

1.公民文化權的全面落實

公民文化權和政治權、經濟權、社會權一樣，是公民的基本人權，因此在文化資源的分配上，對草根階層的責任、各類弱勢群體的照顧，和城鄉差距的平衡，是文化行政的核心基礎。公民在文化上有「滿地開花」式的普遍而實質的參與，才會有對社區、對社會、對國家的認同。因此，文化權雖然是公民的權利，若得落實，獲益者其實是社會與國家。公民的文化參與是形塑社會凝聚力的根本。

2.美學環境的創造

透過何種政策可以發展出一個創意指數最高的社會，對藝術創作者要提供怎樣的機制和環境配套，才能使之達到卓越顚峰，是文化政策極爲首要的策略。

3.文化價值的維護與建立

文化遺產需要保存，歷史記憶需要活化，民主的價值需要維護，開放的態度、自由的精神、多元的風氣，需要開發與堅守。文化政策中的種種環節—出版談判、國際交流、兩岸協商、社區營造、藝術教育等，都匯向臺灣價值的確立。

4.創意產業競爭力的提升

文化創意產業必須將文化思維注入產業操作，同時普及文化工作者對產業操作及經營的認識。如何媒合文化創意及經濟產業平臺，如何開拓文化市場、培育人才、建立機制，如何以文化產業進行全球布局，是以文化的經濟力厚植國力的一個重要環節。

概略言之，除係依「文化部組織法」之規定據以實施外，另有「中心任務」、「重點科目」及相關「工作事項」之辦理與推動。茲簡要分述如下：

1.文化部組織法

第一條（設立宗旨）

行政院為辦理全國文化業務，特設文化部（以下簡稱本部）。

第二條（職掌）

本部掌理下列事項：

一、文化政策與相關法規之研擬、規劃及推動。

二、文化設施與機構之興辦、督導、管理、輔導、獎勵及推動。

三、文化資產、博物館、社區營造之規劃、輔導、獎勵及推動。

四、文化創意產業之規劃、輔導、獎勵及推動。

五、電影、廣播、電視、流行音樂等產業之規劃、輔導、獎勵及推動。

六、文學、多元文化、出版產業、政府出版品之規劃、輔導、獎勵及推動。

七、視覺藝術、公共藝術、表演藝術、生活美學之規劃、輔導、獎勵及推動。

八、國際及兩岸文化交流事務之規劃、輔導、獎勵及推動。

九、文化人才培育之規劃、輔導、獎勵及推動。

十、其他有關文化事項。

第三條（部長、政務次長及常務次長之設置）

本部置部長一人，特任；政務次長二人，職務比照簡任第十四職等；常務次長一人，職務列簡任第十四職等。

第四條（主任祕書之設置）

本部置主任祕書，職務列簡任第十二職等。

第五條（次級機關及其業務）

本部之次級機關及其業務如下：

一、文化資產局：辦理文化資產之保存、維護、活用、教育、推廣、研究及獎助事項。

二、影視及流行音樂產業局：執行電影、廣播、電視及流行音樂產業之輔導、獎勵及管理事項。

第六條（派員駐境外辦事）

本部為應業務需要，得報請行政院核准，派員駐境外辦事，並依駐外機構組織通則規定辦理。

第七條（職務列等及員額配置另定之）

本部各職稱之官等職等及員額，另以編制表定之。

第八條（施行日）

本法施行日期，由行政院以命令定之。

（http://www.moc.gov.tw/law.do?method=find&id=31）

2.「中心任務」、「重點科目」、「工作事項」

在業務職掌方面，該部共掌理以下各主要文化相關科目：(1)文化資源（包含文化資產、文化設施、社區營造）；(2)文創發展（包含文創發展、產業發展、資源運用、園區經管、跨域運用）；(3)影視及流行音樂；(4)人文及出版（包含人文發展、出版產業、政府出版品）；(5)藝術發展（包含表演藝術、視覺藝術）；(6)行政院文化獎；(7)文化交流；(8)文化與科技；(9)文化替代役。

並由以下七個業務司，負責推動上述九大重點科目：

綜合規劃司、文化資源司、文創發展司、影視及流行音樂發展司、人文及出版司、藝術發展司及文化交流司。

（五）文化建設成果回顧

總體而言，自文建會成立迄二〇〇〇年民進黨執政初期，其所達成的第一階段文化建設成果，概可以如下十八大項目勾勒之：

訂定國家文化政策、計畫與法規

配合國家發展，擬定「文化建設方案」、「國家建設六年計畫文化建設計畫案」、「充實省（市）、縣（市）、鄉鎮及社區文化軟硬體設施計畫」、「文化白皮書」和「文化建設中程發展方案」。也完成「文化資產保存法」、「文化藝術獎助條例」、「國家文化藝術基金會設置條例」和「獎勵出資獎助文化藝術事業者辦法」。同時舉辦「文馨獎」，以鼓勵各界贊助文化藝術事業。

保存文化資產

先後完成臺閩地區各級古蹟勘察評鑑，籌設文化資產相關機構，辦理文化資產的調查研究，推動歷史建築調查登錄，協同有關機關處理文化資產保存維護案件，同時研擬修訂文化資產相關法規，推動客家、原住民文化傳承。

輔導各級政府推動各項文化工作

補助縣市文化中心辦理館舍修繕、演藝廳設施改善，充實縣市文化基金、興建展演設施。輔導縣市文化中心辦理「加強地方文化藝術發展計畫」、「假日文化廣場推展計畫」、「全國文藝季」和「小型國際文化藝術活動計畫」等。各文化中心在文建會的推動與協助之下，已能順暢運作，並陸續改制爲文化局，逐步達成「鄉鄉有展點、鎮鎮有文化」的目標。

建立文化義工制度

表揚文化機構績優義工，召開「全國文化機構義工業務研討會」，統籌文化機構義工招募宣導，以鼓勵民眾投入文化義工行列。此外，並建立全國文化機構義工業務管理系統，提供各文化機構完善義工資訊服務，已招募文化義工九千一百餘人。

輔導設置文化法人

訂定「文化藝術財團法人設立許可及監督原則」，輔導文化藝術基金會正常營運，輔助民間資源投入文化藝術事業。

培養藝術欣賞人口

倡導藝文風氣，建立各種藝術史料、出版工具書，獎助現代藝文學術研究及創作出版，辦理學術研討會，培訓文藝創作人才。推動網路文學，辦理中書外譯，並推動國際文學交流等。

書香滿寶島

推動「書香滿寶島」文化植根工作，辦理人才培訓、巡迴演講座談、製播電視、廣播推廣節目，出版「書之旅」等讀書會相關資訊及專刊，製作有聲書及盲人點字書，建置「讀書會網路聯盟」、「兒童文化館」網站，辦理募書捐書、好書徵選、讀書會博覽會、兒童文學一百和相關推廣活動等。

強化文化傳播功能

協助製播文化性廣播、電視節目，獎助其巡迴座談、觀摩研討，以培育文化傳播人才，並辦理臺灣國際紀錄片雙年展、影像紀錄和相關文獻蒐集、整理、出版等。

培育文化人才

爲充實當前文化建設需要，本會每年均舉辦各項專業人才培訓與研習活動，並選送公私部門績優文化人員出國專題研究，以培育中央及地方文化人才。

贊助績優文化人士

每年辦理「行政院文化獎」，以公開表揚文化藝術有功人士。並於春節、端午、中秋等三節，辦理績優文化藝術人士急難補助。

九二一災後心靈重建

擬定「永續書香歡喜情」心靈重建計畫，推動圖文影音出版、閱讀治療，以及「九二一震災心靈重建系列活動」、「百年大震與邁向千禧年的省思」藝術季，「安心課程《藝術治療》研習計畫」、「九二一震災音樂會」、「心靈重建音樂會」等。

社區總體營造

擬定「社區文化活動發展」、「充實鄉鎮展演設施」、「輔導縣市主題展示館之設立及文物館藏充實」、「輔導美化地方傳統文化建築空間」等計畫，充實社區文化軟、硬體設施。同時，加強推展生活文化及地方文化產業振興計畫。

藝術下鄉

為落實藝術文化「從小紮根，基層做起」的理念，加強推展藝術至基層及各級學校，使各項藝文活動普遍深入民間各階層，便利民眾餘暇參與，提升生活層次，豐富生活內涵。

拓展國際與兩岸文化交流

設立紐約和巴黎新聞文化中心，推動「輔導縣市辦理小型國際文化藝術活動計畫」與「傑出演藝團隊甄選及獎勵計畫」。召開國際文化交流會報，協助各駐外館處，並安排傑出藝術家參加法國亞維儂藝術節、里昂國際雙年舞蹈節、美國下一波藝術節、紐澤西表演藝術中心世界藝術節、義大利威尼斯國際美術和建築雙年展等，並與我國友邦訂立各項交流合作協定和「中法、中英、中烏文化獎」等互惠獎項。此外，為促進兩岸文化交流，亦辦理「海峽兩岸歌仔戲創作研討會」、「中華文化研討會」，並安排兩岸文藝界、文化傳播界聯誼座談、出版「大陸地區文學概況研究調查」等活動。

促進現代藝術發展

健全國內藝評及展覽策劃制度，扶植藝術家研究創作，提供視覺藝術發展各相關課題的研究探討等藝術新知，提供觀摩學習機會。同時加強聯繫國際藝術界，推介國內藝術家參與各類藝術活動。

美化公共環境

在機場、車站、醫院大樓等公共場所，設置文化藝廊，舉辦環境藝術研討會、國際電話亭設計競賽、桃園大溪美化教育推廣活動，辦理臺北市衡陽路、仁愛路、西門徒步區與南投霧峰中正路廣告招牌美化、出版環境藝術叢書。同時，輔導縣市辦理公共藝術設置示範計畫，研擬公共藝術設置辦法等法令，以健全國內公共藝術發展，並推動「美化公共環境計畫」。

提供文化資訊

因應資訊網路時代潮流，利用網路全年無休和無遠弗屆的服務特性，建置本會網站，提供各類多媒體藝文資訊，滿足民眾知的權利和終身學習的需要。

減免文化藝術事業稅負

依據「文化藝術獎助條例」第三十條：經認可之文化藝術事業，得減免營業稅及娛樂稅。本會與財政部會銜發布「文化藝術事業減免營業稅及娛樂稅辦法」，針對文化藝術事業舉辦展覽、表演、映演、拍賣等文化藝術活動，給予減免稅負之優惠（餘請詳閱本書第六章第二節）。

（六）政策變遷

在二〇〇〇年總統大選，由民進黨勝出取得中央執政權後，亦即民國八十九年五月二十日，由陳郁秀女士就任主委時，陳主委即針對文建會的文化建設工作，提出了下列十項施政目標：

1.導正目前臺灣速食文化的觀念。

2.優先改善文化環境。

3.文化建設應求事權統一。

4.成立文化研發單位、充實文化內涵。

5.建立制度、公開資訊。

6.結合教育，做好文化扎根與文化深化工作，以落實社會藝術教育。

7.透過文化藝術的展演活動，培養我們的創造力與競爭力。

8.重新詮釋並提升本土多元文化內涵，進而邁向國際化。

9.鼓勵民間企業贊助投資或認養文化藝術活動與團體。

10.文化與科技的結合。

在此同時，陳前主委於當年也希望能夠透過這些施政理念的落實，達到「文化即生活，生活即文化」和成立文化部的終極目標。

在此，謹羅列自陳郁秀女士於二〇〇〇年五月二十日接任主委後，直至今朝之文建會暨當今文化部的重大施政視角與內容，敬供讀者參酌比較：

1. **陳郁秀主委主政時期**（二〇〇〇年五月至二〇〇四年五月）

爲落實「文化立國」理念，以「文化公民權的伸張」及「臺灣主體性的落實」作爲施政的主軸，並從「整理臺灣文化業績，建立國民文化意識」、「興建並活化文化設施與組織機制，支持文化長遠發展」、「發展臺灣文化多樣性與保存各類型文化資產，豐富文化特色與內涵」、「強化文化公共領域，體現文化自主、共享、參與價值」及「推動文化創意產業發展策略，建立文化生活願景」五大面向，積極推動各項政策，茲就創新改良具體績效擇要摘述如次：

(1)整理臺灣文化業績，建立國民文化意識

①規劃編纂「臺灣大百科全書」，推動臺灣新知識運動：臺灣豐富的樣貌涵蓋文化多元、族群多采、生態多樣，因應全球化競爭，亟需有系統地建立「臺灣大百科全書」，觸發新臺灣知識運動。

②推動「國立文化機構服務升級計畫」：透過軟、硬體改善及服務機能的強化，完備臺灣文化展現機制。

③推動「數位臺灣—網路文化建設發展計畫」：現階段工作重點爲建構「國家文化資料庫」文化知識體系、培育數位化品質管理人才、協助附屬機關開發文物典藏管理系統以及研擬臺灣數位文化（e-Culture）政策。

④辦理「臺灣現代美術大系叢書出版計畫」，針對五○年代至八○年代臺灣中堅輩藝術家之創作成就及理念，作一完整性之介紹。

(2)興建並活化文化設施與組織機制，支持文化長遠發展

①規劃「國際藝術及流行音樂中心計畫」：於北、中、南、東四區域生活圈籌設「大臺北新劇院」、「臺中古根漢美術館」、「衛武營藝術文化中心」及「流行音樂中心」等展演設施 。

②規劃「首都文化園區發展計畫」：以舊臺北城及其周邊爲範圍，此區域涵括橫跨清領、日治與光復後之多樣貌古蹟、文化資產，呈現出臺灣文化、歷史、建築的總體縮影，有其必要進行全新的整合與詮釋，藉由區內各個建築或空間場域之串連與詮釋，建立首都文化的整體意象。

③充實縣市文化設施：已補助興建完成彰化縣員林演藝廳、彰化縣南北管音樂戲曲館、馬祖民俗文物館、高雄美濃客家文物館、臺北縣十三行博物館、嘉義市立博物館等六項文化設施，九十三年度並繼續推動蘭陽博物館、金門文化園區、嘉義縣演藝廳等三項工程，對均衡城鄉文化發展、創造多元文化空間，增進民眾參與藝文展演活

動甚有助益。

④推展宜蘭傳統藝術中心成爲文化休憩園區的範例，爲文化設施之活化經營建立可參照學習的模式。

⑤推展文化資產保存利用 ，九十三年度輔導花蓮松園別館整建再利用、高雄駁二藝術特區等五個閒置空間再利用，不但凝聚社區共識及人力，並奠定良好經營基礎，朝自給自足，永續經營目標發展。

(3)發展臺灣文化多樣性與保存各類型文化資產，豐富文化特色與內涵

①推動「社區文化資產守護網絡」，加強文化資產各類別之普查工作，並朝逐步建立全國文化資產地圖、文化資產通報網絡及培訓地方文化資產人才等方向努力。

②辦理國定古蹟嚴家淦故居修復規劃設計作業，並於十一月七日辦理嚴前總統家淦先生百年誕辰紀念活動。

③輔導與補助各縣市辦理國際文化藝術節，挹注地方文化作重點發展，形成各地有特色，文化眞多樣的景象。

④辦理「澎荷初會四百週年—臺灣全球化的歷史開端」系列活動，藉以追溯臺灣關鍵的歷史時刻。

⑤辦理「糖鐵保存及再造創意競賽活動」，期廣納各界看法，展開糖業文化資產保存與創新再造新契機。

⑥加強宣導臺灣在人類學、地學、動植物學等領域的豐富性。

⑦辦理文化資產修復人才培育計畫，兼顧文化資產理論與實務、公部門施政理念、大眾推廣教育等各層面。

(4)強化文化公共領域，體現文化自主、共享、參與價值

①九十三年度補助各縣市政府文化局輔導執行傳統技藝之傳承研習及地方特色產業之振興行銷等計畫，總計九十三年度輔導三十八處社區營造點，超越原定輔導三十五處之目標。

②爲延續社區總體營造成果，激發地方文化活力，積極推動爲期六年（九十一至九十六年）之「地方文化館計畫」。

③推動「新故鄉社區營造計畫」：規劃辦理「社區影像營造地方文化館成果展現計畫」，拍攝地方文化館籌設過程暨成果專輯影像紀錄三集，另出版九十一至九十三年地方文化館輔導點簡介專輯、地方文化館季刊、中英日版宣傳摺頁等。

④推動「公民美學」：辦理公民美學系列文化論壇十場，推動「公民美學從生活環境做起計畫」喚起國人對公民美學之自覺。

⑤推動「生活劇場運動」：規劃辦理「青少年戲劇推廣計畫」、「九十三年度表演藝術團隊巡迴校園暨藝術專題講座」、二〇〇四年「第二屆臺灣國際讀劇節」、二〇〇四年「第四屆臺灣國際紀錄片雙年展」活動。

⑥藝文資源挹注與活化民間文化組織:執行九十三年表演藝術團隊基層巡迴演出計畫「安可！臺灣一活力百分百」共計巡迴演出一百零一場；串連全國二百六十一個圖書館同時展開「全國好書交換」活動，落實全民閱讀與終身學習社會；持續辦理「二〇〇四文建會文薈獎一第六屆全國身心障礙者文藝獎」、「文建會臺灣文學獎」、「二〇〇四文建會兒歌一百徵選活動」，總計約三千三百人參加徵文活動；舉辦「文馨獎」表揚活動，鼓勵企業及社會各界長期支持藝文事業及活動；舉辦「九十三年度文化機關（構）義工業務承辦人研習班」及「第十四屆績優文化義工表揚活動」，提升志願服務理念及凝聚力。

⑦辦理「族群與文化發展會議」及「多元族群嘉年華」系列活動。

⑧辦理國內外工藝展覽活動二十五檔次，網路工藝文化學院之「臺灣工藝文化」系列課程專案。

(5)推動文化創意產業發展策略，建立文化生活願景

①規劃設置五大創意文化園區，作為我國文化創意產業發展之重點示範基地與資訊交流平臺。

②推動數位藝術創作，辦理「漫遊者—二〇〇四國際數位藝術展」，並與經濟部、交通大學及企業界合作設立數位創意產業發展中心。

③辦理手工藝技能訓練與研習，本年度共補助三十五個執行單位，計訓練出五百名學員。

④文化創意產業人才延攬、培訓、進修及交流。

2.陳其南主委主政時期（二〇〇四年五月至二〇〇六年一月）

為落實「文化立國」理念，以「文化公民權的伸張」及「臺灣主體性的落實」作為施政的主軸，並從「整理臺灣文化業績，建立國民文化意識」、「興建並活化文化設施與組織機制」、「發展臺灣文化多樣性與保存各類型文化資產」、「強化文化公共領域」及「推動文化創意產業發展策略」五大面向，積極推動各項政策，茲就創新改良具體績效擇要摘述如次：

(1)整理臺灣文化業績，建立國民文化意識

①編纂「臺灣大百科全書」網路版，推動臺灣新知識運動

②繼續推動「數位臺灣—網路文化發展計畫」

③辦理「臺灣美術中的五十座山岳」專輯出版

(2)興建並活化文化設施與組織機制，支持文化長遠發展

①透過專案補助方式，協助地方政府充實文化設施

持續推動補助臺中市政府辦理臺中大都會歌劇院工程，補助臺南市政府辦理安平港歷史風貌園區計畫、宜蘭縣政府辦理蘭陽博物館興建工程等，以改善地方文化設施，均衡城鄉文化發展，創造多元文化空間，提供民眾就近參與藝文活動的機會。

②臺灣工藝文化園區計畫

本期以整合土地權屬、活化閒置校舍空間、凝聚地方認同為主要工作目標。

③鶯歌多媒材造形設計中心

本中心為從事工藝品創作者營造良好的工作氛圍與設備完善的工坊設施，配合硬體修繕工程充實完善硬體空間及金工、玻璃、陶瓷三工坊。

④將原「國立臺中圖書館遷建計畫」轉型成為「全國文化學習資源中心系統計畫」

保留原有圖書館核心業務，並擴展軟硬體設施功能，包括：圖書資源中心、網路資訊中心、人力資源中心、學習設施與空間及核心管理中心等。

⑤「臺灣博物館」系統建構計畫

臺灣博物館將串聯土地銀行（原勸業銀行及三井會社）舊址，朝館前地下層擴展，增建展場及典藏空間，並垂直呈現臺北盆地地質及文化變遷面貌，成為探索臺灣自然史及生態多樣性的「臺灣自然史博物館」；目前正進行規劃整修閒置之臺灣鐵路局舊址（原鐵道部），將規劃設計為「臺灣現代性博物館」，以呈現臺灣知識及交通建設等現代化的發展過程；公賣局現址（原專賣局及臺北樟腦廠）在臺灣菸酒公司搬遷後，建議規劃為「臺灣產業史博物館」，以呈現臺灣早期菸、酒、鹽、糖、茶葉、樟腦等產業及對臺灣經濟發展之貢獻；串聯整合「國立歷史博物館」、「郵政博物館」、「二二八紀念館」、「國軍歷史文物館」及周遭古蹟、歷史建築與空間場域，成為一個有機的臺灣博物館系統家族，以呈現臺北首都核心區豐厚的人文歷史風貌。

⑥國立臺灣歷史博物館籌建工程

在館舍興建工程的同時，即開始進行收藏、研究、展示、教育工作，積極進行博物館各項工作之推展。期以保存維護臺灣的歷史文化資產，建構臺灣人共同的歷史記憶，奠基臺灣史研究傳統，推廣臺灣歷史文化教育。

(3)發展臺灣文化多樣性與保存各類型文化資產，豐富文化特色與內涵

①「文化資產保存法」正式施行

②「社區文化資產守護網絡」中程計畫

③文化資產業務

④促進國內文化資產工作與世界接軌

⑤加強國內、外文化資產專業部門之互動及交流

(4)強化文化公共領域，體現文化自主、共享、參與價值

①辦理臺灣健康社區六星計畫

②推動社區總體營造工作

a.辦理社區藝文深耕計畫。邀請法國劇場來臺訪問，進行兩場專題講座及三場工作坊，並參訪臺中石岡媽媽劇團等社區劇場；社區藝文獎助，輔導社區進行各項社區藝文資料庫建立，推動社區藝文活動，落實社區藝文生活化。

b.地方文化館計畫。九十一年至九十四年底，累計輔導七十個館舍開館營運。辦法兩梯次人才培育課程並持續輔導十九縣市成立地方文化館輔導團，達成專業在地化，也讓在地專業化。另積極輔導促進民間參與公共建設之推動，辦理商機座談會，進行媒合工作。

c.辦理地方產業交流中心計畫。

③推動「公民美學」

a.辦理「公民美學築夢綠帶－文化城市與環境再造」計畫。邀請美國、日本、英國的專家，與國內專家學者互動座談，就城市規劃與

藝術結合之議題進行意見交換。

b.舉辦「女人香－東西女性形象交流展」。融合故宮、奇美基金會及國立臺灣美術館之典藏女性藝術精品，展示臺灣博物館界的豐富收藏，呈現多元藝術之美。

④推動表演藝術植根計畫

a.推動藝術植根。辦理「二〇〇五臺北打擊樂節」、「蔡瑞月女士紀念追思系列活動」、「臺灣搖滾節」、「二〇〇五流浪之家音樂會」、「唱自己的歌巡迴演唱會」、「馬偕歌劇創作」、「青少年戲劇校園紮根計畫－戲胞傳染」、「臺灣藝術願景節」、「童young華山」等表演藝術活動，活絡表演藝術生態發展。

b.辦理網路劇院計畫。整合表演藝術資源，建置中、英、法文版網路服務平臺，提供表演藝術相關訊息、團隊教育訓練課程、影音講堂等，並製作「表演藝術集錦」數位影音光碟，以提升臺灣文化質能，建構網路文化公民權，落實文化知識自主權，推動表演藝術e世代化及開拓表演藝術網路欣賞人口。

⑤藝文資源挹注與活化民間文化組織

⑥促進國際文化交流

a.籌辦二〇〇六年「俄羅斯文學展」。

b.紐約、巴黎文化中心業務推展。

c.北美地區藝文推動。

d.「Taiwan Today綻放的臺灣」臺灣藝術節。

e.「國際舞臺美術家、劇場建築師暨技術師組織」（OISTAT）總部移設臺灣計畫。

f.辦理「第七屆臺灣視覺藝術人才出國駐村交流計畫」。

g.辦理「亞太傳統藝術節」活動。

⑦工藝推廣活動

藉由臺灣工藝之家的設置，建立工藝發展機制，肯定優秀工藝家之卓越表現。

(5)推動文化創意產業發展策略，建立文化生活願景

①華山文化園區

短期計畫主要在於儘快修繕現有空間設施，長期發展計畫以華山原有跨領域之藝術展演形式為基調，將其改造成具有地標性之藝文設施，使本區成為臺灣新文化的發源地。

②辦理「臺灣創意工藝精品展」

配合「二○○五亞太空間設計師大會」之舉辦，將國內具代表性之優秀工藝創作品，呈現於國際專業設計人士面前，展現國人創意活力及精湛技藝。

③文化創意產業人才延攬、培訓、進修及交流

a.辦理「二○○五國際夏季舞校」與「社區舞蹈研習營」計畫。

b.辦理「展演場所經營與管理國際研習營」。

c.辦理「甄選工藝師赴澳洲研究實作計畫」及「獎助慕尼黑TALENTE競賽入選者赴德國參訪」。

④社區工藝扶植計畫

以社區總體營造的理念推動，扶植成立社區工藝示範點，建立社區工藝營造的操作模式，推廣社區工藝典範，擴大社區工藝參與人口數，引領社區生活品質提升與成長。

⑤推動「數位藝術創作計畫」

a.年度數位藝術大展—「快感—奧地利林茲電子藝術中心二十五週年展」於九十四年七月三日至八月二十八日舉行。

b.完成以動畫元件建立「原住民文化物件資料庫」，並開放授權。

c.完成數位空間展示計畫—「睛魚@國美館」設置。

d.規劃製作「臺灣數位藝術新浪潮」紀錄片，紀錄臺灣主要數位藝術家之創作歷程及本土數位藝術發展狀況。

e.辦理「鄭淑麗創作作品Baby Love委託創作及展出」計畫。

⑥策辦生活工藝主題展

辦理「精緻陶瓷餐具展」、「二○○四年工藝技術研究及新產品研發成果特展」、「經典窯燒特展」、「臺灣創意工藝精品展」、「竹跡傳承・藝意非凡展覽」、「犬心犬藝—人與狗的對話特展」、「玩具工藝展」及「生活工藝・人心之華—生活工藝運動展」等，提升工藝創作品質，促進國人對生活工藝之認知。

3.邱坤良主委主政時期（二○○六年一月至二○○七年五月）

九十五年度順利完成各項策略績效目標，成果如前述目標達成情形。

本年度持續朝五大施政方向推動，以文化詮釋臺灣主體性，推動創意產業發展，健全文化環境，促進民眾參與文化活動，將理想落實於日常生活，提升全民生活品質。簡述如下：

(1)整理臺灣文化業績，建立國民文化意識

①網路文化建設發展計畫本年度匯入一萬七千零一十九件數位物件與一萬一百七十三筆詮釋資料、累計建置六十四個專題網站、上網查詢人數達二十二萬一千三百零八人次；推動文化數位臺灣獲頒「二○○六電子化成就獎」之最優勝獎。另完成臺灣大百科網站與資料庫系統介面之建置，建立國內數位典藏四十五個資料庫索引，及鳥類專題網站，計有臺灣常見鳥類一百餘種影音資料。

②山海臺灣意象推動計畫本年度補助七件學校及社團辦理「原味覺醒——二○○六達魯瑪克部落留學冬令營」、「花蓮海岸地圖工作坊及體驗行旅」、「第二屆海洋學研討會——海洋文化專題」、「蘭嶼記事——潘小俠影像攝影集」、「二○○六海洋文化學術研討會」、「二○○六第二屆海神文化祭」、「美力馬祖——媽祖海

洋文化祭」等活動。

③二〇〇六年適逢臺灣文化協會成立八十五週年，本會特以「歷史・行動」爲主題，透過「國民文化日」之宣示正式展開啓動儀式；並以臺中州（今臺中縣市、彰化、南投爲臺灣文化起點）爲中心，整合本會中部各附屬機關、國立自然科學博物館等單位共構爲「中部文化圈」，舉辦一系列的文化活動，共享文化資源，使文化與生活密切結合。

(2)興建並活化文化設施與組織機制

①嘉義縣表演藝術中心標案完工、蘭陽博物館復工、完成金門文化園區經營管理策略聯盟簽約、完成臺中大都會歌劇院規劃設計簽約、推動安平港歷史風貌園區計畫。

②推動「國立文化機構服務升級計畫」，使民眾滿意度超過百分之七十五。

③推動「國際藝術及流行音樂中心計畫」。

④推動「國立臺灣歷史博物館籌建計畫」。

⑤籌設綠島文化園區。

⑥臺中文化園區本年共辦理廠區空間再利用整建七件。

⑦籌設嘉義文化園區。

⑧籌設臺南文化園區。

(3)發展臺灣文化多樣性與保存各類型文化資產

①訂定「古蹟歷史建築及聚落審議委員會設置要點」、「古蹟歷史建築及聚落保存維護補助作業要點」、「古蹟歷史建築及聚落保存維護督導考核作業要點」、「古蹟歷史建築及聚落修復或再利用勞務委任主持人資格審查委員會設置要點」、「古蹟歷史建築及聚落修復或再利用勞務委任主持人培訓作業要點」等行政規則。

②輔導縣市政府推動文化資產保存維護工作。

③保存科學及修護研究。

④完成九二一震災重建區受損古蹟修復工程四十六件、歷史建築修復工程四十七件；建立各緊急突發事件之處理模式；輔導並協助各縣市政府建立各緊急突發事件之處理模式。

⑤響應國際ICOMOS組織辦理「二〇〇五國際文化資產日活動」。

⑥本年度輔導文化性資產清查中單位十六件。另辦理「全國眷村文化保存」委辦眷村文化清查計畫十七件、推動縣市政府辦理「國有宿舍眷舍清查」案件，累計四千多筆。

⑦輔導各縣市辦理福爾摩沙藝術節系列活動，本年度共成功輔導二十四縣市辦理。

(4)強化文化公共領域，體現自主、共享、參與價值

①辦理臺灣健康社區六星計畫

本年度評選出人文教育方面潛力型社區十五個及進階型社區四十六個。製播「臺灣好所在」新聞專輯二十則，於電視臺播放。與報紙搭配，製作系列文字報導。製播臺灣健康社區六星計畫環保生態篇宣傳短片。

②推動社區總體營造工作

a.補助在社區營造已有相當累積之社區共三十四處。

b.推動地方文化館計畫。

c.社區藝文深耕計畫。

d.委由國立臺灣交響樂團巡迴具表演性質之地方文化館演出十場、辦理「94年度行政院文化獎」得獎人郭芝苑大師作品至全國八處地方文化館演出、委託國立臺灣工藝研究所辦理「地方文化館工藝活化推動計畫」，以有效活化地方文化館空間使用率。

③推動「公民美學」

a.辦理「城市．流變—當代版畫典藏展」、「人體．虛擬樂園—國美館藝術典藏展」。

b.推動「公民美學運動從社區小空間做起」；辦理八梯次「公共藝術實務講習課程」及「國際研討會」；出版「公共藝術年鑑」，建置「公共藝術網站」。

c.編輯《文化臺灣繪本》系列叢書。

d.辦理「生態、藝術、文化九九—九九峰生態藝術園區啓動宣示活動」。

e.輔導補助藝術界辦理各項展覽活動。

④推動表演藝術植根計畫

a.辦理音樂演奏會，推展社區基層巡演。

b.建構青少年音樂欣賞平臺，以落實音樂教育的推廣與紮根。

c.策劃製作「輕鬆聽古典」音樂節目；辦理「樂覽與您有約」系列講座。

d.傳統藝術中心園區委外單位籌辦主題活動與展演活動，以推動生活劇場運動。

⑤藝文資源挹注與活化民間文化組織

a.辦理「演藝團隊發展扶植計畫」。

b.辦理「青少年戲劇推廣計畫」、「表演藝術校園巡迴推廣計畫」、「兒童戲劇推廣計畫」。

c.建置傳統藝術—歌仔戲、布袋戲、南北管音樂、工藝、臺灣雜技等五大主題知識網。

d.配合國小圖書館利用教育學程，辦理國小班級訪問活動。

e.中興堂表演藝術活動。

f.辦理「資深戲劇家叢書第三期出版計畫」。

⑥促進國際文化交流

(5)推動文化創意產業發展策略，建立文化生活願景

①規劃建置五大創意文化園區

②推動創意藝術產業發展

③推動傳統工藝技術

4.翁金珠主委主政時期（二○○七年五月至二○○八年一月）

(1)整理臺灣文化業績，建立國民文化意識

整合臺灣多元文化業績，建立國家文化資料庫作爲全民平等共享文化資源之交流平臺，提升臺灣文化整體的可近性與認同感，進一步建構臺灣文化的主體性，持續充實國立文化機構軟硬體內容以提升其服務效能。

(2)興建並活化文化設施與組織機制

規劃興建國際藝術及流行文化產業中心，均衡城鄉文化資源，繼續籌建國立臺灣歷史博物館等文化機構，以建立層級完備之整體文化生活圈，強化國立文化機構營運與管理，持續充實地方文化設施，厚植臺灣藝術文化產業基礎，提升國家競爭力。

(3)發展臺灣文化多樣性與保存各類型文化資產

繼續推動「歷史與文化資產維護發展計畫」，辦理古蹟、歷史建築等各類文化資產之保存與活化再利用，強化文資保存科學及修護技術，推展傳統藝術、民俗及有關文物之保存與傳習，輔導地方政府落實有形與無形文化資產並重保存機制，持續培育世界遺產及地方文化資產人才，建構全民文化資產守護網絡，以呈現臺灣文化的多樣性。

(4)文化公共領域的強化

持續推動新故鄉社區總體營造，強化民眾主動參與公共事務之意識，輔導地方文化館營運與管理，協力打造健康社區。推動公共藝術政策，建立生活美學理念，持續挹注各地藝文展演及扶植優秀演藝團隊，培養表演藝術人才，建構表演藝術行銷平臺，推展國際文化交流。

(5)文化創意產業發展策略

積極推動文化創意產業發展，加強文化創意產業人才延攬、進修及交流，推動創意藝術產業、數位藝術創作、傳統工藝技術，以提升文化創意產業產值及其就業人口，規劃設置五大創意文化園區，作爲文化創意產業交流平臺。

5.王拓主委主政時期（二〇〇八年一月至二〇〇八年五月）

(1)整理臺灣文化業績，建立國民文化意識

整合全國藝文網路資源，建構臺灣文化專題網站，提供臺灣文化之美；持續充實國立文化機構軟硬體內容，以提升民眾對文化機構服務的滿意度。

(2)興建並活化文化設施與組織機制

籌建「衛武營藝術文化中心」、「大臺北新劇院」與「流行音樂中心」，均衡城鄉文化資源；賡續推動籌建國立臺灣歷史博物館等文化機構發展工作，整體建立層級完備之文化生活圈；強化國立文化機構營運與管理，持續充實縣市文化設施，以推動首都文化園區的整體發展，厚植臺灣藝術文化產業基礎，提升國家競爭力。

(3)發展臺灣文化多樣性與保存各類型文化資產

繼續推動「歷史與文化資產維護發展計畫」，辦理古蹟、歷史建築等各類文化資產之保存與活化再利用，強化文資保存科學及修護技術，推展傳統藝術、民俗及有關文物之保存與傳習，輔導地方政府落實有形與無形文化資產並重保存機制，持續培育世界遺產及地方文化資產人才，建構全民文化資產守護網絡，以呈現臺灣文化的多樣性。

(4)文化公共領域的強化

推動「磐石行動—新故鄉社區營造暨地方文化館第2期計畫」，由社區在地資源累積並轉化充實生活紀錄，並由生活中建構優質的「地方文化生活圈」，使地方成爲穩固國家整體發展的磐石；推動「人、藝術、空間—臺灣生活美學運動」計畫，運用藝術思維和手段，塑造閒置空間爲優雅的藝術環境，以孕育國民社會美學基礎；持續挹注各地藝文展演及扶植優秀演藝團隊，培養表演藝術人才；促進國際文化交流，推動海外文化中心爲臺灣文化交流平臺、加強與國際專業藝文機構合作、輔導國內藝文團體參與國際文化交流。

(5)文化創意產業發展策略

結合產官學界促進文化創意產業發展，規劃辦理「輔導成立藝文產業創新育成中心」、「補助縣市政府推動藝文產業發展」及「補助藝文產業研發生產及行銷推廣」三項補助專案；策辦國際大獎及大賽，建置數位創意銀行擴大創意資源運用；扶植青年藝術家蓄積及發揮創意動力；建構工藝產業育成及市場機制，並進行工藝創新育成中心基地硬體設施整建；推動創意文化園區環境整備、經營管理及開放營運。建置數位創意媒合平臺，辦理產品開發及設計比賽，協助廠商參與國際商展，提升文創產值。

6.黃碧端主委主政時期（二〇〇八年五月至二〇〇九年十一月）

(1)推動組織改造，充實文化設施

推動成立文化部，成立「文化諮議小組」，以統籌文化事務，並凝聚各界對文化之共識，並將建議轉化成文化政策，勾勒出臺灣未來的文化願景；同時，爲建構國家、縣市、鄉鎮、社區脈絡相連完整的文化生活圈，積極充實國家及地方文化設施，包括中央文化設施之「大臺北新劇院」、「流行音樂中心」、「臺灣戲劇藝術中心興建計畫」、「籌建國立臺灣歷史博物館計畫」，以及補助地方之「屏東縣演藝廳興建計畫」、「縣市文化中心整建計畫」，以提升人民的文化生活水準，創造多元文化空間，提供民眾就近參與藝文活動的機會。

(2)扶植藝文產業，形塑文創品牌

辦理政策性補助專案、建置數位創意銀行及網路交易平臺、開發傳統藝術產品等，並輔導業者參加國際商展及大賽，以拓展國際通路。另由文建會之五大創意文化園區及工藝園區，以及輔導縣市成立之創新育成中心，協助業者進行研發、生產、行銷等合作開發，進行產業鍊上中下游之資源整合、獎勵藝術家駐園創作，提升園區文化教育機能及社區總體營造成效，活化設施營運及育教功能等，以提振藝文產業。

(3)基層扎根，資源平衡

規劃「文學著作推廣計畫」，提升閱讀風氣、推廣文學好書、進行中書外譯與編纂臺灣大百科全書，提供國人多樣化文字閱讀方式，並加強國際交流，讓國際人士認識臺灣，達到「閱讀文字，呈顯臺灣，展觀世界」的目標。並因應社區發展地方化，賡續推動心故鄉社區營造計畫及地方文化館第二期計畫，鼓勵民眾參與，營造成熟的公民社會；並彰顯地方文化特色，串連不同類型地方文化空間，形成策略聯盟並形塑「文化生活圈」，藉由推動行銷推廣及創新實驗計畫，落實各文化館永續經營之目標。

(4)藝術深耕，國際啟航

加強與國際相關機構組織合作機制，以及持續推動兩岸文化交流。建立優質藝術生態環境，提升民眾藝文欣賞質能，涵養民眾審美取向，增進藝文消費人口，進而以文化藝術帶動國際觀光。推動藝文團隊分級獎助，輔助團隊長期穩定發展；同時透過生活美學運動推廣計畫推廣生活美學，並引發民眾思考美學議題，期使藝術及美學運動深入生活的各角落。

(5)活化文化資產，厚植觀光資源

將朝向整合全國有形及無形文化資產，保存維護及發揚，並透過各種機制的推廣及落實，使文化資產的經濟效益能創造臺灣新契機，國定文化資產的使用能受到監管保護，而傳統匠藝的技術得以永續傳承。實踐以「臺灣走出去、世界走進來」的國際交流目標，參與國外辦理傳統藝術展演活動，讓國外人士感受到臺灣傳統文物的獨特性及主體性，將臺灣的文化藝術推上世界舞臺，並藉由國際藝術節的舉辦，促進亞太國家文化交流，提高臺灣在國際的能見度。

7.盛治仁主委主政時期（二〇〇九年十一月至二〇一一年十一月）

(1)扶植藝文產業，形塑文創品牌

辦理政策性補助專案、建置數位創意銀行及網路交易平臺、促成跨界產品研發及傳統藝術產品設計提升等，並輔導業者參加國際相關文創會展及大賽，以拓展國際通路。另以文建會五大創意文化園區及工藝園區爲據點，結合城市發展軸帶概念，進行區域產業串連及資源整合，進而達到產業集聚效應。未來將更加強於產業研發及輔導、市場流通及拓展之相關政策協助，透過單一服務窗口，建立諮詢與輔導服務制度，提供文創業者創業之專業諮詢及資金補助，輔導及協助業者參與國內外相關競賽及文創博覽會。辦理相關文創品牌評選活動，共同打造臺灣文創國際品牌，同時整合包裝國內文創產業，連結國內外通路，運用資源協助文創業者開拓海外市場，並建立兩岸文創產業合作機制。同時以工藝產業爲重點推動之旗艦產業，打造臺灣優良工藝品牌，以臺灣工藝產品優質設計與品質，提升國家形象及文化競爭力。

(2)基層扎根，資源平衡

辦理「文學著作推廣計畫」，提升閱讀風氣、進行中書外譯與編纂臺灣大百科全書，提供國人多樣化文字閱讀方式，並加強國際交流，讓國際人士認識臺灣，達到「閱讀文字，呈顯臺灣，展觀世界」的目標。並因應社區發展地方化，持續推動社區總體營造計畫，鼓勵民眾參與，協助社區自力營造，面對公共議題、風災挑戰，解決社區問題及推動重建工作，共同營造成熟的公民社會；並彰顯地方文化特色，串連不同類型地方文化空間，形成策略聯盟並形塑「文化生活圈」，藉由推動行銷推廣及創新實驗計畫，落實各文化館永續經營之目標。

(3)藝術深耕，國際啟航

加強與國際相關機構組織合作機制，以及持續推動兩岸文化交流。建立優質藝術生態環境，提升民眾藝文欣賞質能，涵養民眾審美取向，增進藝文消費人口，進而以文化藝術帶動國際觀光。推動藝文團隊分級獎助，輔助團隊長期穩定發展；以藝術展演撫慰颱風災區居民心靈；同時透過生活美學運動推廣計畫及整合美學行銷途徑，引發民眾思考美學議題，期使藝術及美學運動深入生活的各角落。

(4)活化文化資產，厚植觀光資源

將朝向整合全國有形及無形文化資產，保存維護及發揚，並透過各種機制的推廣及落實，使文化資產的經濟效益能創造臺灣新契機，國定文化資產的使用能受到監管保護，而傳統匠藝的技術，得以永續傳承。實踐以「臺灣走出去、世界走進來」的國際交流目標，參與國外辦理傳統藝術展演活動，讓國外人士感受到臺灣傳統文物的獨特性及主體性，將臺灣的文化藝術推上世界舞臺，並藉由國際藝術節的舉辦，促進亞太國家文化交流，提高臺灣在國際的能見度。

為因應莫拉克風災造成古蹟、歷史建築、聚落及文化景觀等損害復建工程，依行政院「中央及地方政府因應莫拉克風災搶救復建經費」分別編列九十九至一〇一年特別預算支應，以協助各縣市辦理後續復建相關工程，期能及早完成古蹟、歷史建築、聚落及文化景觀的原有風貌，保存文化資產。

(5)檢討各種法規之適用性，推動組織再造，充實文化設施

推動成立文化部，以統籌文化事務，並凝聚各界對文化之共識，並將建議轉化成文化政策，勾勒出臺灣未來的文化願景；同時，為建構國家、縣市、鄉鎮、社區脈絡相連完整的文化生活圈，積極充實國家及地方文化設施，包括中央文化設施之「大臺北新劇院興建計畫」、「北部流行音樂中心計畫」、「海洋文化及流行音樂中心計畫」、「臺灣戲劇藝術中心興建計畫」、「國立臺灣歷史博物館籌建計畫」、「衛武營藝術文化中心興建計畫」，以及補助地方之「臺中大都會歌劇院興建計畫」、「屏東縣演藝廳興建計畫」、「縣市文化中心整建計畫」，以提升人民的文化生活水準，創造多元文化空間，提供民眾就近參與藝文活動的機會。

(6)提高文化預算，強化執行效能

建立文化發展機制，擬定長期執行策略，統一事權，整合資源，爭取文化預算。節約政府支出，合理分配資源；配合政府節約措施，撙節一般經常性開支；邁向財政收支平衡。

(7)建立文化行政專業，培育文化志工

因應文化部成立，並增進文化專業知能，依據本會業務性質安排相關文化行政及志工進階訓練課程，以提升業務承辦同仁相關知能，並安排至文化藝術展演場所參訪，俾使各文化義工運用暨管理單位於交流中交換心得，同時培育民間人力參與文化建設工作，以達成運用社會人力資源、培養熱心公益、奉獻智慧服務之效果，呈現文化發展的新活力。

(8)提升研發量能

配合組織改造及文化政策執行推動，就現行文化法規進行鬆綁及檢討訂修，積極推動已報送立法院審議法律案之立法工作，另將彙整本會九十九年至一〇二年法規之立法計畫，並列冊定期追蹤管制。提升年度行政及政策類研究經費，針對政策可行性研究、法令規章之制度性研究、政策執行成果、利害關係者意見調查（如民調、服務對象意見調查）或效益評估等，進行研究，以其成果改善機關業務及提升決策品質。

(9)提升資產效益，妥適配置政府資源

提升資本門預算執行率；落實分配預算執行；強化中程施政計畫與預算規模配合；提升預算編製與政策重點配合程度。

(10)提升人力資源素質與管理效能

依本會及所屬機關業務需要，協助合理調整員額配置。推動終身學習，開發公務人力潛能，營造良好學習環境。推動法治教育、人文素養及推動數位學習等工作納入年度訓練進修計畫。（http://www.cca.gov.tw/main.do?method=find）

8.曾志朗主委主政時期（二〇一一年十一月至二〇一二年二月）

(1)施政計畫（二〇一一年）

①結合政府與民間，推動文創產業。

②向下扎根，建構藝文發展環境。

③強化文化輸出，走向國際。

④維護與活化文化資產，厚植文化底蘊。

⑤繼往開來，彰顯建國一百年榮耀。

⑥檢討各種法規之適用性，推動組織再造，充實文化設施。

⑦提高文化預算，強化執行效能。

⑧建立文化行政專業，培育文化志工。

⑨完備行政院組織改造規劃。

⑩提升研發量能。

⑪提升資產效益，妥適配置政府資源。

⑫提升人力資源素質與管理效能。

9. 龍應台主委主政時期（二〇一二年二月至二〇一二年五月）**暨龍應台部長主政時期**（二〇一二年五月迄今）

(1)施政理念

①公民文化權的全面落實

公民文化權和政治權、經濟權、社會權一樣，是公民的基本人權，因此在文化資源的分配上，對草根階層的責任、對各類弱勢群體的照顧、對城鄉差距的平衡，是文化行政的核心基礎。公民在文化上有「滿地開花」式的普遍而實質的參與，才會有對社區、對社會、對國家的認同。因此文化權雖然是公民的權利，若得落實，獲益者其實是社會與國家。公民的文化參與是形塑社會凝聚力的根本。

②美學環境的創造

透過何種政策可以發展出一個創意指數最高的社會，對藝術創作者要提供怎樣的機制和環境配套，才能使之達到卓越顚峰，是文化政策極爲首要的策略。

③文化價值的維護與建立

文化遺產需要保存，歷史記憶需要活化，民主的價值需要維護，開放的態度、自由的精神、多元的風氣，需要開發與堅守。文化政策中的種種環節——出版談判、國際交流、兩岸協商、社區營造、藝術教育等，都匯向臺灣價值的確立。

④創意產業競爭力的提升

文化創意產業必須將文化思維注入產業操作，同時普及文化工作者對產業操作及經營的認識。如何媒合文化創意及經濟產業平臺、開拓文化市場、培育人才、建立機制，以及如何以文化產業進行全球布局，是以文化的經濟力厚植國力的一個重要環節。

10.文化部施政績效

(1)推動組織再造，邁向文化部的新階段。

(2)訂定「文化創意產業發展法」立法及配套子法。

(3)建構完善的文化創意產業發展環境。

(4)掌握效能，推動文化設施之興建。

(5)健全地方既有文化設施。

(6)推動博物館人才培育，鼓勵國內博物館界進行資源整合與國際合作。

(7)擴大文化扎根，落實文化平權。

(8)「文化的累積」文化資產保存與再利用。

(9)廣召文化志願服務義工。

(10)發展臺灣流行音樂。
(11)國片票房成績打破歷史紀錄。
(12)我國電影產業數位化程度大幅提升。
(13)建立國片票房達新臺幣二千萬元以上之導演及製作公司籌拍下一部電影長片之獎勵制度。
(14)辦理「臺北電視節」。
(15)辦理廣播電視金鐘獎頒獎典禮。
(16)輔導影視業者海外行銷。
(17)補助製作高畫質電視節目。
(18)辦理金視獎。
(19)監督中央廣播電臺辦理「分臺遷建整併計畫」。
(20)無線電視數位化執行情形。
(21)補助金馬獎及金馬影展活動。
(22)「培育電影新銳人才的搖籃」獎勵優良影像創作金穗獎、徵選優良電影劇本、電影短片輔導金。
(23)推動成立國家人權博物館。
(24)發展圖文出版產業。
(25)推動文學閱讀、創作與國際交流。
(26)表演藝術團隊扶植，促進永續經營。
(27)推動文化觀光定目劇。
(28)推動表演藝術創作與科技之跨界整合。
(29)輔導各縣市發展獨特的表演藝術。
(30)視覺暨表演藝術人才出國駐村，促進藝術家創作及交流。
(31)推動國內藝術村營運發展。
(32)推動公共藝術，美化公共空間。
(33)建構視覺藝術創作環境。

(34)文化外交與國際拓展。

(35)照顧關懷資深演藝人員。

(36)大陸及港澳地區廣播電視節目在臺播出及衛星頻道落地審查。

（以上各項績效之詳細內容，請參閱http://www.moc.gov.tw/2011gpr.htm）

11.中央政府文化施政滿意度略述

十六世紀政治學權威馬基維利（Machiavelli）曾說：「人民預測自己未來的力量，就像上帝一樣，是遠比君主的預知能力更爲清楚，更爲準確。」；學者鮑華萊頓（E.G. Bulwer-Lytton）亦曾明白表示：「當獨裁者消失時，民意就成了新的獨裁者！」。由此可見，現代政治乃是以民意爲決策依歸，而要了解民意，自是以執行民意調查來得最爲直接。

既然民意是民主政治的產物，同時民主政府統治權的合法性，主來自民意（選舉）的支持。因此，當文化成爲政府施政的核心任務之一時，其施政內容之良莠與否，也自應接受民意的全面檢視。基於這個目的，筆者遂分別於民國九十一年十二月與九十三年四月間，與全國意向顧問公司合作，規劃執行兩次中央政府文化施政滿意度調查工作，期能了解我國民眾對於文建會文化政策的意見方向，及對於我國文化藝術發展情形的看法，以供我政府和關心我國文化藝術發展暨政策走向者酌參（有關「如何進行文化藝術相關調查研究」等調查實務問題，請參閱由五南圖書出版之《藝術管理》一書）。

中央政府文化施政滿意度調查一：

主題：臺灣！還美嗎？
　　　中央政府文化施政全民大檢驗

調查時間：民國九十一年十二月十六日至十七日

調查方法：人員電話訪問方式，採用CATI系統，臺灣地區之住宅電話分層隨機抽樣，並採用戶中隨機取樣方法中任意成人法。

調查對象：1081位20歲以上設籍臺閩地區的民眾。

抽樣誤差：在95%信心水準下，抽樣誤差為正負3.0個百分點。

樣本代表性：經卡方適合度檢定，在顯著水準為0.05的情況下，樣本的縣市、性別結構與母體相符，分析時依據年齡進行加權，以求與母體結構相符。

調查結果：

〔文建會及陳郁秀主委知名度〕

1.請問您知不知道我國目前由哪一個單位主管中央文化事務的推動？

	次數	百分比
知道（正確答案：文化建設委員會或文建會）	120	11.1
知道（答錯答案）	116	10.7
不知道／拒答	845	78.2
總和	1081	100.0

2.請問，陳郁秀女士是行政院哪一個部會的首長？

	次數	百分比
知道（正確答案：文化建設委員會或文建會）	208	19.2
知道（答錯答案）	120	11.1
不知道／拒答	753	69.7
總和	1081	100.0

〔施政滿意〕

3.請問您對於文建會的施政表現滿不滿意？

	次數	百分比		百分比（扣除不知道／無意見）	
非常滿意	20	1.8	26.1	30	42.1
滿意	262	24.3		39.1	
普通	208	19.3		31.1	
不滿意	156	14.4	16.6	23.3	26.8
非常不滿意	23	2.2		3.5	
不知道／拒答	411	38.1		－	
總和	1081	100.0		100.0	

4.整體而言，你認為我國政府近年來是否重視文化藝術的發展？

	次數	百分比	
非常重視	66	6.1	51.8
重視	494	45.7	
普通	124	11.4	
不重視	196	18.1	21.3
非常不重視	34	3.2	
不知道／無意見	167	15.4	
總和	1081	100.0	

〔文化帶動經濟？文化預算偏低？〕

5.有人說，推動文化藝術發展，能夠帶動經濟的成長，請問您同不同意這個說法？

	次數	百分比	
非常同意	128	11.8	60.1
同意	522	48.3	
普通	46	4.3	
不同意	144	13.3	
非常不同意	28	2.6	
不知道／拒答	212	19.6	
總和	1081	100.0	

6.目前我國的國防預算占總預算的14.4%，教育預算占總預算的8.8%，文化預算占總預算的1.17%，請問您認為我國的文化預算是偏高還是偏低？

	次數	百分比
偏高	61	5.6
普通	126	11.7
偏低	592	54.8
不知道／沒意見	301	27.9
總和	1081	100.0

〔政府組織改造、文化事權統一〕

7.您是否同意我國中央政府的文化工作，應統籌交由同一個部會全權推動處理？

	次數	百分比		百分比（扣除不知道／無意見）	
非常同意	154	14.2	62.4	18.2	79.9
同意	521	48.2		61.7	
普通	21	1.9		2.6	
不同意	128	11.8		15.1	
非常不同意	21	2.0		2.5	
不知道／拒答	237	21.9		－	
總和	1081	100.0		100.0	

8.如果文建會要改制，您會支持文建會改制成為？（請提示）

	次數	百分比
文化部	185	17.1
文化體育部	44	4.1
文化觀光部	259	24.0
文化體育觀光部	131	12.2
維持現狀	197	18.2
其他	18	1.6
不知道／拒答	246	22.8
總和	1081	100.0

〔國內文化藝術風氣、國際排名〕

9.就您個人的感覺，近年來國內的文化藝術風氣有沒有獲得提升？

	次數	百分比
有	594	55.0
沒有	331	30.7
不知道／無意見	155	14.4
總和	1081	100.0

10.與日本、韓國、新加坡、中國大陸（含港、澳）等地相比，您認爲臺灣當前的文化藝術水準在五地當中排名第幾？

	次數	百分比
第1	33	3.1
第2	82	7.6
第3	369	34.1
第4	177	16.4
第5	127	11.7
不知道／拒答	293	27.1
總和	1081	100.0

〔民間個人資源的注入〕

11.請問您個人是否有過捐獻財物的經驗？

	次數	百分比
有	722	66.7
沒有	356	32.9
不知道／無意見	4	0.4
總和	1081	100.0

12.請問您是否會選擇將財物捐獻給文化藝術機構、單位或團體？

	次數	百分比
會	445	41.1
不會	523	48.4
不知道／拒答	113	10.5
總和	1081	100.0

是否會選擇捐給文化藝術機構、單位或團體？

		會	不會	不知道／拒答	總和
個人是否有捐獻財物的經驗	有	42.4	48.8	8.9	100.0
	沒有	38.8	48.0	13.2	100.0
	不知道／拒答	33.3	0.0	66.7	100.0
	總和	41.2	48.4	10.5	100.0

〔民眾自認對文化藝術的關心〕

13.平心而論，您認爲您是否關心臺灣的文化藝術發展？

	次數	百分比	
非常關心	135	12.5	58.0
關心	492	45.5	
普通	154	14.2	
不關心	212	19.6	
非常不關心	21	1.9	
不知道／拒答	68	6.3	
總和	1081	100.0	

〔臺灣！還美嗎？〕

14.請問您是否同意當前的臺灣，仍然是個美麗之島？

	次數	百分比	
非常同意	176	16.3	60.0
同意	473	43.7	
普通	61	5.7	
不同意	255	23.6	
非常不同意	64	5.9	
不知道／拒答	53	4.9	
總和	1081	100.0	

中央政府文化施政滿意度調查二：（文建會委託）

主題：文化施政滿意度調查

調查時間：民國九十三年四月十五日至十六日；十九日至二十日

調查方法：人員電話訪問方式，採用CATI系統，臺灣地區之住宅電話分層隨機抽樣，並採用戶中隨機取樣方法中任意成人法。

調查對象：一千一百一十六位二十歲以上設籍臺閩地區的民眾。

抽樣誤差：在95%信心水準下，抽樣誤差為正負3.0個百分點。

樣本代表性：經卡方適合度檢定，在顯著水準為0.05的情況下，樣本的縣市、性別結構與母體相符，分析時依據年齡進行加權，以求與母體結構相符。

調查結果：

(1)七成二民眾同意「推動文化藝術發展，能夠帶動經濟的成長」

有七成二的民眾表示同意「推動文化藝術發展，能夠帶動經濟成長」這個說法，表示不同意者僅約一成。

調查結果顯示，多數民眾同意本說法，其中男性同意此說法的比例（75.1%）高於女性（69.5%）；四十九歲以下者的比例（超過七成）高於五十歲以上者（七成以下）。其中二十至二十九歲者比例最高（79.3%），七十歲及以下者最低（64.4%）。

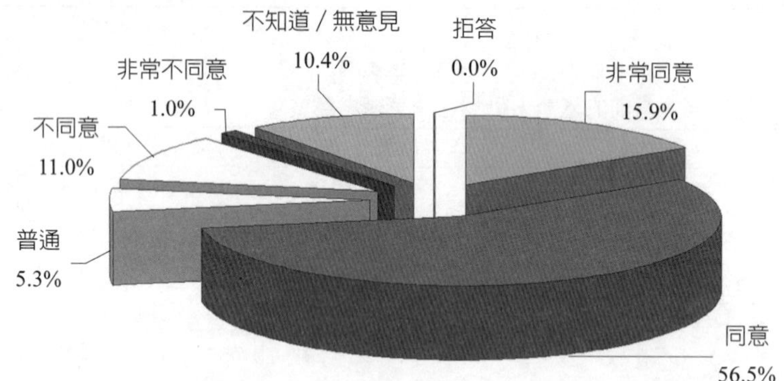

圖2-5　「推動文化藝術發展，能夠帶動經濟發展」同意度（n = 1,116）

(2)民眾對文建會十大文化政策的看法

針對文建會近年來推行的十大文化政策，調查結果顯示民眾的同意度約在五成六至八成六左右，最高爲「地方文化館之運用85.9%」，其次依序爲「閒置空間之再利用82.8%」、「精緻陶瓷餐具之設計推廣81.1%」、「創意文化園區之設置79.7%」、「社區總體營造之落實76.8%」、「世界遺產之推動75.6%」、「創意產業專案中心之服務74.1%」、「臺灣衣-party之理念宣導74.0%」、「蘭花花器之設計開發72.5%」，最低爲「臺灣紅之宣揚，55.6%」。

十項文化政策中有九項獲得超過七成三民眾的同意，獲得民眾同意度較低的爲「臺灣紅之理念宣導」，但也有過半數（五成六）之民眾表達同意此項政策。綜合整體分析來看，顯示民眾普遍支持文建會近年來推行的文化政策。

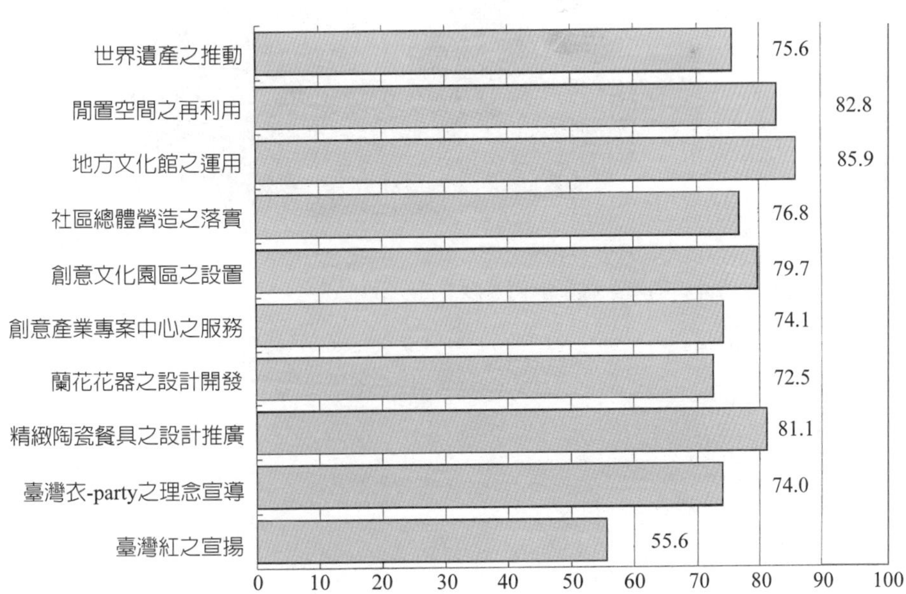

圖2-6　「民眾對十大文化政策」同意度（n = 1,116，單位%）

(3)七成六的民眾同意文建會推動世界遺產政策

受訪民眾中有七成六同意文建會推動世界遺產政策，其中非常同意有21.4%，同意有54.2%；認爲普通有9.1%；表示不同意者僅8%，其中含非常不同意2.3%，不同意5.7%；不知道／無意見及拒答僅7.2%。

調查結果顯示，文建會「世界遺產政策」普遍受到民眾的接受，大多數民眾都同意文建會推動臺灣歷史據點成爲世界遺產。其中男性表示同意的比例（77.6%）較女性高（73.4%）；各年齡層同意比例均超過七成，其中以七十歲以上者比例最高（80.0%），其次是二十至二十九歲者（79.3%），再其次是四十至四十九歲者（76.6%）。

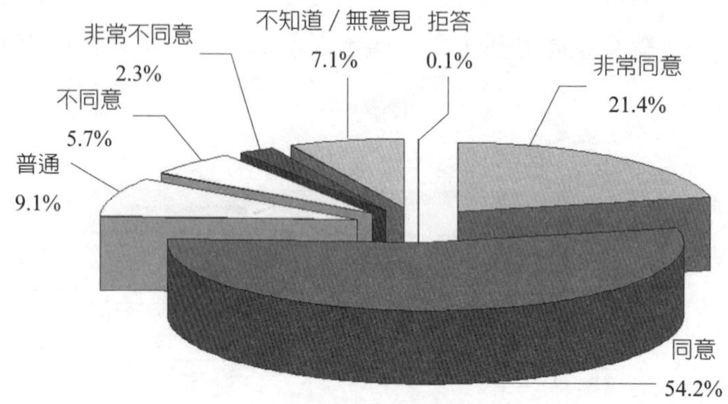

圖2-7　民眾對「世界遺產之推動」同意度（n = 1,116）

(4)八成三的民眾同意文建會閒置空間再利用之政策

受訪民眾中有八成三同意文建會閒置空間再利用之政策，其中非常同意有28.0%，同意有54.8%；認為普通有6.6%；表示不同意者僅7.2%，其中含非常不同意1.6%，不同意5.6%；不知道／無意見及拒答僅3.4%。

調查結果顯示，文建會「閒置空間再利用之政策」普遍受到民眾的接受，大多數民眾都同意文建會此項政策。其中男性表示同意的比例（85.5%）較女性高（79.9%）。

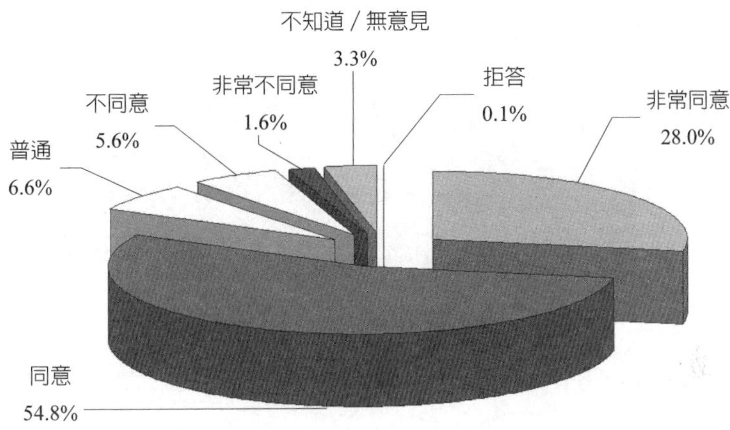

圖2-8 民眾對「閒置空間再利用」同意度（n = 1,116）

(5)八成六的民眾同意文建會地方文化館之運用之政策

受訪民眾中有八成六同意文建會推動地方文化館之設立，其中非常同意有32.0%，同意有53.9%；認為普通有5.1%；表示不同意者僅5.1%，其中含非常不同意1.1%，不同意4.0%；不知道／無意見及拒答僅3.9%。

調查結果顯示，文建會「地方文化館之運用」普遍受到民眾的接受，大多數民眾都同意文建會推動此項政策。

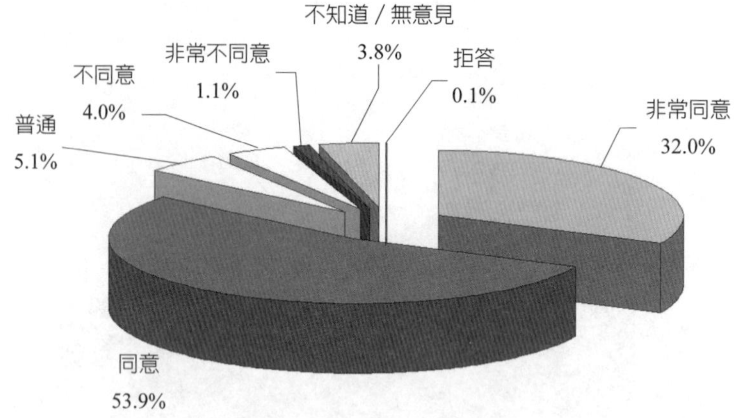

圖2-9　民眾對「地方文化館之運用」同意度（n = 1,116）

⑹七成七的民眾同意文建會落實社區總體營造之政策

受訪民眾中有七成七同意文建會落實社區總體營造之政策，其中非常同意有21.2%，同意有55.6%；認爲普通有10.4%；表示不同意者僅7.2%，其中含非常不同意1.4%，不同意5.8%；不知道／無意見及拒答僅5.7%。

調查結果顯示，文建會「落實社區總體營造之政策」普遍受到民眾的接受，大多數民眾都同意文建會推動此項政策。

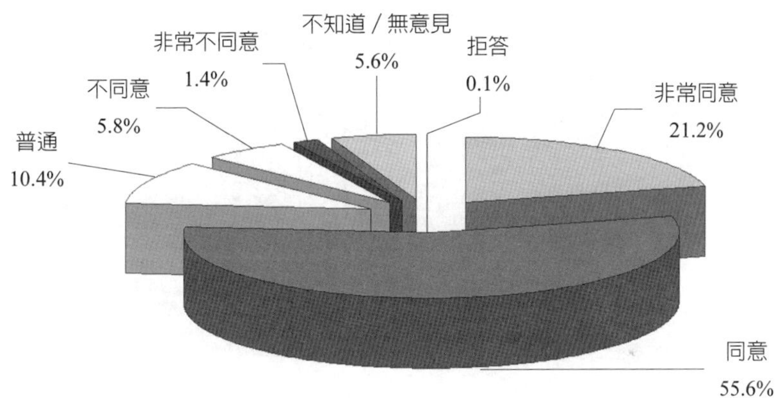

圖2-10 民眾對「社區總體營造之落實」同意度（n = 1,116）

(7)八成的民眾同意文建會設置創意文化園區之政策

受訪民眾中有八成同意文建會設置創意文化園區，其中非常同意有24.5%，同意有55.2%；認爲普通有7.5%；表示不同意者僅6.0%，其中含非常不同意1.2%，不同意4.8%；不知道／無意見及拒答僅6.8%。

調查結果顯示，文建會「設置創意文化園區之政策」普遍受到民眾的接受，大多數民眾都同意文建會推動此項政策。

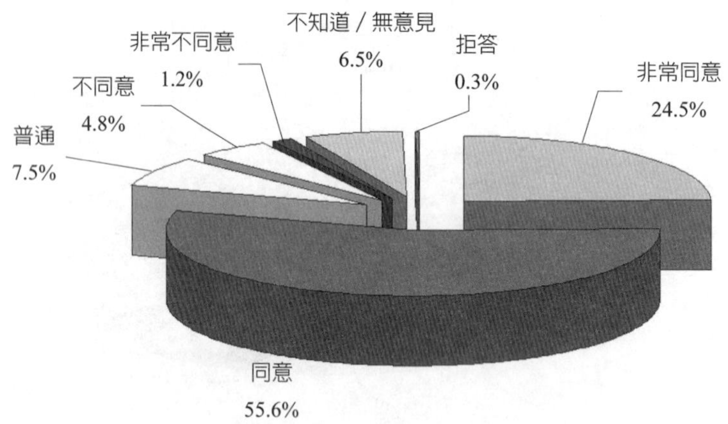

圖2-11　民眾對「創意文化園區之設置」同意度（n = 1,116）

(8)七成四的民眾同意文建會設置創意產業專案服務中心之政策

受訪民眾中有七成四同意文建會設置創意產業專案服務中心，其中非常同意有18.9%，同意有55.2%；認爲普通有7.8%；表示不同意者僅6.8%，其中含非常不同意1.0%，不同意5.8%；不知道／無意見及拒答約11.3%。

調查結果顯示，文建會「設置創意產業專案服務中心之政策」普遍受到民眾的接受，大多數民眾都同意文建會推動此項服務。其中男性同意的比例（77.1%）高於女性（70.9%）。

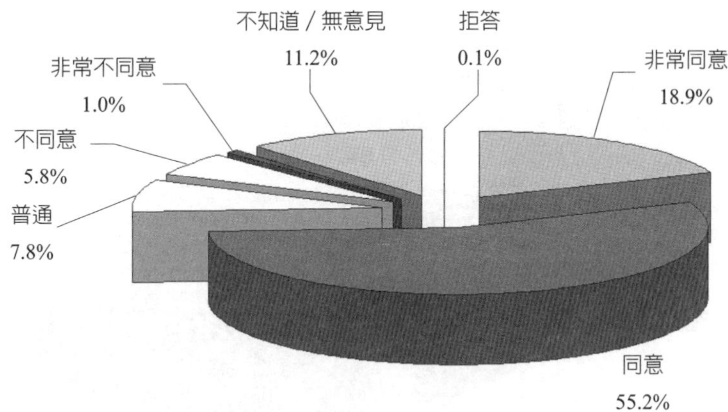

圖2-12 民眾對「創意產業專案中心之服務」同意度（n = 1,116）

(9)七成二的民眾同意文建會蘭花花器設計開發之政策

受訪民眾中有七成二同意文建會推動蘭花花器之設計開發，其中非常同意有17.2%，同意有55.3%；認爲普通有10.1%；表示不同意者僅7.7%，其中含非常不同意1.1%，不同意6.6%；不知道／無意見及拒答約9.6%。

調查結果顯示，文建會「蘭花花器之設計開發」之政策普遍受到民眾的接受，大多數民眾都同意文建會推動此項政策。其中以六十至六十九歲者比例最高（78.4%），四十至四十九歲者次之（73.6%），二十至二十九歲者再次之（73.0%）。同意比例最低爲七十歲以上者（71.1%）。

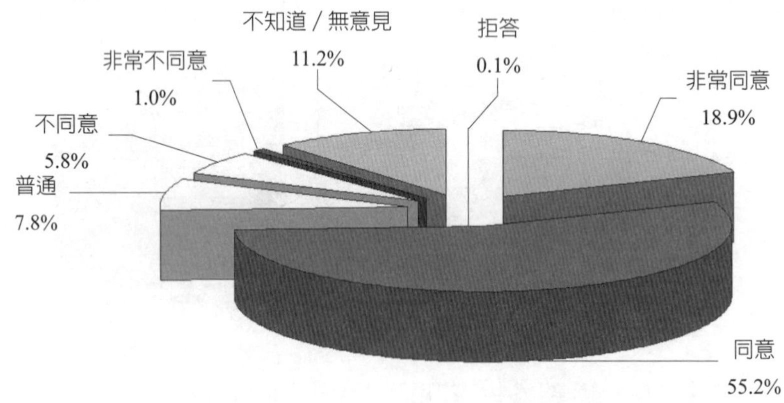

圖2-13　民眾對「蘭花花器之設計開發」同意度（n = 1,116）

(10)八成一的民眾同意文建會推動設計推廣精緻陶瓷餐具之政策

受訪民眾中有八成一六同意文建會推動設計推廣精緻陶瓷餐具之政策，其中非常同意有22.5%，同意有58.6%；認爲普通有8.8%；表示不同意者僅5.6%，其中含非常不同意0.6%，不同意5.0%；不知道／無意見及拒答僅4.6%。

調查結果顯示，文建會「推動設計推廣精緻陶瓷餐具之政策」普遍受到民眾的接受，大多數民眾都同意文建會推動此項政策。其中男性同意的比例（83.7%）高於女性（78.4%）。

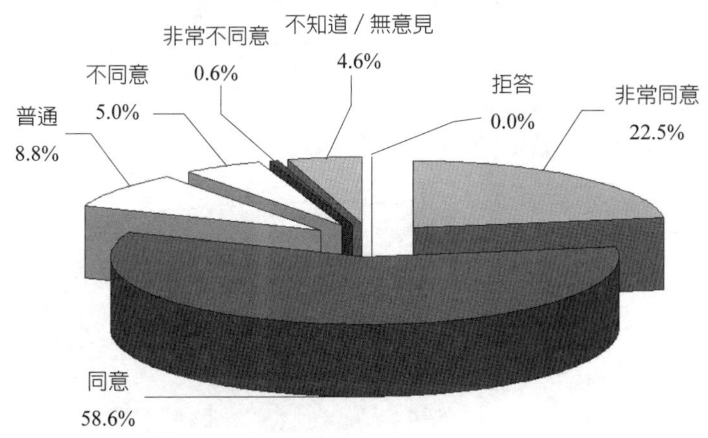

圖2-14 民眾對「精緻陶瓷餐具之設計推廣」同意度（n = 1,116）

(11)七成四的民眾同意文建會臺灣衣-party之宣傳理念

受訪民眾中有七成四同意文建會臺灣衣-party之宣傳理念，其中非常同意有21.3%，同意有52.7%；認為普通有9.3%；表示不同意者約一成一，其中含非常不同意2.1%，不同意8.8%；不知道／無意見及拒答僅5.8%。

調查結果顯示，文建會「臺灣衣-party之宣傳理念」普遍受到民眾的接受，大多數民眾都同意文建會推動此項政策。其中以三十至三十九歲者比例最高（78.9%），四十至四十九歲者次之（75.2%），五十至五十九歲者再次之（74.9%）；比例最低為七十歲以上者（66.7%）。

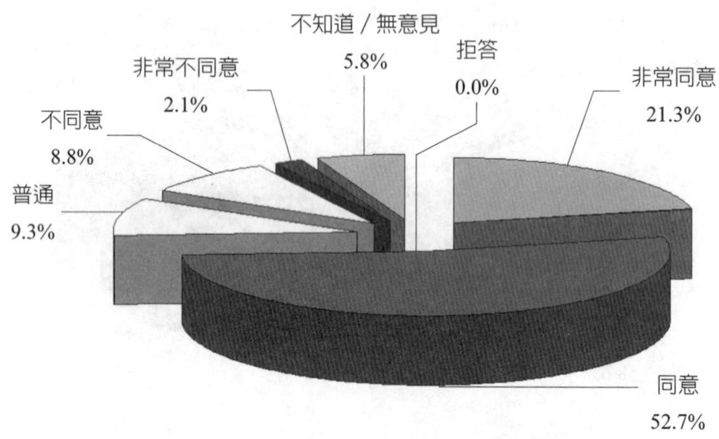

圖2-15　民眾對「臺灣衣-party之宣傳理念」同意度（n = 1,116）

(12)五成六的民眾同意文建會臺灣紅政策

受訪民眾中有五成六同意文建會臺灣紅政策，其中非常同意有9.9%，同意有45.7%；認爲普通有14.2%；表示不同意者約二成，其中含非常不同意2.5%，不同意17.0%；不知道／無意見及拒答約一成一。

調查結果顯示，文建會「臺灣紅政策」受到過半民眾的接受，約有半數民眾同意文建會推動此項政策，但仍有二成民眾持相反意見。其中男性同意比例（56.9%）高於女性（54.2%）；以二十至二十九歲者比例最高（59.6%），三十至三十九歲者次之（56.3%），四十至四十九歲者再次之（56.2%）；比例最低爲六十至六十九歲者（46.2%）。

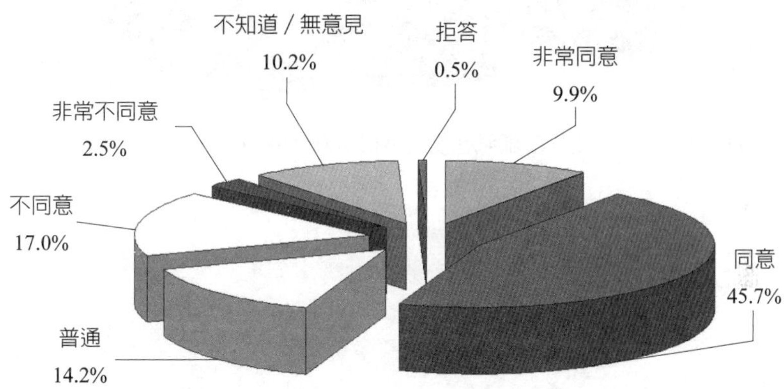

圖2-16 民眾對「臺灣紅之宣揚」同意度（n = 1,116）

(13)六成二的民眾表示近年來國內的文化藝術風氣有獲得提升

有六成二的民眾表示「近年來國內的文化藝術風氣有獲得提升」，近三成表示沒有提升。

本次調查結果顯示，多數民眾認爲國內文藝風氣有提升。

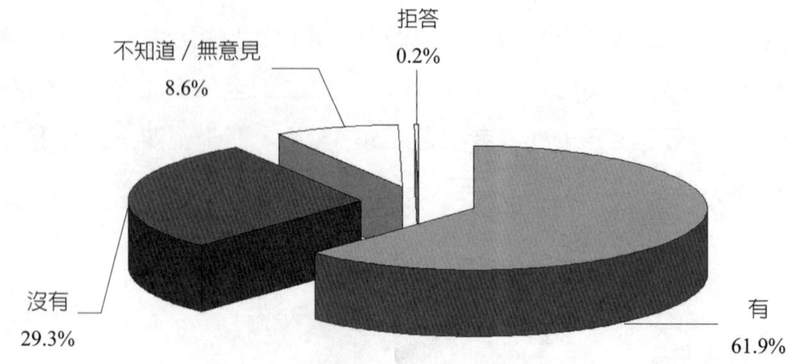

圖2-17　近年來國內的文化藝術風氣有沒有獲得提升（n = 1,116）

(14)五成八的民眾認為我國政府近年來有重視文化藝術的發展

有五成八的民眾表示「我國政府近年來有重視文化藝術的發展」，約二成表示沒有重視，一成六認爲普通。

調查結果顯示，多數民眾仍認爲政府近年來有重視文化藝術發展，其中以六十至六十九歲者比例最高（66.1%），其次是五十至五十九歲者（63.9%），三十至三十九歲者再次之（58.3%）；最低是七十歲以上者（37.8%）。

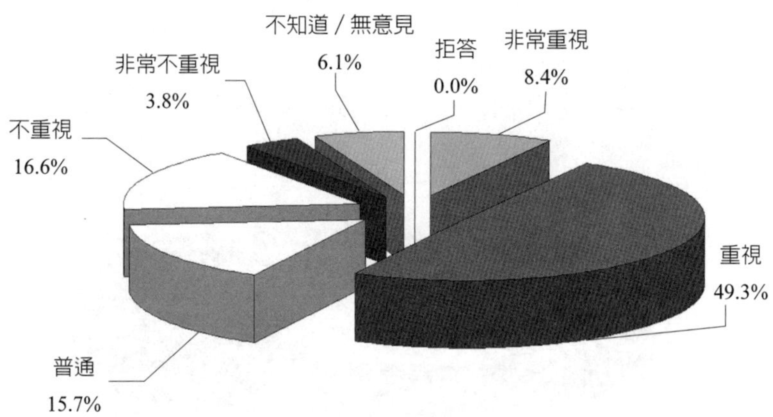

圖2-18 我國政府近年來有沒有重視文化藝術的發展（n = 1,116）

(15)四成五的民眾表示滿意文建會的施政表現

有四成五的民眾表示「滿意文建會的施政表現」，一成七表示不滿意，二成六認爲普通。

本次調查結果顯示，近半數民眾滿意文建會的施政表現，約三分之一的民眾認爲普通。滿意文建會施政表現的民眾中以男性認爲滿意的比例（49.0%）高於女性（39.7%）；六十至六十九歲者比例最高（50.8%），其次是五十至五十九歲者（49.2%），二十至二十九歲者再次之（45.7%）；最低是七十歲以上者（40.0%）。

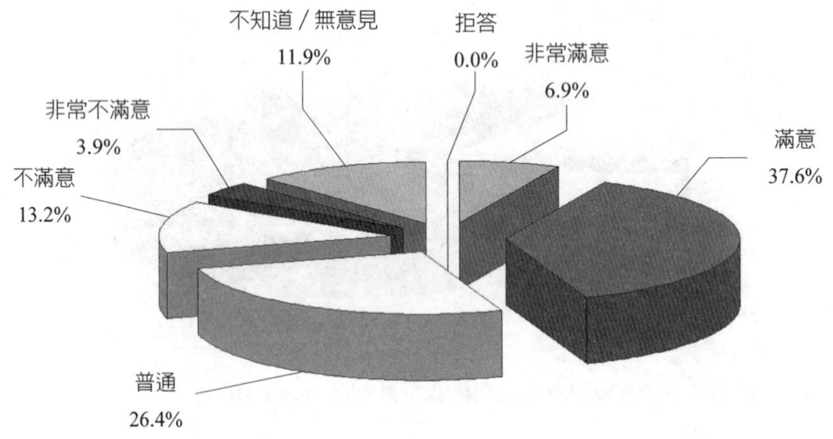

圖2-19　對文建會施政表現的滿意情形（n = 1,116）

(16)六成二的民眾同意將文建會升格為文化體育部

有六成二的民眾表示「爲了推動我國的文化發展，同意將文建會升格爲與經濟部、交通部等部會同樣層級的文化體育部」，僅約一成九表達不同意。

本次調查結果顯示，多數民眾同意將文建會升格以推動我國文化發展，其中男性認爲同意的比例（68.3%）高於女性（54.7%）。

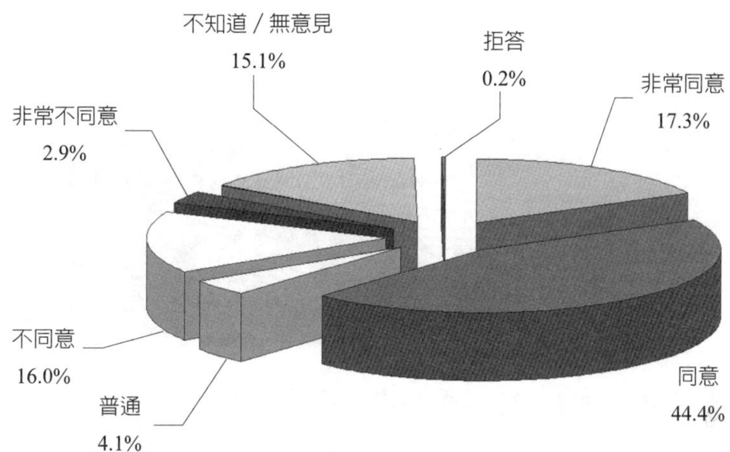

圖2-20　同不同意將文建會升格爲文化體育部（n = 1,116）

(17)六成八的民眾贊同文建會主委應由音樂家或藝術家出任

有六成二的民眾表示贊同「由音樂家或藝術家出任文建會主委」，約一成表達不贊同。

本次調查結果顯示，多數民眾贊成由音樂家或藝術家出任主委一職。

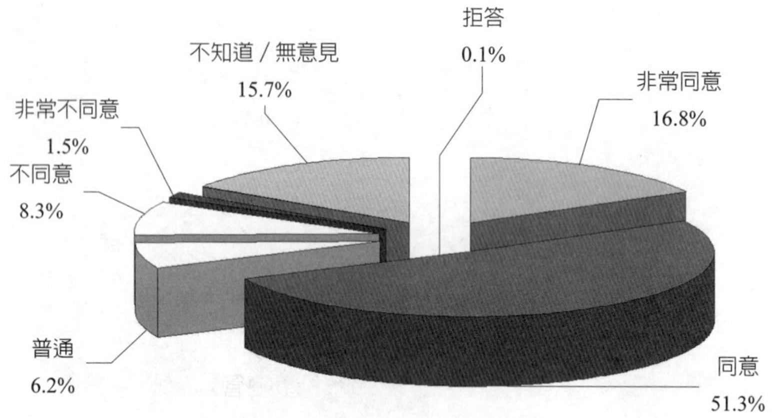

圖2-21　民眾贊成文建會主委由音樂家或藝術家出任的情形（n = 1,116）

（七）前臺灣省政府文化處簡介

除中央政府成立文建會以推動文化工作外，臺灣省政府亦曾於民國八十五年底，基於「為使國家社會經濟持續均衡前進，國民生活水準不斷提升，文化藝術、音樂與文學等活動蓬勃發展，及文化資產保存日漸受到民眾的重視，以及文化行政事務的增加」等理由，並依臺灣省議會第九屆第十次定期大會第二十次會議與審議省政府組織規程修正草案，決議要求臺灣省政府之教育文化機關應重新檢討予以畫分，以貫徹「專業化」原則的要求，乃於民國八十五年六月二十九日修訂省府組織規程，送經省議會第十屆第三次大會第三十四次會議通過增設文化處，並經分別報奉行政院、考試院同意備查。復於八十五年八月二十六日訂定臺灣省政府文化處籌備處設置要點，再獲總統府於八十五年十二月二十四日頒發該處機關印信，自此，臺灣省政府文化處旋即正式展開運作。惟民國八十八年七月適逢精省實施，而轉改制為行政院文化建設委員會中部辦公室，之後又於民國九十六年十月十七日，併入文建會文化資產總管理處籌備處。

在精省前。臺灣省政府文化處係將省教育廳原主管之文化、藝術、文學業務及民政廳文獻保存業務整合納入，職掌業務分別如下：

第一科：辦理省屬文化藝術行政、語文（言）及鄉土文化教育政策之制訂及推展、推行文化復興運動、縣市文化機構之督（輔）導、省屬各級公共圖書館設置及督導管理等事項。

第二科：辦理省屬文獻採集、整理、編撰、保存、維護；省屬博物館輔導等事項。

第三科：辦理省屬展演藝術機構之設立輔導及活動之策辦、競賽、交流、人才培訓與維繫傳統技藝的傳承；以及藝術欣賞教育之推展等事項。

八十八年七月精省後，改制為行政院中部辦公室的原省文化處各科工作重點則變更為：

第一科：1.輔導地方文化機構行政與文化設施。
2.策辦地方文化會議。
3.辦理「加強地方文化藝術發展計畫」第二期計畫執行與管考。
4.辦理「假日文化廣場推展計畫」執行與管考。
5.策辦文化設施專業人才培育。
6.策辦文化義工之組訓。
7.縣市文化基金會基金運用情形及其成果之統計彙報。
8.策辦地方文化資產保存維護研究。
9.輔導地方政府辦理古建築物、遺址及其他文化遺址之維護暨保存。
10.策辦臺灣地區傳統建築普查及建檔。
11.編印臺灣地區史蹟及歷史建築專輯。
12.編印民俗文物叢書（續集）。
13.策辦「臺灣大觀」文化資產博覽會。
14.辦理文化資產保存專業研習班、研討會。
15.策辦八十九年度地方鄉土文獻出版品評鑑推薦獎。
16.編印臺灣地區歷史文獻年鑑。
17.策辦地方鄉土文獻出版品評鑑研討會。
18.策辦地方鄉土文化研習營、研討會。
19.策辦原住民文化研習營、研討會。
20.策辦生態文化研習、觀摩交流活動。

第二科：1.發行「文化視窗」刊物。
2.補助辦理空中文化藝術學苑。
3.製播廣播、電視文化節目。
4.辦理文化傳播、文化行銷專業人才培訓。

5.辦理社區總體營造人才培訓。

6.輔導發行社區刊物。

7.辦理社區文化及文化產業活動。

8.辦理優良文化藝術人員遴選表揚活動。

9.辦理圖書館專業人才培訓及學術研討會。

10.輔導公共圖書館資訊網路、自動化業務。

11.出版鄉土文化專輯。

12.辦理讀書會推廣活動。

13.辦理全省巡迴書展活動。

14.臺灣文學獎及兒童文學獎徵選活動。

15.辦理臺灣鄉土語文競賽。

第三科：1.策辦臺灣文化節及地方文化節系列活動。

2.策辦表演藝術管理人才培訓及表演藝術研習營。

3.策辦表演藝術學術研討會及專案研究與出版。

4.策辦表演藝術基層巡演及校園巡演系列活動。

5.策辦表演藝術國內交流系列活動。

6.策辦鄉土藝術季系列活動。

7.策辦「中興藝術廣場——週休二日系列活動」及「中秋情懷．藝術饗宴」系列活動。

8.策辦表演藝術及藝術欣賞義工之培訓與運用。

9.策辦加強藝術欣賞系列活動。

10.音樂藝術中心之籌建。

11.賡續辦理「鐵道藝術網路」計畫，提供藝術創作者創作及展示場所。

12.賡續推動華山藝文特區各項藝文活動。

13.賡續辦理民俗藝術節。

14.版印年畫之甄選與推廣。

15.手工藝訓練與輔導。

16.美術傳統技藝輔導與出版推廣。

（八）臺北市政府文化局簡介

緊接著省文化處的轉型，臺北市政府在民國八十八年十一月六日，爲達成下列各項目的、構想與未來，而率先以八十名員額的編制規模，設立了全國第一個依地方制度法而生的文化局（圖2-22）：

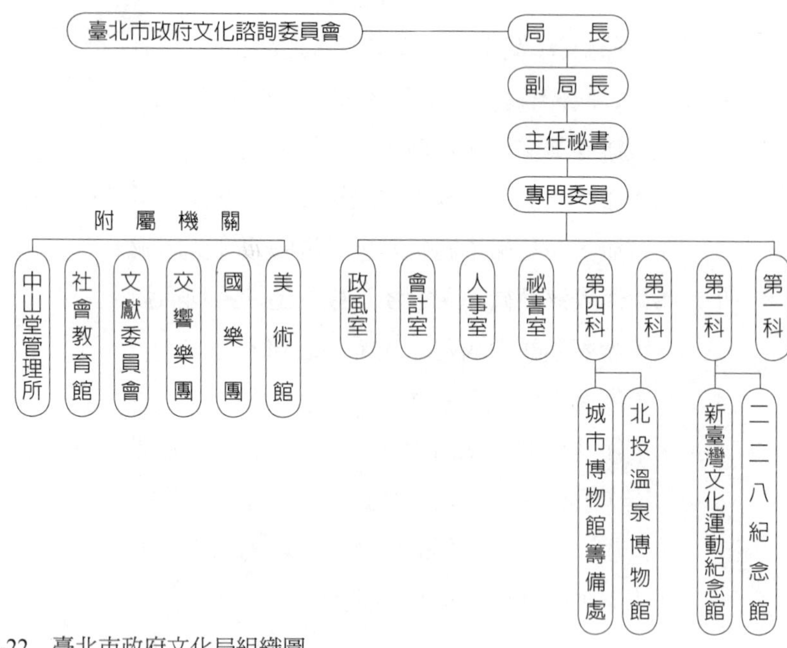

圖2-22　臺北市政府文化局組織圖

在目的方面

1.積極營造有利於文化保存、傳播、創造的整體環境，提升臺北市民的文化水準與內涵。

2.文化局做爲文化專責機構的設置，將統合分散在各局處的文化事務，有助於文化環境的改善與經營，使文化事務之推動能事權統一。

3.依文教分治的原則，爲所謂的文化機構驗明正身，使文化的主體性確切落實，並提升文化事務在政府機器中的弱勢地位，不再是各局處的邊陲業務，使「文化」成爲眞正的主角。

4.整體規劃使資源的運用更有效率，透過資源整合及合理分配，使市民的文化生活得以成長。

5.以專業的人力與智力投入文化創造工程，特別著重文化軟體的經營，改善外行領導內行的積弊。

6.文化局下屬的六個單位在目前的業務職掌外，提升展演的專業品質，並加強橫向聯繫，強化對市民的服務。

在構想方面

1.文化局負責規劃未來臺北市的整體文化圖像，建立屬於全體市民的文化專責機構。

2.局本部的業務範圍，推動屬於文化藝術範疇的工作，如文化設施之規劃、設置，文化資產的保存修復，贊助傳統與當代的藝文展演，推動社區文化及本土文化之深耕，促進國際文化交流。

3.整合改隸即將屬於文化局的六個附屬機構，及將來可能成立的附屬機構。

在未來目標方面

1.貫徹社區主義，使文化生活化。

2.重建歷史記憶，使臺北市成爲有情有愛的家鄉。

3.建構完備而健全的藝文成長環境。

4.規劃深廣兼具的全民藝文活動。

5.保存傳承傳統藝術。

6.設計合理而有效的現行文化藝術法規。

7.建立良好的藝文補助機制。

8.結合政府、民間企業與社區組織，共同推動文化環境的改造。

9.營造活潑多元的國際化環境。

另在當前臺北市政府文化局的實務分工職掌與組織編制部分，則如下列：

依臺北市政府文化局官網（http://www.culture.gov.tw）資料所載，該局爲全國第一個地方文化事務專責機構。歷經三任市長努力、議會數會期激辯與協商及藝文界先進與賢達之醞釀與促成，終於民國八十八年十一月六日正式成立。首任局長由龍應台出任，以「文化深入生活」、「傳統走出現代」、「本土走向國際」揭櫫其對文化局工作的發展方向，並努力「文化與教育結合」、「文化與社區結合」、「文化與產業結合」、「文化與國際結合」，企圖建構全國第一個「市民的文化局」、「輔導而非指導的文化局」。

第二任局長廖咸浩，以「有情文化」及「美感城市」落實「文化就是生活」的理念。在其任內致力推動文化白皮書內之「育藝深遠」國小藝術紮根計畫、「藝企相投」媒合藝術及企業文化機制、「公共藝術」、「臺北學研究」、「漢字文化節」、「藝響空間網」、「藝文組織譽揚作業」、設立「文化創意產業發展委員會」；賡續推廣文化就在巷子裡、大城市小人物、藝術季、老樹保護、藝文補助、古蹟保存及活化、兩岸及國際文化交流等軟硬體計畫。

第三任局長李永萍因應全球產業的解構及消長，繼全國政治首都的基礎下，企圖打造本市成爲「文創首都」，上任後即設置「臺北文化設施發展基金」，加速文化設施之興建、修復與再利用，並成立「臺北電影委員會」，振興影視產業發展，輔導「臺北市文化基金會」轉型策辦重大藝

臺北市政府文化局各科室職掌圖

科室	職掌
第一科	1.文化發展基本原則之擬訂。 2.文化藝術活動之研究與開發。 3.文化財產權及其他文化制度法規之擬訂。 4.文化藝術交流之策劃。 5.文化藝術資料之保存、規劃、管理與運用。 6.國內外文化交流。 7.其他有關文化環境、制度企劃研究與資訊之建立等事項。
第二科	1.古蹟、古物、歷史建物、遺址、紀念物、文化地景等之調查、指定、修復、維護、典藏及運用。 2.文獻資料保存研究之規劃。 3.傳統藝術、民俗文化之研究與發揚及其延續機制之規劃。 4.文獻委員會業務之監督。 5.其他有關文化資源之保存、發展、經營與維護等事項。
第三科	1.文化藝術展演環境之規劃與管理。 2.文化藝術類書、資料之彙編。 3.文化獎項之規劃與辦理。 4.藝術展演活動之辦理。 5.中山堂管理所、臺北市立美術館、臺北市立交響樂團、臺北市立國樂團、臺北市立社會教育館業務之監督。 6.其他有關文化藝術之促進等事項。
第四科	1.樹木保存與維護。 2.公共藝術推動。 3.社區總體營造環境規劃及活動。 4.文化景觀規劃與推動。 5.生活美學藝文設施營運。
祕書室	1.研究考核、文書、檔案管理、公文時效管制及資訊業務等事項。 2.財產管理、出納業務、採購業務、事務管理及其他行政綜合事項。
人事室	依法辦理人事管理事項。
會計室	依法辦理歲計、會計事項，並兼辦統計事項。
政風室	依法辦理政風事項。

圖2-23 臺北市政府文化局職掌圖

文節慶與營造重要藝文館所，推動臺北市創意地圖雙L型產業軸帶，在既有基礎下更接續催生重要文化建設，如「松菸文化園區」、「臺北藝術中心」、「北部流行音樂中心」及「城市博物館」，也針對公共藝術的開展進行不同的嘗試與突破，期望在文化創意與文化觀光產業中，爲本市建構下一階段的發展利基，並成爲城市行銷的利器，進而提高文化產業之附加價值，以回饋文化事務的推展，並厚實文化底蘊，讓本市融合城市美感與藝文氛圍，使文化深入市民生活，打造深具特色的文創首都。

第四任局長謝小韞於九十九年三月一日就職，在前三任局長奠下的基石上繼續開創新局，將從強化文化社區化、產業化及國際化三方向著手，結合市民自發的社區意識和草根力量，讓文化生根；因應文創時代的來臨，配合中央政策，協助文化事業朝產業化規模發展；並在文化觀光、城市行銷及臺北學等方面，讓臺北以國際語言站在城市競爭的世界舞台上。

第五任局長鄭美華於一〇〇年八月二日就職，在文化資源有限情況下，將公平、合理之有效分配資源，同時兼顧藝術之「精」與庶民之「廣」爲本局努力目標。針對多元性公共文化議題，將致力與各界溝通並聆聽各界合情合理之意見，凝聚各式創意人才在此發光發熱，共同打造臺北市成爲文創之都。

現在局長劉維公於一〇一年二月一日接棒，業務推動爲下列四大方向：健全的文化生態，是臺北城市文化發展的根基；爭取世界設計之都，是臺北市的改造運動；創造力，是臺北城市的優勢競爭力；建立新世紀的文化治理思維與新做法。讓臺北市成爲城市文化治理的新典範，提供市民最優質的文化生活。（http://www.culture.gov.tw/frontsite/cms/contentAction.do?method=viewContentList&subMenuId=101&siteId=MTAx）

臺北市政府文化局設有各科、室與附屬機關，其中業務各科及附屬機關之概要業務略述如下：

業務各科

第一科：國際城市及國內各縣市藝術文化交流、藝文補助、文創產業輔導與文化觀光推廣

第二科：古蹟與傳統藝術等文化資產保存

第三科：專業藝術文化輔導與推廣

第四科：公共藝術推動與社區文化紮根

附屬機關

臺北市文獻委員會：文獻採集整理、史蹟推廣導覽、展覽研討活動、文化資產保存。

臺北市中山堂：國家二級古蹟、場地租借。

臺北市立美術館：美術學術研究、重要專題研究、國際美（藝）術交流及館際合作、美術作品之展覽、國際美術作品之交流、美術教育之推廣、研究輔導、刊物出版、美術作品之徵集蒐藏、整理考據。

臺北市市立交響樂團：本團爲推行音樂教育發揚音樂社會教育功能及促進國際文化交流以提高文化水準，充實市民育樂生活。

臺北市市立國樂團：定期音樂會、國內外巡迴音樂會、傳統藝術季企劃與執行、綜合性推廣業務。

臺北市市立社會教育館：辦理各項音樂、舞蹈、戲劇類型節目演出、社區藝術巡禮及地方戲曲匯演、城市舞臺各項設施之管理維護、城市舞臺檔期管理與各項設施之管理維護事項及其他藝術活動之推廣。

（http://www.culture.gov.tw/frontsite/cms/contentAction.do?method=viewContentList&subMenuId=101&siteId=MTAx）

（九）其他文化行政單位

而從臺北市政府文化局的設立開始，我們可以看見臺灣的各個地方政府和城市，日益在文化藝術的發展上，扮演主要的角色。包括臺北市、高

雄市、金門縣、連江縣（馬祖）在內的臺灣二十五個縣市，不但陸續成立了文化專責局處（圖2-24），且在文化藝術活動的辦理、人才培育和文化空間的形塑上，皆一致投入了相當可觀的資源。臺灣的文化與藝術，從民國六〇年代末的縣市文化中心草創時期，進入到民國八〇年代末的文化局處興起階段，如今回顧過去近四十年，實可明顯鑑別文化藝術已爲促進地方發展的主要方法之一，同時，也是地方首長用以提高地方能見度的最佳策略選擇。

臺北市政府文化局	高雄市政府文化局	臺中市文化局	新北市政府文化局	基隆市文化局
臺南市政府文化局	雲林縣政府文化處	桃園縣政府文化局	苗栗縣政府國際文化觀光局	嘉義縣政府文化局
宜蘭縣政府文化局	澎湖縣文化局	新竹縣文化局	彰化縣文化局	嘉義市政府文化局
花蓮縣文化局	金門縣文化局	新竹市文化局	南投縣政府文化局	屏東縣政府文化處
臺東縣政府文化暨觀光處	連江縣政府文化局			

圖2-24　臺灣各縣市文化局處

而除了政府機關之外，我國的公共團體（財團法人），在執行文化行政的實務上，也有了新的立足點與起點。依據民國八十一年七月所公布施行之「文化藝術獎助條例」暨民國八十三年十月所公布施行之「國家文化藝術基金會設置條例」之規定。而於民國八十五年一月成立的——財團法人國家文化藝術基金會，爲我國第一個由國家挹注基金，但是由民間經營，並以服務國內文化藝術工作者，爲其主要業務對象的公共團體（圖2-25）。目前，該基金會「爲了改善文藝界的工作環境，促使文藝工作者和團體組織能得致良好的發展」，遂將其基本工作任務，分述如下：

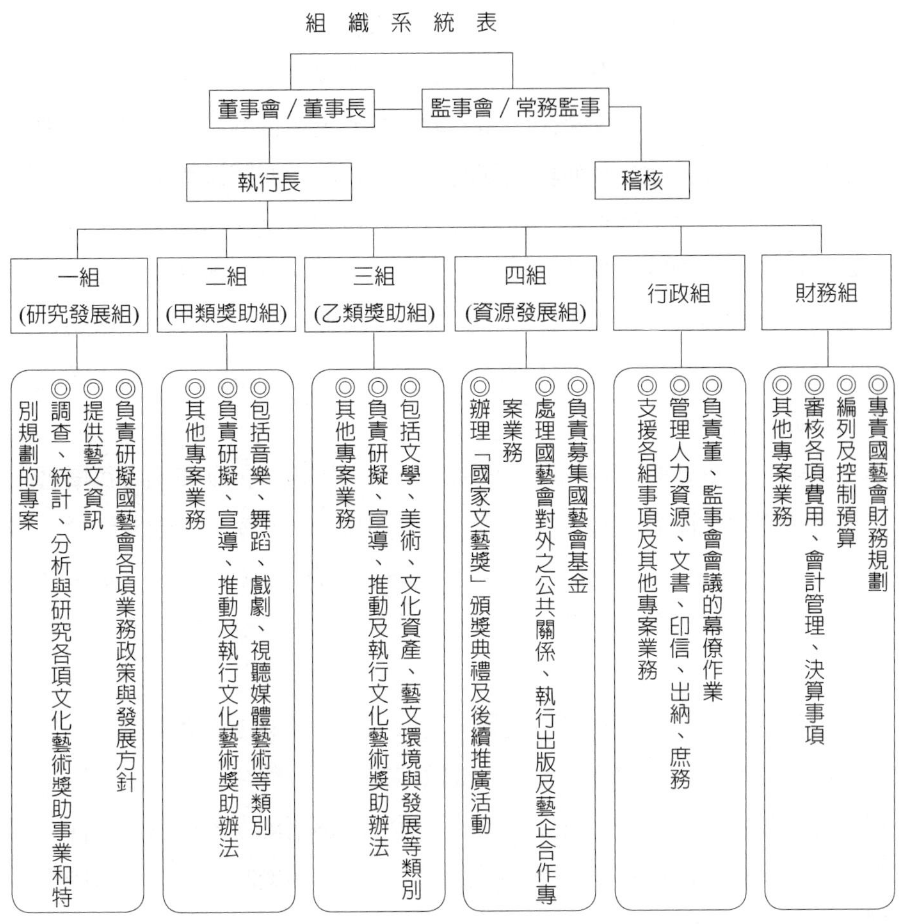

圖2-25　財團法人國家文化藝術基金會組織圖

國藝會成立的主要目的在於積極輔導、協助與營造有利於文化藝術工作者的展演環境，獎勵文化藝術事業，以提升藝文水準。該基金會設有董事會，負責督導基金會的業務方向與經費運用，監事會則是負責稽核財務執行狀況，確保所有基金與經費都能得到有效的管理和使用。董、監事人選由主管機關文建會就文化藝術界人士、學者、專家和政府有關機關代表和各界社會人士中遴選，提請行政院院長審核聘任。基金會工作內容計分四大方向，分別是「研發」、「補助」、「獎項」與「推廣」。

就國藝會的發展目標來說，希望能透過研究發展的工作，來檢視與累積目標成果，並且建立政府與民間的管道，以利各方資源流通；而補助的分配與獎項的頒發，則是爲了鼓勵藝術工作者能長期從事創作，推廣藝術教育；從推廣的觀點來看，則是致力於建立交流平臺，讓藝文資訊能傳遞給藝術工作者與社會大眾，從而打破藩籬、彼此交流。所有相關政策與計畫，是由國藝會執行長率領各部門依董事會指示原則推動。目前，該基金會的組織結構如下：

國藝會最重要的業務，就是贊助、獎勵、培育、推動和輔導民間藝文工作者或團體，而國藝會支持的藝文活動類型含括文學、美術、音樂、戲劇、舞蹈、文化資產（包括民俗技藝）、視聽媒體藝術以及藝文環境與發展等，並因應時代潮流，鼓勵創新的、具突破性、實驗性與新觀念的各種藝文形式。

國藝會研擬、建立的補助機制，是爲了協助藝文工作者與團體能依照程序申辦補助，並逐步彙整資訊，檢視作業流程、整合業務，以制度化、現代化管理的觀念，強化藝文環境的體質，讓藝術創作者得以專心從事創作，讓藝文組織得以永續經營。國藝會的這套補助機制，已成爲國內重要補助單位的執行參考之一。

除了平時定期收件的「常態性補助」，國藝會也有合乎年度規劃的特殊「專案補助」項目，協助各領域的藝文工作者與團體，從事創作、展演、研習進修、調查研究、翻譯、出版等等；透過公開透明的審查程序及評審原則，評選計畫品質優良的申請案，給予經費補助。此外，每項補助核定通過之後，也邀請評審委員追蹤考核，以確保獲補助計畫的執行品質。

整體而言，國藝會致力於建構一個反映藝文生態的補助機制，使有限的資源發揮最大的效益，以營造有利於文化藝術的工作環境，提升國內藝文水準（http://www.ncafroc.org.tw/Content/intro.asp?SubType=本會簡介）。

（十）結語

透過以上對於文化行政原理、外國政府文化行政組織，暨對於我國行政院文化建設委員會、臺北市政府文化局（政府機關）、財團法人國家文化藝術基金會（公共團體）等組織，在文化行政實務運作上的說明與介紹，讀者們或許便可稍微了解，何以在「文化是立國的基本要素」，以及「政府是構成國家的基本要素之一」的情況下，會導致「文化」與「行政」的結合，並使其間的關係成爲如此地重要與微妙。總之，由於「文化是所有國家建設的共同基礎」，而「行政功能又是整個政府的基礎」，所以從事文化行政工作的人，必須要加倍的努力，並且比別人付出的更多，才能夠促使精神文化建設，得以徹底的發揮出源遠流長、近悅遠來的效果。

最後，在本章結束之前，筆者特別要在此，對於本書的編寫內容做一說明。讀者或許會發現，雖然本書的名稱叫做「文化行政」，但是，除了本書的第一篇，曾對於文化行政所可能涵括的事務範圍，做過原則性的說明與介紹之外，書中的其他各篇，則是分別以「表演藝術行政」、「視覺藝術行政」，以及「博物館行政」來做爲本書的編寫內容。爲了避免誤導各位讀者，以爲「表演藝術行政」、「視覺藝術行政」，以及「博物館行政」的總和，就是「文化行政」，因此，筆者必須要在這裡做一觀念上的釐清。筆者想要表達的是，「表演藝術行政」、「視覺藝術行政」，以及「博物館行政」，只是「文化行政」的組成基礎之一，它們十分的重要，但卻並不是代表「文化行政」的全部。筆者以及另外兩位編著者，之所以會將本書的編寫重點，放在「表演藝術行政」、「視覺藝術行政」，以及「博物館行政」等三大文化行政工作項目上，最主要的原因，除了是考量每一位編著者的學術專業以及研究興趣之外，也著實是希望能以「聚焦」的方式來導引本書的編寫方向。畢竟，筆者以及另外兩位編著者，寧可選擇對於「表演藝術行政」、「視覺藝術行政」，以及「博物館行政」等三大文化行政工作項目，做一完整性的介紹，而不願僅是以說明整體文化行政的表象爲題材，而讓各位讀者於讀完本書之後，心生一股「看了等於沒看」的遺憾。總之，希望各位讀者，能夠體諒筆者以及另外兩位編著者的心意，也希望，這本以「表演藝術行政」、「視覺藝術行政」，以及「博物館行政」爲主要編寫內容的非完整版「文化行政」，確能對於各位讀者有所助益。

關鍵詞彙

文化行政	文化資產	文化鏈（文化複合體）	文化建設

自我評量

1.試說明何以促使文化生根乃是政府機關之基本使命？

2.你是否同意政府與公共團體不應對於文化之發展進行控制、監督、干預與局限？

3.對於法、英、日等國於現階段所推行的文化行政工作，你認爲是否有任何足供我國借鏡取材之處？

4.對於我國現階段之文化行政工作，你認爲是否有任何仍須強化與增進之處？

第二篇　表演藝術行政

第三章　表演藝術行政的基本界說

學習目標

讀完本章內容之後，學習者應能達成下列目標：

1.認識表演藝術的內容。

2.學習對於表演藝術進行自我判定。

3.了解何謂表演藝術行政。

4.認識表演藝術行政人員所可能扮演的多種角色。

摘要

本章先對於表演藝術之內容進行界定，並提出以：(1)該演出活動，是否爲「純藝術」的一種；(2)該演出活動，是否屬於「精緻文化」的一部分；以及(3)該演出活動，是否在演出者與觀賞者共同存在的情況下進行等三項要件，來判定究竟某一活動是否屬於表演藝術的活動範疇。

其次，本章繼續對於音樂、戲劇、舞蹈等三大表演藝術類項進行介紹，並繼之以表演藝術行政工作的演進過程，以及表演藝術行政人員所扮演之角色等主題，來做爲本章之總結。

第一節　何謂表演藝術

一、定義

其實，要對「表演藝術」做一字義上的界定，就好像要對「文化」二字下一定義一樣，是相當困難的。因爲，一般當我們提到表演藝術時，我們雖總是會很簡單的聯想到音樂、戲劇、舞蹈……等演出活動，但若是從古典美學的角度去做判讀，則會發現，有些演出活動，雖然也是屬於音樂、戲劇或舞蹈性質的演出，亦或是帶有音樂、戲劇或舞蹈的成分在內，但是，那些演出活動，卻在古典美學的界定下，不能被稱作「藝術」，只能算作是「表演」。所以，儘管畢林頓（M. Billington）曾經在其所編著的《表演藝術》（Performing Arts）一書中，試著將表演藝術所涵括的內容界定爲以下各項，但相信，對於研究古典美學的人士而言，由於事涉「純與不純」以及「美與不美」的最基本認定問題，因此，畢林頓對於表演藝術所曾做的界定，恐怕會是相當具有爭議性的。以下，就是畢林頓對表演藝術所下的定義：

> 所謂表演藝術，乃是指舞臺劇、歌劇、芭蕾舞劇、童話趣味劇、音樂劇，以及其他諸如：輕鬆歌舞喜劇、雜耍、滑稽雜劇、馬戲表演、冰上表演，和戰技演練等均屬之。而至於其他那些較為親切溫馨，場面與規模稍小的演出，譬如傀儡戲、小劇場、默劇、演唱會、獨奏會、獨腳戲、酒店秀，或是屬於通俗娛樂表演性質的劇場活動等，也都算是表演藝術的一種（*Billington, 1989, 16*）。

對於以上畢林頓所做的定義，不知在讀者當中，有多少人會對之表示認同。不過，無論各位讀者贊同畢林頓的看法與否，以下幾點觀念，倒是足供我們個人做爲參考評斷，何者可被界定爲表演藝術的依據之一：

1.該演出活動，是否爲「純藝術」的一種。

2.該演出活動，是否屬於「精緻文化」的一部分。

3.該演出活動，是否是在演出者與觀賞者共同存在的情況下進行。

現在，就讓我們對於上述這三點觀念，做出進一步的解釋。

（一）該演出活動，是否為「純藝術」的一種

所謂「純藝術」是指當某種藝術形式，是純粹爲了表現藝術之美，並能夠帶給觀賞者美感經驗，同時達成感通的作用，就可被認定爲「純藝術」的一種。純藝術能夠促使人們得到一份在美學上所強調的心理愉悅感受，它不但富含了美、技巧、卓越、高貴和完整的性質，同時，它也絕不會帶有半點實利價值的意味，以期能夠藉此與實用藝術之間做一區別。在此同時，當屬於純藝術的作品被創作者完成時，創作者的創作目的也已然完成。所以，如果創作者的創作目的，是爲了政治或者是經濟的利益，那麼，那些作品由於缺乏了創作者的藝術自主性與自由度，就很難被界定爲「純藝術」的一種。

（二）該演出活動，是否屬於「精緻文化」的一部分

精緻文化常被世人另稱爲「精英文化」，因爲精緻文化乃是指那些在所有人類的創造發明之中，最精華、最頂尖的部分。此外，精緻文化所強調的，是創作者在進行創作與呈現時，那份在內心中所持有的一種嚴肅態度，和敏銳觀察、表達、感受，以及豐富的滲透、深入能力。因此，絕非那些未受長期訓練、未曾學習與體會，以及不懂得深思熟慮之人，所能夠驟然具備的。總之，屬於精緻文化的作品，不但能夠讓觀賞者領略出創作者的高度創作才華，以及在作品之中，所富含的濃郁眞性與美感，它更可

能會被公認爲，是一具有高度文化藝術價値的至寶，同時，它亦可成爲文化性、藝術性、哲學性，甚或是科學性的研究對象。

（三）該演出活動，是否在演出者與觀賞者共同存在的情況下進行

無疑地，觀賞者必定是表演藝術之所以能夠形成的元素之一。表演藝術除了必須符合在一定的時間和地點進行演出的條件之外，它也必須是在有人觀賞的情況下演出。因爲，表演藝術不能在沒有觀賞者的情況下進行。表演藝術家必須和觀賞者之間，維持一種相對應性的刺激與回饋機制，以促使同時性（simultaneously）訊息傳輸功能的發揮。這也就是說，表演藝術作品必須要藉由現場的演出來與觀賞者接觸，同時，也必須在結合觀賞者的情緒波動，以及由表演藝術家和觀賞者所共同營造演出氛圍的情況下，才得以促成該作品的完整。理由是，即使是一模一樣的演出內容，但在不同的時空之下，面對不同的觀賞者演出，都會導致不同結果的產生。

對於上述三點觀念的提出，以筆者的立場而言，如前面所曾經述及的，只是純粹供作各位讀者做爲個人在評斷何者可被界定爲表演藝術時的參考依據之一，而絕非評判何者爲表演藝術的唯一標準。因爲，在已然邁入二十一世紀的今日，由於資本主義的發達、生產技術的快速提升，以及大眾傳播媒介日新月異的發展，實已促使藝術與商業的緊密結合。再者，由於後現代主義思潮的影響，更促使帶有中間意味的大眾文化得以立地生根，並因而消弭了精緻文化與通俗文化之間的界線。因爲，後現代主義只在於追求美學上的愉悅感，而不在意所謂的高雅純粹，所以，精英分子們所強調之兼具美感、知識、道德、嚴肅，以及認眞的精緻文化，就在此典範變遷的影響下，失去了其所原有的崇高性。

於是，在這種現代的表演方式日新月異、媒介的使用愈見豐富，而在

演出時，其所結合運用的概念也越趨向多元的情況下，對於一個表演藝術行政工作者而言，確實會產生字義界定上的困難。尤其，當某一演出作品為「反劇場的實驗性演出」，亦或是屬於「極端前衛」的表演時，表演藝術行政工作者確實會在認定以及判斷上產生困擾。同時，即使曾有人用過最精簡的定義，去界定所謂的「表演藝術」，就是藝術家所做的現場演出呈現，但若是藝術家所做的現場演出呈現內容，是屬於「流行文化」，同時又極富商業性色彩時，則那次演出，又算不算是「表演藝術」呢？

總之，表演藝術在原則上，理應包含較高的文化使命與較高的創造力。因此，總括的來說，所謂的表演藝術，或應泛指某一個個人或團體，在有觀賞者觀賞的情況下，所進行的一種演出活動。而其所進行演出的地點，可以是在劇場的舞臺上，或是任何一個可供演出的地方，同時，也無所謂是在室內亦或是在室外。再者，其所演出的媒介和形式雖然不拘，但是其所演出的內容和目的，卻必須在表演期間之內完成。在這個界定下，筆者認為的「表演藝術」大致可用以下三大類項來做為代表：

1.音樂類，如中、西樂器獨奏、重奏、交響樂團演出、聲樂等。

2.戲劇類，如兒童劇、舞臺劇、歌劇、平劇、歌仔戲、掌中戲等。

3.舞蹈類，如芭蕾舞、現代舞、民族舞蹈等。

以下，就讓我們對上述這三大表演藝術類項，做一概略性的介紹。

二、表演藝術之三大類項

（一）音樂

音樂是由一連串的音符所組成。在古希臘，有四聲音階（Tetrachord）的存在。而我國在周朝之前，則有宮、商、角、徵、羽等五聲音階的存在。所謂的音階，若以現在的七個音級來解釋，則是指以一音為基礎，往上或往下排列至高八度或低八度音爲止的模式，就稱之爲音階。基本上，任何的曲調和聲都是由音階所組成，所以音樂也可以說，就是一種無止境的高低音排列組合。

當我們在欣賞一首樂曲時，如果我們想要將它從頭至尾的完整聽完，以獲得對於那首樂曲的印象並藉之感受到旋律之美，則勢必要花上一段時間，所以，音樂不但是一種表演藝術，同時，它也可被稱作是一種時間藝術。再者，由於當我們在欣賞樂曲時，主要是靠著我們的聽覺器官去聆聽，因此，有人把音樂稱作是聽覺藝術的一種。

無論音樂是表演藝術、時間藝術，還是聽覺藝術，音樂確實能夠深深地打動人。當我們聽到高亢的音律時，我們會感到振奮；當我們聽到輕柔的樂聲時，我們會感到慰藉。相對地，當音樂的節奏是輕快時，我們會想要隨之擺動起舞：而當音樂的節奏是緩慢低沈時，我們則會心生哀淒與嘆息。由於音樂能夠將人們的心靈引領到一種宣洩以及滌清自我情緒的狀態之中，所以我們常說：「美好的音樂必定動人心弦」。

叔本華（A. Schopenhaner）曾經對於音樂容易引人入勝、激起人類心靈共鳴的現象，著文說道：「音樂是最高境界的藝術。因爲藝術的其他形式只能表現意象世界，而音樂則是意志的外射結晶。那些圖畫所不能描繪的，以及言語所難以形容的，皆可藉由音樂來曲盡其蘊。」由此，我們就更可以了解，美好的音樂，不但是一種心靈意志的表現，同時，也可以造成他人心靈意志的感動。

（二）戲劇

戲劇是一種綜合性的藝術。它需要文學、美術、音樂、舞蹈等各種藝術形式的密切配合。另由於它的記敘功能，也使得有人認爲戲劇比其他任何的藝術形式，更能夠反映出各個時代的狀況，以及不同社會的面貌。所以，我們可以如此的說：「透過一場好的戲劇演出，將可促使我們得以領略人生、價值，以及各個世代的情景風貌。」

戲劇也如音樂一般，是一種時間藝術。原因是，唯有當演員正在對著觀眾進行表演時，戲劇藝術才是眞實的存在。它並不像小說、繪畫，或是雕塑品一般，可以隨時地讓觀眾把玩欣賞。因此，由於戲劇只存在於它的演出過程之中，所以，即使有劇本與劇照，也並不足以構成戲劇所需具有的完整性。

時至今日，還沒有人能夠確切的斷定，戲劇究竟是自何時開始，以及如何開始。比較普遍的說法，乃是認定戲劇應是與藝術的起源一樣，皆是與「祭典、儀式」有關。我們可以想像，原始人類對於生老病死，以及大自然變化的現象，應都難以對其加以預測與掌握。相對地，他們也同樣的無法對於上述的狀況進行合理的釐清與解釋。於是，在對於這些不可知的景象產生焦慮與驚悚的同時，便會試著創造出各種不同的操控方式，來藉以掌握或改變那些令人害怕的現象。而就在一試再試、不斷驗證的過程裡，原始人類自然也會對於若干操控方式產生心得，並將之結合及演練成一套完整的操作法則。由此，進而轉化成一種形式固定的祭典、儀式。

因爲在祭典、儀式之中必含有人聲，音樂、舞蹈、化妝、面具，乃至於服裝的存在，於是以上的種種，也就自然成爲組成戲劇的基本元素。此外，由於舉行祭典、儀式的地點，必在一適當之處，同時也並不是所有的人都需要擔任主祭者的工作，因此演出的場地以及場地內所謂表演區與觀眾區的畫分，也就隨之形成。同時，主祭者以及陪祭者所分別代表的主、配角關係，自然也是促使戲劇成形的關鍵因素。

目前，在現有史料之中的記載，雖顯示或許早在西元三千年前的古埃及時代就有戲劇的雛形出現，但大抵在戲劇史中，多半還是以古希臘的戲劇活動，來做爲人類戲劇藝術的濫觴。而在有關我國戲劇的起源方面，則是先從殷商的舞蹈一路發展到了宋代之後，才有形式完整的戲劇出現，並且到了明代，才算是進入了中國戲劇的全盛時期。

（三）舞蹈

舞蹈的起源與戲劇非常的類似。當然，更或許，我們應該說舞蹈的出現，可能比戲劇還要來得早。而這一現象，起碼在我國舞蹈的起源部分，是可以被加以肯定的。

和戲劇一樣，舞蹈也是原始祭典、儀式中的一項主要活動。主祭者與陪祭者以手舞足蹈的身體律動方式，同神祇以及大自然的力量表示崇敬與順服之意。不過，這也並非就意味著，舞蹈乃是原始人類為了祭典、儀式所做出的特別發明。畢竟，就算是原始人類，他們也絕對具有以肢體動作來表現自我情感的能力。而舞蹈所能夠帶給人的興奮與快樂的情愫，正符合人們追求愉悅、盡情發洩，以及表現自我情感的需求。而在細觀舞蹈的基本動作時，實又可發現其不脫人類走、跑、跳、躍、滑、移，以及屈、伸、縮、俯、仰、甩的肢體運用本能。所以，無論後來舞蹈的形式發展如何，在基本上，舞蹈可以說，是一種美化過的肢體運動。

在西方，舞蹈一如戲劇一樣，是先在古埃及形成，然後再傳入古希臘。而根據史料的記載，古希臘的人民都非常的喜愛舞蹈，所以，不但人人學習舞蹈，同時還致力於舞蹈的研究、提升與創造。此外，在與戲劇配合的方面，舞蹈更是古希臘戲劇中所不可或缺的一個重要元素。而在事實上，舞蹈也從未與戲劇斷絕過那種彼此相得益彰的緊密合作關係。

隨後，自舞蹈經希臘傳入羅馬開始，舞蹈就更擴大了它的影響範疇，譬如：在羅馬時代體操與競技的活動之中，都已將舞蹈的律動模式列為比賽的基本內容。而同樣地，在舞蹈的動作之中，自也相對地融合了體操訓練的方法與動作。於是，就在兩者的交相結合之下，遂對於西方舞蹈形式的發展，產生了偌大的影響。

較之於西方，我國舞蹈的成形與發展也是相當的源遠流長。對於身處黃河流域的先民們來說，舞蹈不外乎是他們用來做為驅災、祈福的最佳禮讚。中國舞蹈從殷商萌芽開始，歷經周朝的羽舞、皇舞、干戈舞、弓矢舞，以及春秋戰國、秦、漢在受到他國文化影響而形成的雅舞與雜舞。等到了三國之後，及至隋唐時代，舞蹈的發展更是如日中天。而唐玄宗更成爲我國歷史上第一個於宮廷之內有計畫培育舞蹈人才的皇帝。不過，在歷經了五代十國的戰亂，乃至宋元時期，舞蹈的發展遂逐漸趨緩，其所受到歡迎的程度也減低，終於被當時大肆流行的戲劇活動所取代。

第二節　何謂表演藝術行政

一、定義緣由

若是從行政的概念、意義、特性、範圍、內容、目的、功能、特質，乃至於行政行爲的本身來看，表演藝術行政所牽涉到的行政實務內涵，早在千年之前就已存在。因爲，當古希臘、羅馬時代的藝術家受僱於王室、貴族或富紳去進行表演工作時，那種僱用與受僱的過程與行爲，就是表演藝術行政的粗胚。而於戲劇史上有史料可供查考的希臘悲劇演出競賽——在西元前五三四年，爲祭祀「酒神」戴歐尼色斯所舉行的「城市戴神節」，更可以說是表演藝術行政的古典範例。因爲。藝術家們如果想要在這一年舉行一次的節慶中演出，首先，他們就得要向「首席民官」（Archon Eponymous）提出「歌隊」的申請。而通常一年只有三位藝術家能夠在通過評審之後，獲得歌隊的配給。

除了承辦藝術家們所提出的歌隊申請案之外，古希臘的首席民官每年還要選出三名富紳（Choregi）來贊助節慶演出。首席民官會以抽籤配對的方式來決定在未來的一年，哪一位藝術家將會在哪一位富紳的贊助之下進行排練與演出。而富紳們的贊助內容則含括了：歌隊的訓練費用以及服裝費用、樂師和額外增聘演員的薪俸及服裝費用，甚至於演出布景的費用有時也包括在內。古希臘的演出贊助者們認爲，贊助藝術演出不但是個人的榮譽，也是身爲公民的義務。

參加希臘悲劇演出競賽的藝術家們，自己多半都是導演身兼演員，他們的薪資酬勞不是由富紳們贊助，而是由政府發給。古希臘的政府不但付給藝術家們薪俸，還提供藝術家們於演出競賽時所需用的服裝及場地。而同時，演出競賽優勝者還可以獲得由政府所頒發的獎項，因此，政府以及富紳可說於西元前五世紀，就已在進行表演藝術行政的工作。

更有趣的是，由於古希臘的「城市戴神節」，可以算是在當時最隆重的一個全國性的節慶，因此，在那段節慶的進行期間裡，不但舉國休假，大肆慶祝；甚至於爲了達到全民歡騰的目的，政府還特別在那段期間裡，暫停一切訴訟事件的審理。同時，還將監禁中的獄囚暫行釋放，以便於讓牢犯們也可歡度節慶。然而，對於民眾們在節慶進行期間所犯下的種種不良行徑，古希臘政府也會在節慶結束之後，對違法犯行之人進行懲處。

此外，在入場收費方面，早期的演出競賽是免費讓觀眾入場。後來，雖開始收費，但入場費用卻極爲低廉。同時，古希臘政府爲了顧及低收入以及無收入者的權益，還以公款設立基金，以供票給無力購買入場券的民眾。再者，在競賽的評選過程當中，政府也會擔任監督者的角色，並以祕密投票的方式，選出優勝者，以避免弊端的發生。

相較於希臘悲劇，古希臘的喜劇則是一直等到了西元前四八七年之後，才開始受到政府的支持。在此之前，由於希臘喜劇並不是官方所認可的節慶活動之一，所以，它沒能得到歌隊的分配，而且在層次感上，也被認定成是較悲劇要來得低下。不過，從西元前四四二年起，爲崇拜「酒神」戴歐尼色斯而舉行的另一個類似「城市戴神節」的「勒納節」（Lenaia），卻因喜劇受到政府的贊助立下穩固的根基。

等到了羅馬時代，有關於戲劇演出的種種節慶，就已開始與祭祀「酒神」戴歐尼色斯無關，而多是爲了官方的宗教禮拜而舉行。這也就是說，只要是由官方出資的演出，就必定是與敬神有關的宗教慶典。當然，另外也有若干的戲劇活動是由一些富有的公民，爲了配合某些特殊的典禮與場合而出資舉辦，譬如：某個顯要的葬禮或是軍隊的凱旋歸來等。而在與戲劇演出有關的節慶日數方面，以西元三五四年爲例，在一年之中，就有一百零一個日子是以戲劇演出的方式來進行。

羅馬時代與希臘時代一樣，節慶演出的費用也是由政府或富紳們負擔。羅馬的元老院對於每一次的節慶活動，都會以整筆款項撥付演出團體的方式進行資助。有趣的是，主其事的官吏不但不會從中牟取個人的利益與好處，他們反倒會貢獻出額外的資金來贊助。而在活動的舉辦方式上，雖然通常主其事的官吏都會與劇團的經理簽訂演出合同，但是，所有有關劇本的選定、演員樂師的徵募以及服裝的訂製採買等，仍舊都是由劇團的經理全權決定。此外，這些劇團經理不但會得到一份固定的報酬，最誘人的還是那份因爲拔得競賽頭籌所獲得的獎項。

除了資助劇團的演出費用之外，羅馬政府也負責供應演出所需的劇場。不過，由於所有的演出一律不收取入場費用，也不劃定席次座位，因此，劇場內的秩序總是稍嫌紊亂。然而，重要的是，正是因爲羅馬政府對於表演藝術的支持態度與行動，終使得表演藝術演出能夠在西元六世紀黑暗時期來臨之前，飛黃騰達了數百年之久。

顯而易見地，從以上所敘述的種種，可讓我們看出，即使是早在西元前五世紀，當時的古希臘政府所關注的表演藝術行政實務，就已經與表演藝術家們所在意的創作、排練以及呈現過程，分屬於兩種全然不同的架構。只不過，那兩種架構雖然是相互見異，但卻又正好是一凹一凸，缺一不可。這就好比，表演藝術行政者與表演藝術家所關切的事情雖然完全不同，但是，卻也只有在兩者充分配合的情況下，美好的藝術表演才會出現在觀眾眼前的道理一樣。而此一論點，對於千年之前的表演藝術行政實務來說是如此，千年之後亦然。

再者，從以上的描述中，除了可以讓我們判定出表演藝術行政與表演藝術創作的不同，與彼此必須互利共存的特性之外，我們自然也可以看出，在所有的表演藝術行政實務中，由古至今從未改變，而且對於表演藝術具有最大影響力的一項行政措施，恐怕非表演藝術的贊助制度莫屬。當然，贊助資金的最大來源，自古以來也不外就是由政府以及富紳之處獲得。以當前歐洲地區的表演藝術場所爲例，其營運經費的來源，就如古希臘、羅馬時代一般，是相當需要仰賴政府的資助。在此同時，提撥經費的政府，也如古希臘、羅馬政府一般，並不會因爲身爲營運資金的主要供應者，就對於那些接受政府經費資助的表演藝術場所，進行不正當或是非屬必要的行政干預。因爲對於那些歐洲地區的現代政府來說，他們之所以要資助表演藝術場所的原因，雖已不再是爲了舊時的祭祀或宗教崇拜的理由，但也絕不會是爲了要去主導那些藝術場所的營運發展走向，而是爲了能夠達到以下的兩項目的：

1.經費上的資助可以使得那些受到政府經費支持的表演藝術場所，免去營運上的若干顧慮。譬如：他們可以因此而不需要在每一個節目的設計與安排上，訂下必須追求商業性成功的前提，而可以較有選擇性的去提供各種不同品味的演出，以滿足廣大群衆的喜好。

2.經費上的資助可以使得那些受到政府經費支持的表演藝術場所，在入場費用上做某種程度的整體性調節，或是對於特定對象，譬如：學生、老人、低收入或無收入者，實施彈性化的入場優惠措施，以促使更多的民衆得以接觸表演藝術。

不過，相對地，在美國方面，雖然美國國會曾在西元一九六五年通過政府資助藝術活動的授權案，但是，在習慣上，美國的表演藝術場所還是較傾向於接受來自基金會、私立團體和私人的經費資助，而不像歐洲地區的表演藝術場所，是較大幅度的仰賴政府資助。原因是，在美國入場票券的收入，乃是這些場所賴以生存的最主要命脈，其次是來自基金會、私立團體和私人的經費贊助。而來自政府的資助，則是由於在擔心受到政府的操控，以及害怕遭到國會以及地方議會調查的情況下，反而較少受到各地表演藝術場所的青睞。

總之，不論表演藝術行政實務在千年以來的發展當中，究竟是如何形成與轉化，也無論身處於藝術家、民眾、政府以及富紳之間的表演藝術行政人員，他的身分在千年以來的發展當中，是如何地被人們所加以稱呼，可以確定的是，他終日所需面對的壓力與挑戰，確實是身負其他專業責任的行政人員們難以與之匹配的。藝術家們無法捉摸的情緒和民眾們的無底需求，還不算是表演藝術行政人員的暗夜惡夢，因爲，每一次演出都得要準時登場的傳統慣例，才是表演藝術行政人員的頭號天敵。舉例來說：重大的公共工程可以延遲完工、捷運可以延緩通車、火車可以誤點、公車可以脫班、郵件可以延誤遺漏，但是，藝術演出卻不能延遲開場或者臨時取消整場演出。由於涉及演出場地的檔期、演出者的時間表、以及觀眾們的時間選擇，所以，表演藝術行政人員沒有辦法對外宣布，某場演出活動「大概」是在什麼時候舉行。他必須非常準確的對外宣布某場演出活動的「正確」演出日期，以供入場票券的印製、分贈或發售。加上觀眾們基本上是抱著「被取悅」的心情而來，延遲開場或是演出臨時取消的「慘況」若是不幸發生，則行政人員們的日子恐怕就會開始變得非常難過。

極爲明顯地，自古以來表演藝術行政人員所扮演的「中間人」角色，並不光只是把政府的補助金或是富紳的贊助款送到藝術家們或是演出團體的跟前。他們的工作，當然也不是只要負責把演出場地的大門打開讓觀眾進來而已。表演藝術行政人員要規劃藝術節慶、宣傳推廣演出活動、研究票價、爭取公共表演藝術活動的經費預算、調配演出場次、依演出活動的不同畫分座位席次、簽訂合約、採購演出相關物品、維護演出場地、保養演出的器材與設備、研討稅捐保險和公共安全暨公共衛生法令、與相關工會組織協商、督導票務事宜等。當然，更曾經有一段時期，表演藝術行政人員還需要很官僚的去負責審查藝術活動的演出內容，並依照審查結果，核發准演執照，或是勘驗私人的演出場地，以核發營運許可證。再者，就是針對表演人以及演出團體。進行審核以發給表演證或是完成演出註冊登記。十六、七世紀的英國，就曾因爲施行過以上這些「行政干預」的措施，因此造成自由創作的表演藝術，由於受到管制的緣故，而一分爲所謂「合法的」與「非法的」演出活動。在西元一五七二年，英國政府所頒布的那項法令中規定：演員必須得到貴族或兩名司法官員的同意以獲得執照，而沒執照的演員則一律不准演戲。同時，劇團也必須獲得地方官吏（司法官員）的同意才能得到執照。兩年後，也就是西元一五七四年，新的法令又規定：只有「宮廷娛樂主事」（Master of Revels）才有全權審查演出劇本暨核發演出執照給劇團的權利。此一規定不但使得英國當時的劇院直屬中央政府管轄，而且，其所造成的影響直到二十一世紀的今日，還可以在「倫敦地區」的劇院和「非倫敦地區」的劇院裡得到驗證。只不過，當時所謂「合法的倫敦」，已轉化爲今日所謂「正統的倫敦」。此外，被今日世人譽爲「現代戲劇之父」的十九世紀挪威劇作家易卜生（H. Ibsen），亦曾由於他的作品內容，牽涉到許多在當時所謂「不宜公開討論的道德問題」，而使得他的諸多劇作曾在許多的國家受到禁演的命運。由此可見，在過往表演藝術行政的實務內容之中，管制措施也曾是重要的工作項目之一。

不過，儘管曾有一段時間，表演藝術行政人員是眞的有以「藝術警察」的身分出現過，但是，在我們已然邁入二十一世紀的今日，表演藝術行政人員恐怕就不再適合肩負「打壓藝術創作」的任務，或是做出讓藝術家們「聞風喪膽」甚至於「轉入地下發展」的事情。那麼，到底當代表演藝術行政的目的是什麼呢？根據學者比克（J. Pick）的說法，表演藝術行政的目的，可被概分爲以下三大項目：

1.協助藝術家們將他們的作品，呈現在觀眾面前。

2.協助藝術家們能夠專注的從事於他們的藝術創作。

3.鼓勵社區性的表演藝術活動，發揮社區的藝術潛能；鼓勵民眾的參與創作與觀賞；推廣藝術教育和藝術發展；提供藝術家們專業訓練（*Pick, 1980*）。

參酌上述內容，筆者謹以如下的圖形，來協助讀者了解，與表演藝術行政最爲有關的幾個關鍵連結：

圖3-1 表演藝術行政關係圖

二、表演藝術行政人員的角色

此外，若再依照一般泛稱的表演藝術行政人員的身分去畫分（且不局限於僅只是在政府或公共團體服務的人員們），則誠如比克（J. Pick）所界定的，表演藝術行政人員將會有可能，以下列的一種或多種的角色組合方式出現：

（一）藝術家兼表演藝術行政人員

無論是西元十六世紀英國伊麗莎白時期、西元十六世紀法國莫里哀時期，或是更早、還是現代，以藝術家的頭銜身兼表演藝術行政人員之人，爲數相當衆多。因此，儘管戲劇家勞倫斯（D. H. Lawrence）曾經表示：「雖然我深信觀衆會喜愛我的演出劇碼，但是我仍舊需要有人能夠幫我把觀衆帶進劇場之中。」也不論聯合國教科文組織（UNESCO）曾經在「亞洲文化發展」（Cultural Development in Asia）的專題報告中公開宣稱：「愈對於文化價值具有高度敏銳感受力之人，愈是一個會讓事情一塌糊塗且缺乏耐心的行政人員」；不過，有能力從事創作又兼負行政重擔者，由古至今，依然不在少數。以今日臺灣的情況爲例：「新象文教基金會」的許博允先生和「雲門舞集」的林懷民先生，就都是以藝術家之身兼表演藝術行政之職。而前文建會主委申學庸女士與陳郁秀女士，更是以藝術家之身，入主全國最高文化行政機關的佳例。

（二）表演藝術行政人員／藝術家的合夥人

合則兩利，分則兩害。絕大部分的藝術家與表演藝術行政人員都是維持此種「相互扶持」的典型關係。無論是劇團、舞團、還是樂團的製作人，基本上就是與擔綱演出的藝術家們保持著一種合夥人的關係。以當今臺灣的表演藝術團體爲例：「表演工作坊」的製作人丁乃竺女士以及「果陀劇場」的前製作人陳琪女士，就分別是在與「表演工作坊」的導演賴聲川先生、「果陀劇場」的導演梁志民先生各守其分、各司其職的情況下，相互合作出許多膾炙人口的佳作。

（三）表演藝術行政人員／藝術家的差役

在高知名度藝術家的身旁，常常會有若干的行政人員，專門負責打理藝術家行程活動有關的一切瑣務，甚至包括衣、食、住、行、育、樂方面的籌措與安排等。

（四）表演藝術行政人員／藝術家的宰制者

相對地，對於高知名度的藝術經紀人而言，藝術家的前途就轉而被經紀人的規劃藍圖所操控。藝術經紀人可以透過形象的包裝、藝術風格的揀選，來爲藝術家們擬出一條經紀人所認爲的最佳發展路線，當然，那條所謂的最佳發展路線，並不見得也是那些藝術家們的心之所願。

（五）表演藝術行政人員／政府的差役

那些在心目中抱持著「檢查制度」至上（Censorship），而全然無視藝術家與觀眾存在的行政人員，就是此處所謂的政府差役。

（六）表演藝術行政人員／觀眾的差役

在演出活動中，那些必須與觀眾時時面對面接觸的行政人員（譬如：前臺工作人員），以及那些肩負招攬觀眾重任的推廣人員，由於他們主要的工作就在於要服務觀眾以及滿足觀眾的需求，所以，在與觀眾互動的過程中，行政人員們的角色，確實會像是那些滿心想要取悅主人（觀眾）的差役一般。

（七）表演藝術行政人員／演出場所的管理人

許多的表演藝術行政人員，確實只把他自己的行政工作內容，定義爲演出場所的管理而已。雖然，演出場所的管理，諸如：安全衛生的維護、演出場所的被頻繁性使用，都是相當重要的工作項目。不過，若是演出場所的被頻繁性使用，並不切合觀眾的所需，或是藝術家的利益，甚至於，活動的本身根本與文化藝術無關，那麼，即使是把演出場所管理得很好，或是，把演出場所的檔期排得很滿，則也不過是完成了表演藝術行政人員的部分工作使命而已。

當然，以上所被列舉出來的七項角色組合方式，只不過是提供我們對於表演藝術行政人員，在其所可能具有之身分上的一種基本辨識。然而，最最重要的，並不在於身分問題，而是一位出色的表演藝術行政人員，必須集下述的五種行爲能力於一身：

1.能夠有效的完成周而復始的日常工作，並以在例行工作中追求進步的方法與自己競爭，以促使自己爆發出更大的個人潛力。

2.能夠有效的排除工作上的困難，全神貫注的完成預定的目標，同時以行動至上的原則，去把握稍縱即逝的成功機會

3.能夠評估風險也能夠承擔風險，同時勇於嘗試並以不斷的創新來做爲自我挑戰的目標。

4.能夠以樂觀積極的態度去實現自己的夢想，時時保持幽默，並以擁有此份充滿挑戰的工作爲樂。

5.能夠有效的接受、處理、掌握以及活用資訊。同時培養自己對於接觸新奇事物的高度興趣和敏銳度。

關鍵詞彙

表演藝術	精緻文化	戲劇	表演藝術行政
純藝術	音樂	舞蹈	表演藝術行政人員

自我評量

1.何謂表演藝術？你會如何對於表演藝術進行界定？

2.古希臘、羅馬政府之所以要資助表演藝術的主要原因爲何？

3.你認爲表演藝術行政的存在目的，除了學者比克（J. Pick）所提出的那三大項目之外，是否還有其他可被考慮的因素？

4.如果你是一位表演藝術行政人員，你將希望能夠扮演哪一種行政角色？

第四章　藝術贊助

學習目標

讀完本章內容之後，學習者應能達成下列目標：

1. 了解西方政府長期以來對於藝術的支持與贊助。
2. 了解西方民間人士長期以來對於藝術的支持與贊助。
3. 了解我國政府以及民間人士對於藝術的支持與贊助的表現。
4. 體認支持與贊助藝術的重要性。

摘要

西方政府對於表演藝術的支持與贊助，最早可以追溯自古希臘時期，而從西方政府贊助表演藝術的演進過程中，我們更可以清楚的看出，「政府」確實是掌握著表演藝術的生殺大權，因爲，表演藝術活動可以在政府的支持與鼓勵下蓬勃的發展；但相對地，表演藝術活動也可以因爲政府的抵制與禁絕，而落得千年難以翻身的地步。

其次，由於來自私人的贊助，一向以來，都是西方國家的藝術家、藝術團體以及藝術場所，堅持追求藝術之美的重要倚靠，因此，本章也將私人贊助列爲介紹的重點，並於最後再配合以我國政府以及民間人士贊助與支持藝術的情況，來做爲本章之總結。

第一節　西方政府對於藝術的支持與贊助

一、前言

誠如本篇第一章第二節所述，在所有的表演藝術行政實務中，由古至今從未改變，而且對於表演藝術具有最大影響力的一項行政措施，很顯然地，就是政府以及富紳們對於表演藝術所施行的贊助制度。因此，在本章之中，我們就要對於西方政府以及民間暨我國政府以及民間，在藝術贊助上的表現，做一詳盡的介紹。不過，筆者在此先要說明的是，一般所謂的「贊助」，除了指直接經費的資助之外，當然還包括了諸如：人力、物力、法令的配合……等資源的提供及服務。然而，由於直接經費的資助，乃是藝術贊助的最重要檢驗指標，因此，筆者在本章中，將以直接經費的資助，做爲討論介紹的主體，而至於其他形式的支持與贊助，筆者則會以在個案中稍做陳述的形式介紹，而不系統性的說明（餘請詳閱本書第八章第四節）。

根據史料的記載，西方政府對於表演藝術的支持與贊助，最早可以追溯自古希臘時期。不過，我們也知道，古希臘政府雖然早在千年之前，就在表演藝術的發展上扮演了一個積極支持與贊助的角色，不過，從事實上來看，並非所有的表演藝術形式，都曾受到古希臘政府的青睞。舉例來說：古希臘的喜劇在受到政府的認可與支持上，就至少比悲劇要晚了將近五十年之久。而舞蹈在起源上，雖然可能出現得還要比戲劇來得早，但是，它在官方的祭祀節慶中，卻並非是一獨立呈現的表演藝術活動，而只是希臘戲劇中的一個重要部分。甚至，到了後來，舞蹈也不再稱得上是希臘戲劇中的必備元素，而僅是戲劇在轉幕換場時的串場工具。

不過，自從黑暗時期開始，戲劇與舞蹈活動就同時遭逢到被屏棄以及壓制的命運。因爲在當時基督教會的強力反對下，演員們先是不能受到教會的聘僱，後來，在第六至第十世紀之間，教會更是乾脆頒發禁令，明訂出不准進行戲劇演出和觀賞戲劇演出的規矩。而在舞蹈方面，由於在當時基督教禁欲主義思想的概念之下，舞蹈和戲劇一樣，都被認作是人心道德低落的產物以及色情諂媚的象徵，甚至還一度被冠上是「魔鬼之武器」的罪名，而被禁絕壓迫至幾近不復存在的程度。

然而，出人意料之外的是，對於戲劇，基督教會卻在壓制禁絕其發展數百年之後，讓戲劇的發展出現了「敗也教會；成也教會」的戲劇性變化。原因是，基督教會在聚會崇拜儀式中，以及聖誕節和復活節等節慶典禮中，讓戲劇表演再度成爲讓人神溝通的工具。他們用戲劇去敬拜上帝，用表演去傳達福音，而在當年主張禁絕戲劇的教士，卻成了後來教會戲劇活動的基本演員。

反觀舞蹈，雖未像戲劇一般，在後來成爲教會宣導教義的活動形式。不過，從西元十五世紀開始，由於受到當時皇室、貴族以及富紳的欣賞，而將之用來做爲結婚典禮的慶祝活動，並隨之受到皇室、貴族以及富紳們的保護，而終得自教會的近千年壓迫下，重新開創新局。不過，在舞蹈的形式風格上，由於在皇室、貴族以及富紳們的保護之下，其存在性只是爲了滿足達官貴人的娛樂和交際目的而已，因此，遂使得舞蹈失去了它那原始的感情與生命力，而不復見豪放與熱情的自然表現。

總之，藉由以上的陳述，我們可以很清楚的看出，政府確實是掌握著表演藝術的生殺大權。表演藝術活動可以因爲在政府的支持與鼓勵下蓬勃的發展，但相對地，表演藝術活動卻也可以因爲政府的抵制與禁絕，而落得千年難以翻身的地步。

有趣的是，儘管從歷史上來看，政府對於表演藝術的贊助與支持，雖然像是一個千年以降的傳統，而且，在現代社會似乎也看不出有任何一個社會或是國家，對於表演藝術活動仍然抱持著一種抵制與禁絕的態度。

不過，就事實而言，政府與政府之間，在對於表演藝術以及其他文化藝術之贊助與支持的態度上，確實仍舊存在著極爲明顯的不同。以歐洲政府爲例，一九八○年代前後的西德政府，在全國每一位國民的身上，所投注的藝術支出成本，已達到每人可以分享到二十五英鎊的水準，這使得當時的英國，在每位國民只能夠分享到二英鎊政府藝術支出的情況下，感到十分的難爲情。而另外在人民自身的文化消費情況上，一九八○年代的法國人民，在平均上，就已經達到在每花費一百塊法郎裡，就有一塊錢是用於藝術的消費之上。而這個百分之一的平均消費水準，也足以刺激當時的英國人想要迎頭趕上的重要因素。

再看看源自於歐洲移民，而最後自行獨立建國的美國，在對於表演藝術以及其他文化藝術的贊助與支時上，所抱持的官方立場與態度。我們可以發現，相較於歐洲政府將贊助表演藝術以及其他文化藝術活動視爲天職，而且歐洲的藝術家們，也把政府的支持當作是其所應有的權力（Right）而非特權（Privilege）的狀況，美國政府及國民卻並未很早即將藝術贊助一事，看作是一種理所當然的制度。因爲，直到美國在獨立建國一百七十六年之後，才設置了第一個由聯邦政府直接管轄的藝術贊助組織——國家藝術基金會（National Endowment for the Arts）。即使在今日的美國，雖說政府對於各種藝術活動的贊助與支持，已成爲政府基本的使命之一，但是，在美國國會、地方議會以及廣大民意的監控下，政府在以人民稅賦資助藝術活動的任何一舉一動，毋寧是等於在背負著極大的壓力情況之下行事。西元一九八九年至一九九○年間，美國國會以及人民對於當時的國家藝術基金會，因爲贊助一項極富爭議性的藝術展覽活動，而被扣上「以納稅人的血汗錢去資助淫穢猥褻活動」的罪名，所引發的全國性抗議活動，不但使得籌辦展覽者吃上了官司，更讓國家藝術基金會本身幾乎面臨了終結運作的命運（餘請詳閱本書第七章第一節）。

上述的這個近代案例，無疑地點出了潛藏於世人心中，關於政府贊助藝術相關活動的兩項疑慮，那就是：

1.政府究竟應否將藝術活動列為公共支出的項目之一？

2.如果政府確應將藝術活動列為公共支出的項目之一，那麼，包括決策者在內的所有人民，又是否會喜歡那些受到政府支持以及贊助的藝術活動？

針對第一項疑慮，堅持認爲政府不應該插手藝術事務，而應該由藝術決定自己能夠生存與否的美國獨立建國運動元老亞當斯（J. Adams），就曾經以下列的理由，在美國獨立建國之時，大力的鼓吹讓「藝術自決」。亞當斯在當時所持的理由有：

1.爲了國家的前途與發展，國人應先致力於研究政治與軍事，使得你我的下一代有機會去認識數學及哲學。等到國家的根基穩固之後，我們的子孫們才有資格去學習繪畫、詩詞、音樂和建築。

2.太過於強調藝術的發展，或是讓民眾對於藝術太深具興趣，都可能會使得我們的人民沾染上一股驕奢浮華之氣，而這可能會導致國家社會的迂腐與敗壞。

不過，即使是在亞當斯的疑慮之下，美國的憲法仍舊對於相關藝術活動做出了聲明與保障。美國憲法規定：「國會應具有促使科學與實用性藝術（Useful Arts）不斷進步的權力，並對作家與發明家的創作與發現，授予專利性的保障。」而美國的國父華盛頓（G. Washington）也對於藝術贊助一事深信不疑。他說：「藝術與科學是促使國家繁榮進步的基本要素，也是增添人生愉悅與快樂的美麗泉源。因此，凡是愛國與博愛之人，必對藝術與科學予以高度支持。」

然而，「愛之適足以害之」的道理，也許並未在倡議贊助藝術之人的心中生根發酵。西元一八一七年在美國所發生的「川布事件」（the Trumbull Affair），就是「如果政府確應將藝術活動列爲公共支出的項目之一，那麼，包括決策者在內的所有人民，又是否會喜歡那些受到政府支持以及贊助的藝術活動？」這項疑慮的最佳寫照。當時，畫家川布（J. Trumbull）在私相授受的情況下，接受了聯邦政府的委託，以美金三萬二千元的超高價格，來繪製四幅以獨立建國運動為主題的紀念作。此舉不但立即招致了國會議員的大撻伐，而且，在後來還因為作品的品質問題，又引起了民眾以及包括政府成員在內的大規模群眾抗議事件。對於該次事件，有位參議員就曾極為憤慨的表示：「三萬二千元美金的投注，卻換來全部只值三毛二分的畫作！」（*Purcell, 1956, 16*）

政府的黑箱作業，澆熄了民眾支持公辦藝術的熱情，也提高了國會議員們對於公辦藝術活動的懷疑與戒心。議員們不再輕易的批准任何與藝術活動有關的政府計畫，並對於那些勉強獲得通過的案件，實施稽核與調查。在此同時，民眾們也轉向支持私辦的藝術活動，並以個人或是籌組私人團體以及基金會的方式，來資助藝術家與團體。譬如說：大都會歌劇坊（Metropolitan Opera），就是長期的仰賴包廂樂迷的解囊挹注，以均衡其收支狀況。除此之外，來自不同國度的新移民，在美國的南北戰爭之後，也成為支持某些特定藝術形式的贊助人。例如：來自德國的新移民，多以協助交響樂團的創立為其主要贊助模式；而來自義大利的新移民，則多以扶植歌劇的發展為主。總之，民眾們大抵多是以本其所好的立場，來幫助自己所喜愛的藝術活動。

於是，就因為習慣使然的結果，所以儘管美國國會終於在西元一九六五年正式通過政府資助藝術活動的授權案，但是，在一般狀況下，美國的表演藝術場所、團體以及藝術家們都還是較為傾向於接受基金會、私立團體和私人的經費資助，而不像歐洲地區的表演藝術場所、團體以及藝術家，是較大幅度的需要仰賴政府的資助。原因是，在美國，入場票券的收入乃是該些場所賴以生存的最主要命脈，其次是來自基金會、私立團體和私人的經費贊助。而來自政府的資助，則是由於在擔心受到政府的操控，以及害怕遭到國會以及地方議會的調查情況下，反而較少受到各地表演藝術場所、團體以及藝術家的青睞。

當然，政府在文化藝術活動的發展上，除了可以扮演一個鼓吹者以及經費資助者的角色外，更可以透過公權力的行使，來爲文化藝術的發展奠基。譬如：提供有關於藝術方面的課程給學子們修讀，就是透過教育來爲藝術發展奠基的絕佳作法之一。而外國政府除了均有以教育來做爲推廣藝術活動的手段之外，以美國與英國的政府來說，他們就曾經透過以下的行政運作方式，來激勵藝術相關活動的成長與發展，並雙雙獲得了相當良好的藝術培植成果。

二、美國案例

首先，在美國方面，一九六〇年代中期的美國藝術行政學者杜費樂（A. Toffler）就曾經對於擁有五十萬以上人口的城鄉，勾勒出一幅有關於城鄉藝術文化發展的遠景，並以之做爲政府在文化施政上的檢驗指標。他認爲：任何擁有五十萬以上居民的城鄉，都至少應在文化藝術上，完成如以下所列的八項基本投資與目標：

1.任何擁有五十萬以上居民的城鄉，都至少應在其轄區內，設置一專業劇場或音樂廳以及專業藝廊與博物館。同時，以播放藝文節目爲主的廣播電臺或電視臺，自也應是轄區內不可或缺的藝文機構。而若是某城鄉缺少了上述任一藝文機構或組織，則聯邦政府就應即刻的對於該城鄉進行督導並提供必要性的協助，以促使該城鄉的藝術文化，得以早日步入正常的發展軌道。

2.在結合公共預算與私人資金的情況下，每一擁有五十萬以上居民的城鄉，也都至少應該有一全新的文化中心，以供居民接受藝文薰陶之用。

3.每一擁有五十萬以上居民的城鄉，都應設立一藝術委員會，以協助城鄉政府進行藝術文化的長期發展工作。

4.由於藝術文化的多元，每一擁有五十萬以上居民的城鄉，自是不可避免的，將會在其轄區內出現反文化中心、反藝術委員會的浪潮。但是，城鄉政府卻不得壓制或輕忽這股反對勢力。因爲，無論是主流文化還是非主流文化，都是促使一地藝術文化長期發展的動力。

5.可以預見地，報章雜誌、視聽媒體將會更加頻繁與詳盡的對於藝術文化進行報導。各種有關藝術文化的評論，也會更加的趨向於專業化。而屬於地方性的藝文評論，也會日益的受到各方的重視。

6.與文化藝術有關的經濟活動，將會大幅揚升。同時，由於文化藝術與教育體制結合，將會更加的激發相關經濟活動，並對整體經濟產生正面效應。

7.除了藝術委員會之外，文藝說客與遊說團體也將會日漸形成，並漸次的發展成另一股左右藝術文化長期發展方向的新勢力。

8.每一擁有五十萬以上居民的城鄉，都該設置一藝術文化主管機構，並以協調與鼓勵藝術文化活動爲其主要的工作架構。同時，該機構並得尋求私人機構的奧援，以合力推動轄區內的藝術文化發展工作。

由於杜費樂這幅預言式的城鄉藝文發展藍圖非常實際，因此，自一九七〇年代開始，藝術文化即漸次的成爲美國各城市鄉鎮，在進行城鄉更新（Revitalization）工作時，所採用的主要更新媒介之一。尤其是到了西元一九七四年，全美國市長在出席了一場於聖地牙哥所舉辦的全美市長會議（U. S. Conference of Mayors）之後，由於透過各城鄉彼此經驗的交換，深深的體認出「藝術是城鄉生活的一部分」，以及「藝術文化是提升現代人生活品質的良方」等重大意義並獲得共識。於是，全體與會人員遂在該次會議中，聯名通過了著名的「藝術在我城」（Arts in Our Cities）

宣示案如下所載：

> 不論是經由參閱各種的訪調結果，還是由民眾將其需求的主動提出，亦或是極為明顯地，在今日社會中，確實是有愈來愈多的私人贊助以及個人參與藝術活動的行為產生，這些事實都證明了當前市民與藝術之間的關係，已到了密不可分的境界。而在面對現下藝術，在質量上等重向上同步攀升的情況下，政府已不再持續引用過往的支持標準與態度，來看待今日的藝術文化。因此，由於本會全體出席成員，對於藝術是確保城鄉生活品質的一股必要性泉源的共同基本認知，所以本會特此頒布以下五點聲明，以做為全美各城鄉推動藝術文化時的準繩：
>
> 1.各市府一致認為，藝術文化是各市府的基本業務之一。同時，藝術文化與其他基本業務等同重要。因此，各市府均需要努力的促使藝術文化，普及於全市以及全體市民。
>
> 2.各市府均需設立一單位組織，專責推動市內藝術文化事務。
>
> 3.各城鄉之風貌、城鄉內之歷史建築、遺跡，均需將之妥為規劃、維護及保存。
>
> 4.各市府之建築用經費預算中，需保留一定之比例（譬如：百分之一），以供做為購置藝術品之用。
>
> 5.各市府均需與各市內所有民眾共同攜手合作，促使所有國民，不會因為生活環境、收入狀況、成長背景、性別、地域環境、以及種族等因素，而被迫減少與藝術文化接觸的機會。

而在此「藝術在我城」的宣示案公諸於世之後，美國前總統卡特先生亦曾於當時所主導的都市政策（Urban Policy）中明白指出：「要以藝術與文化去賦予各個都市及其居民，一個共相成長的機會。」於是，就在這股由政府各級領導人所做的種種強力宣示的風潮帶動下，一九七〇年代的美國各城鄉，就開始紛紛的投身致力於「以藝術文化爲城鄉注入新生命」的工作。而其中兩起在當時最具代表性的城鄉更新案例，自當以：(1)紐約市西四十二街的再造案，以及；(2)明尼亞波里斯市（Minneapolis）的藝術中心增修案和低收入藝術家自用住宅建構案爲該時期的最佳典範。

（一）紐約市西四十二街再造案

以紐約市西四十二街的再造案爲例：該案推動者紐約市政府，在西四十二街鄰近居民和私人企業的支持與挹注下，採藉由改建舊有建築成爲劇場用地的策略，不但有效的改善了西四十二街的破舊街容，同時，更由於色情行業自該街的全然消除，而相對地促使該區治安的改善，以及商機的繁榮提升，顯然成功的促成了城鄉更新與藝文發展的雙贏結果。

（二）明尼亞波里斯市（Minneapolis）的藝術中心增修案和低收入藝術家自用住宅建構案

另在明尼亞波里斯市的藝術中心增修案和低收入藝術家自用住宅建構案方面：明市的藝術中心增修案，主要是以整建一棟完成於十九世紀末期的歷史建築，爲其城鄉更新之主軸，並配合以原藝術中心與藝術區的擴增，另加建三個演藝場所，一個展示區域，藝文行政辦公室、教室，和若干個供做爲營利之用的區間。而在低收入藝術家自用住宅建構方面，明市的藝術主管單位，則是將市內一處不甚具有商業價值的倉儲區，重新規劃成一處住商合一的低收入藝術家自用住宅區。住宅區內的一樓供做一般營利買賣之用，二樓的部分則是做爲低收入藝術家的住宿之用。如此的規劃與改變，不但賦予了倉儲區一個全新的風貌，創造了高附加價值，更同時造福了低收入藝術家，讓他們可以爲該地藝術文化的長期發展而努力。

（三）其他的發展案例

除了上述的兩個代表性案例外，在一九七〇年代美國的其他城鄉，也有若干個值得一提的更新發展案，可供作參考之用。譬如：伊利諾州的歐若拉市（Aurora），就曾在聯邦經濟發展局（Evonomic Development Administration）的協助下，將該市位於鬧區內一座完成於西元一九三一年的大型電影院，翻修成一棟全新的藝術中心。而在威其塔市（Wichita），該市的都市發展計畫單位，亦曾以規劃出將廢棄建物與待開發區，免費提供給市內的藝術家個人或團隊使用的方法。那些藝術家或藝術團隊，可以將廢棄建物變更成爲個人的工作室或排演場地，而他們也可以把待開發區內的空地，用作舉辦展演活動之用。而該市的都市發展計畫單位，也會持續不斷地規劃出廢棄建物與待開發區，以取代那些即將要被拆除的廢棄建物或即將要進行開發的待開發區。在如此的替代循環下，藝術家與藝術團隊雖不免偶需面臨遷移之情事，但個人工作室、排演場地以及展演場地的便給，卻也成爲其致力於藝術文化發展的助力。而相對地，對於政府單位而言，也不至於會因爲廢棄建物與待開發區的有待改建及開發，而要去憂心一些隨著廢棄與未開發所衍生出的若干社會、治安、環境與經濟等問題。總而言之，此種魚水互利的雙贏做法，確實是促使城鄉更新與藝文發展並行的良方之一。

然而，在與威其塔市（Wichita）的相互比較之下，西雅圖（Seattle）市議會於西元一九七八年，針對市地重劃所做成的一項立法動作，則似乎更可被視作爲，城鄉政府對於低收入藝術家的積極援助。西雅圖市議會在當時，曾決議以市內商業用地的擴增重劃，來做爲要求計畫在商用地內興建樓房者，免費提供市內低收入藝術家居住場所的交換條件。由於市內商業用地的擴增與重劃，可以嘉惠計畫在用地內興建樓房的業主，因此，西雅圖市議會的此項立法，可以說是強制約束了土地與建物之所有權人，必須將部分的所得利潤回饋給社會，而受惠的對象，則是處於相對弱勢的低收入藝術家們。

當然，除了市地重劃或是舊建物翻新的做法，可供做爲協助藝術家與藝術團隊致力於藝術文化的發展外之政府消費稅的收入。在用於推動各項市政用途的重新分配與比例調整方式，也是城鄉政府促使藝術文化得以長期發展的方法之一。比如說：水牛城、雷克瓦那市（Lackawanna）、圖那宛達市（Tonawanda）以及紐約等地，就曾先後在一九七〇年代末期，決議通過以調高原分配至市內文化服務項目之消費稅所得的方式，來促使藝術文化的永續發展。此舉，在當時實對於上述各城市，在藝術文化的發展上造成迅速立竿見影的影響。

三、英國案例

除了上述幾個美國近代案例，在政府的推動文藝建設上，是如此的具有效能外，英國政府也同樣地有著若干案例，足供我們做爲參考之用。堪稱爲世上文化先進國家之一的英國，於二次世界大戰之後，在其藝術文化的發展上，大抵是歷經了一九五〇年代的休養生息、一九六〇年代的躍躍欲試，乃至於一九七〇年代的蓬勃發展等三階段。而若是深究該國之藝術文化何以能夠在戰後如此快速的復甦，則可發現，其快速復甦的立基點，肇因於各地方性藝術中心（Arts Centers）的普遍設立。然而，此種在各城鄉普遍設立地方性藝術中心的觀念，實際上，並不存在於二次世界大戰之前的英國執政者心中。因爲，戰前的英國，只有在大城市裡，才能看得到劇場、美術館與音樂廳，而且受惠的對象又幾乎都是以上流社會的人士爲主。久而久之，便使得廣大的中低階層民眾以及非都會區內的居民，與藝術文化之間橫跨著一條無形的鴻溝。而在戰後，英國的大不列顛藝術理事會（Arts Council of Great Britain）爲了讓藝術文化，也能夠仰賴全民的力量儘速復原，同時破除藝術文化只是讓上流社會人士享有的不公平現象，因此，該會在西元一九四五年發行了一本《地方性藝術中心籌建手冊》（*Plans for an Arts Center*），作為鼓勵與指導各城鄉設立地方性藝術中心之用。

於是，從西元一九四五年起，在「每一城鄉至少有一地方性藝術中心」（Every Town Should Have One）的口號帶動下，地方性藝術中心在英國各城鄉的設立就沒有停止過。然而，地方性藝術中心的設立，對於英國而言，並非僅止於意味著「挑磚弄瓦」而已。事實上，在全英國總數超過一千個的地方性藝術中心之中，就有不少的地方性藝術中心，即是單以一間辦公室的規模，一肩挑起全城全鄉的藝術文化發展工作。以下的範例，就是兩個英國地方性藝術中心，在不具備任何硬體設施，或是僅具有若干基本硬體設施（如辦公室、教室等）的情況下，卻得以成功促使該中心所在地之藝術文化，得以蓬勃發展的實例：

（一）泰勒佛市（Telford）新社區藝術發展案

薩東坵（Sutton Hill）是泰勒佛市內一個新近開發完成的社區。該社區雖然有五千位左右的居民，但該社區內，卻連個電影院也沒有，更遑論其他任何與藝術有關的設施了。同時，即使是在泰勒佛市的整體市政建設中，規劃一地方性藝術中心的籌建案，但是該案的所在地，卻距離薩東坵有六公里之遠，同時在公共交通的服務網絡上，兩地之間，也難以稱得上便捷。

總之，對於薩東坵而言，在整個社區內，唯一一個可供社區居民參與集體性活動的地點，就是該社區的社區中心。然而，可惜的是，眞正會去參與社區活動的居民極少，絕大多數的居民都是以觀望或是冷漠的態度，去看待各項社區事務。

其實，在薩東坵所出現的這種居民自我孤立，或居民與居民之間相互隔離的情景，在任何一個新社區中都會發生。原因是，工業社會所特有的機械式工作方式，早已不偏不倚的直接影響了人們的處事與生活模式。人們以消費的心態去看待人際之間的交往，自然拉大了人與人之間的距離，並強化了彼此間的不信任感。因此，雖說現代人並不完全地對於周遭事物喪失意見或缺乏興趣。但是，現代人不知如何自我表達以及怯於自我表達，確是整體社會普遍溝通不良的主要癥結所在。

因此，當面對著此種典型的現代社區時，負責推動藝術文化工作重任的人們，究竟應該採取何種發展對策，來激發社區民眾的興趣與參與感呢？泰勒佛市新社區藝術發展案的專案人員們，對於薩東坵完成實況的評量之後，決定將他們所擁有的全部資源，完完全全的投注在社區居民的身上，不花一分一毫在施工破土、興建房舍之上。於是，專案人員首先在薩東坵租下了一棟民宅，並於民宅之內進駐了兩位全職人員。然後該二名全職人員就以該棟住宅做爲他們的工作及生活據點，逐步向薩東坵的居民灑下藝術文化的種子。

在專案人員的規劃下，他們在進駐薩東坵之後的首項要務，就是要透過與社區居民的廣泛接觸，以資了解社區民眾的需求、興趣、平日所最常從事的活動，以及社區內現有的資源有哪些等。而專案人員所採用的接觸方法，除了運用傳單、夾報、社區報、地方報等印刷媒體，對於社區民眾進行一般性的宣導外，由於他們自己亦是社區內的居民之一，所以，他們就得以更順理成章地，受邀參與社區會議以及社區內的社團組織，並藉此宣達他們的理念。除此之外，專案人員也更進一步地，直接以面訪社區內個別住戶的方式，逐一認識社區內的居民，並與他們建立互信的基礎。

在完成了第一階段——與社區居民關係的建立工作之後，專案人員接著便透過在社區中心放映賣座電影的方式，去匯集社區人氣。然後，專案人員再從現有社區內的社團組織之中，去發掘在該社團內具有藝術專長的人士。然後再由該社團，在社區中負責成立以及推動藝術工作坊的工作。

譬如：專案人員即曾在社區婦女會中，發現一位具有陶藝專長的女士。於是，專案人員就委請婦女會在社區中開設陶藝工作坊，並藉由婦女會的人脈召集工作坊學員。此外，專案人員也在面訪社區個別住戶的過程中，發現了不少具有演奏樂器專長的社區民眾。於是，專案人員便將這些居民組合起來，成立了一個社區樂團，並配合節日慶典，在社區中心或社區廣場舉辦音樂會。而平時，樂團成員除了聚集練習之外，他們也會以音樂教室的形式，傳授音樂演奏技巧給社區內所有有意學習的居民。

當然，除了發掘居民現有的興趣、社區內具有藝術專長的人士之外，專案人員也同時引進一些新的藝術活動，開放給社區民眾嘗試。如戲劇研習坊、錄影實務等活動，都是專案人員在經過與社區居民訪談之後，發現社區居民在平常較少接觸的藝術活動，同時，在社區之內，也並沒有具備該類藝術專長的人才。因此，專案人員便以研習坊的方式，提供練習機會讓社區居民接觸嘗試。

在一段時日之後，第一個能讓薩東圻這個新社區演練身手的機會終於到來。擺在居民眼前的，是他們將要如何籌辦那一年一度的地方性嘉年華盛會。由於薩東圻社區的居民，在共同經歷過一些社區活動之後，彼此不再陌生。因此，社區的民眾自動自發的組成了首屆薩東圻嘉年華會籌備會，並且在專案人員的建議之下，運用錄影設備，眞實的記錄下整個薩東圻嘉年華會的活動過程。結果，社區內的民眾，在觀賞完自己的努力成果後，不但對於在該次嘉年華會中自己所做的努力，大表安慰與肯定，同時，他們也對於地方性藝術文化發展的事務更加熱心。結果，籌備會的代表們，不但決議央請專案人員在第二屆的薩東圻嘉年華會中，擔任籌備會的委員兼藝術指導，並主動的要求要在第二屆的活動中，加入更多的藝術展演項目。

（二）北狄峰（North Devon）藝術墾荒案

畢佛中心（Beaford Center）位於英國的一處未開發區——北狄峰之內。北狄峰這個區域，幅員極爲遼闊，但人口卻非常的稀少。全區十二萬人口，分布在一萬六千平方公里的荒煙蔓草裡。因此，畢佛中心的人員，要想在此處推展藝術文化，確實是困難重重。

然而，服務於畢佛中心的人員們，在其心中卻有一股堅定的信念。他們確信，無論是在任何地方，藝術都應當是該地人民的生活重心。因爲，人們可以透過藝術去傳遞情感、透過藝術去交流心念，也可以透過藝術去凝聚社區意識。

於是，在畢佛中心設立前，那些幾乎與北狄峰地區絕緣的專業劇團、舞團或樂團，都在畢佛中心設立之後，在畢佛中心人員的規劃與安排下，紛紛來到了北狄峰地區，在各鄉鎮、村落巡迴公演。自此，北狄蜂地區的居民，可以在咖啡館聽到爵士樂的演奏、在鄉鎮會議廳聆賞弦樂四重奏、在學校禮堂觀看偶戲的表演、在酒館內欣賞詩詞……。幾乎一年平均下來的每個星期，在北狄峰地區，都有三場以上的演藝活動在進行，其演出頻率之高，著實令人難以置信。而同時，除了個別性的演出活動之外，畢佛中心的人員，也陸續地爲北狄峰地區的人民策劃了不同主題的藝術節活動。以「二十世紀藝術」爲慶祝主題的北狄峰藝術節爲例，該藝術節就曾以六十六場演出的高紀錄，爲「蠻荒地區也有藝術」的豪語，寫下完美見證。

然而到底畢佛中心的人員，是如何地讓如此一個偌大蠻荒、人煙稀少之區，轉眼成爲一個藝術文化蓬勃發展的地方。事實上，從上述諸多演出場所的使用，即可讓人識出，畢佛中心的人員所採用的策略，是讓藝術走進民眾的生活所在地，而不是期待民眾走進輝煌燦爛的藝術中心。同時，由於畢佛中心人員的盡心盡力，相對地，也受到了北狄峰地區各地方議會的支持與協助。因此，即使是遠離畢佛中心五十公里外的區域，也可能是以畢佛中心為發展藝術文化的母體，但由當地議會與居民負責地方性藝術文化事務的實際推動。

然而，畢佛中心的人員，於引進外地表演藝術團隊在北狄峰地區巡迴演出若干年之後，深切地體認到，由外地引進表演藝術團隊的做法，並不能讓藝術文化在地方上真正落地生根，必須扶植地方性演藝團隊的需要。於是，他們挑選了在北狄峰地區最難以欣賞到的戲劇表演，來做為畢佛中心所嘗試扶植的第一個地方性演藝團體。而就在熱心人士與學生團體的加入下，畢佛中心很快的便成立了第一個地方性劇團，並經常性的以北狄峰地區的事蹟為演出主題，巡迴演出於北狄峰地區各鄉鎮與村落之間。而就在劇團、舞團、樂團在畢佛中心的扶植下，次第成立的同時，畢佛中心也開始將原有的陶藝研習班，擴大轉型為專業化的陶藝創作坊；並在中心內增加美術教室、音樂教室、合唱團、詞曲創作班、劇本研習班、文藝創作班等研習課程，以供畢佛中心的周邊民眾學習。而對於那些因路途遙遠、交通不便的其他非畢佛中心鄰近地區的居民們，畢佛中心的人員也規劃出一社區藝術發展案，以透過該地區熱心人士、社團推動當地藝文研習活動的辦理工作方式，來協助滿足各地區居民學習藝文課程之所需。

此外，還值得一提的是，每一年畢佛中心的人員，也會在當地教育主管機關的支持下，固定甄選二十八位來自北狄峰各區的學童，進駐畢佛中心，接受為期一年的藝術研習課程。這些參與學習課程的學童，在訓練期內集體地生活在一起、學習在一起，同時除了接受諸如：音樂、陶藝，以及美術等課程之外，還可以實地觀察到畢佛中心的運作情形，並間或參與中心內的工作。無怪乎，不論是學員還是授課教師都是一致的認為，畢佛中心的學童進駐中心學習制度，實是讓藝術文化在社區內扎根成長的最佳途徑。

總之，畢佛中心的人員，自始自終認定自己是藝術與各個社區之間的橋樑。而二十名工作人員的辛勤耕種，也成功地使得原本荒蕪的北狄峰地區滿布著藝術文化的鮮花與果實。

從以上美、英兩國的案例之中，雖不難讓我們看出，美、英政府在文藝發展工作上所投注的心力。不過，相對地，我們也要指出，城鄉居民在藝文發展過程中，所應扮演的角色以及所應抱持的態度，亦是促使文化藝術生根茁壯的關鍵。因爲，自上述的所有案例中，可以直接的讓人看出，政府單位在藝術文化的發展上，所占有的那一席不可或缺之重要地位，但在現實環境中，卻不是所有的城鄉政府，都會對於藝術文化，採取等量齊觀的措施與態度。執政者的施政意圖以及價值觀，可以說是藝術文化能否在城鄉中生存發展的關鍵。不過，在民意高漲的今日，城鄉的居民卻也相對地可以化被動爲主動，積極地對城鄉政府提出重視藝術文化長期發展的訴求。以下就是一般城鄉居民，能夠直接促使居住地政府重視藝術文化發展的四項基本做法：

1.首先，城鄉居民必須要先對於其居住地內，究竟有哪些藝術文化相關設施的存在，進行了解。同時，還要去使用那些設施。

2.其次，城鄉居民必須要對於其居住地內，實際負責推動藝術文化相關工作的單位組織，在其業務內容上進行了解。同時，城鄉居民也可採取以參加公聽會、提供口頭或書信建言，甚或是擔任義工，直接加入城鄉政府推動藝術文化相關工作的行列……等方法，來影響施政者的決策。

3.再者，城鄉居民必須要對城鄉政府，提出舉辦藝術文化相關活動的要求。尤其是當某些大型活動的舉辦，是超越了由居民們自行舉辦的能力時，則城鄉政府的出面支持，就顯得格外重要。此外，城鄉居民也必須要督促城鄉政府，在推行藝術文化發展工作時，必須要謹守區域均衡的原則，以避免產生由少部分地區，享有大部分資源的情況。

4.最後，城鄉居民必須要對城鄉政府的執政者，以及有意於日後步上執政之途的繼任人選，明白地表示出期盼藝術文化得以在居住地內長期發展的願望。而城鄉居民的選票，就是促使執政者履行其承諾的利器。

總之，從以上所列的四點做法看來，促使藝術文化長期發展的推動者，雖然非政府單位莫屬，但相對地，若是城鄉居民也能夠積極主動地協助政府單位推動藝文事務，則藝術文化之發展將必定更具成效。反之，城鄉居民若在藝術文化長期發展的路途上，總選擇以一種被動冷漠的態度與政府單位相對應，那麼，即使是再有作爲的執政者，也終將會無以爲繼。

第二節　西方民間人士對於藝術的支持與贊助

在本章的第一節中，介紹完了西方政府傳統以來，對於表演藝術以及其他文化藝術的支持與贊助的情況之後，在此，我們也就不能不花一點篇幅，對於西方社會之中，有關於私人贊助與支持表演藝術以及其他文化藝術的態度與行爲的部分，做一些簡單扼要的說明。畢竟，來自私人（富紳）的贊助，無論是在古希臘、羅馬時代、文藝復興時期、美國南北戰爭前後，還是在已邁入二十一世紀的今日，都是幫助歐美地區各個藝術家、藝術團體以及藝術場所，堅持追求藝術之美的重要倚靠。以下，就讓我們對於在近代西方社會中，所曾經發生的若干私人贊助表演藝術以及其他文化藝術之重要事件，做一概略但重點式的敘述。

由於在一般的情況下，表演藝術家與表演藝術團體很難僅靠著票房的收入，來持續地維持其創作與演出的活動，因此，表演藝術家與表演藝術團體，通常就得要去尋求政府、工商企業，以及私人的贊助。以解決其在財務收支上所出現的困難。然而，由於從事表演藝術工作的個人與團體，不斷地隨著時代的演進而急遽增加，因此，在政府贊助藝術經費有其預算限制的情況下，工商企業以及私人對於表演藝術所能夠扮演的贊助角色，也就相對地變成十分重要。

美國近代著名的大企業家，大衛．洛克菲勒（David Rockefeller）先生，就是因爲有感於藝術家與藝術團體的實際經濟需要，於是，就在他的熱心倡議與奔走之下，一個由全美工商業鉅子代表們，所共同組成的藝術委員會（Business Committee for the Arts）遂於西元一九六八年，在紐約正式宣告成立。這個委員會在成立之初的主要功能，是在於提供全美的工商企業主管們，有關於贊助藝術活動上的訊息提供與建議，以促使工商企業，能夠持續並增加他們對於藝術活動或藝術團體的贊助行爲。在當時，該委員會的工作重點，依序有下列五大要項：

1.為工商企業發掘贊助藝術活動或藝術團體的機會。

2.為那些有興趣贊助藝術活動或藝術團體的工商企業，提供諮詢服務。

3.建立一個全國性的藝術贊助資訊服務網絡，以促使工商企業與藝術家或藝術團體之間，能夠有雙向連絡以及相互合作的機會。

4.協助藝術家以及藝術團體向工商企業尋求贊助，並鼓勵工商企業去主動的參與藝術活動。

5.代表工商企業對藝術活動或藝術團體提供贊助，以及洽談雙方合作的事宜。

而就在該委員會於西元一九六八年正式成立之後，他們隨即就同全美經由隨機抽樣選出的五百家工商企業，於西元一九六九年至一九七〇年間，進行問卷調查。該委員會希望能夠從那份長達七頁的問卷當中，去了解工商企業對於藝術活動或藝術團體，提供贊助的動機與態度究竟為何？結果該委員會成功的從這個屬於全美首度，對於工商企業贊助藝術活動或藝術團體的調查研究中發現，從西元一九五九年到一九六九年的那十年間，全美工商企業對於藝術活動以及藝術團體，所提供的贊助經費成長幅度高達五倍。同時，同一份調查結果也顯示，有將近百分之七十的受訪者表示，他們曾經有過贊助藝術活動或藝術團體的行為。此外，該藝術委員會又根據調查的結果推估出，單單在西元一九六八年，全美工商企業對於藝術活動與藝術團體所提供的「直接經費」贊助金額總數，應該合計有四千五百萬美元左右。而在此同時，全美工商企業在同一年度，也為藝術活動與藝術團體投注在廣告與協助業務推展上的那些「非直接性」的經費贊助，其金額總數，也達到了四千萬美元之譜。

除了上述的種種發現之外，同一份研究報告中，也顯示了一個令人頗感意外的結果，那就是在經過了比較分析之後，研究結果突顯出，員工少於一千人的「非產業」機構，由於他們較關心其機構所在地的市場發展潛力，因此，他們也就比較會傾向於提供經費，資助藝術活動或藝術團體。此外，該調查研究同時也發現，工商企業最樂於提供贊助的對象，依次分別爲：交響樂團、博物館，以及文化中心。而最不願意提供贊助的對象則爲：實驗藝術、前衛藝術，以及作曲家等。

之後，到了西元一九七一年，另一個由工商企業組成，爲贊助藝術活動與藝術團體而成立的組織——藝術與工商企業合作委員會（Arts and Business Cooperation Council）在紐約的重組，更爲工商企業對於藝術活動與藝術團體的贊助史，寫下了至爲重要的一頁。該委員會原本成立於西元一九六五年，在經過了六年的運作之後，藉由重組而成爲工商企業與藝術家以及藝術團體之間的一個重要互動橋梁。雖然，這個合作委員會的工作範圍與服務對象，是屬於區域性的，只限於紐約一地而已，但是，該委員會對於其所在地內的所有藝術家、藝術團體、各種不同藝術表演形式，所抱持的那種一視同仁的贊助態度，更使其在其所屬的領域之中，占有著一席極爲重要的地位。

到了西元一九七二年，由於加拿大的一家香菸製造商杜莫利（du Maurier），首倡風氣之先，獨自斥資成立了杜莫利表演藝術委員會（du Maurier Council for the Performing Arts），並在五年內，一共捐出了一百萬美元的款項，做爲對於藝術活動與藝術團體的贊助金。因此，該委員會遂在當時被人們讚述爲：「贊助藝術活動與藝術團體的最佳典範！」當時，該委員會的設立宗旨是：「以提供贊助給所有加拿大地區的表演藝術家與藝術團體的方式，去促使加拿大的民眾們，有更多的機會去接觸藝術活動。」該一宗旨充分的顯現了該企業「利潤回饋社會」的大氣度。另外，還值得一提的是，該委員會除了以提供金錢，直接援助表演藝術家與藝術團體之外，他們同時還會幫助那些得到贊助的個人或團體，去進行藝術行銷以及作品推廣相關工作。而從西元一九七六年起，該委員會更是把贊助經費，提高到每五年一百五十萬美元的新高點。

從上述杜莫利表演藝術委員會的贊助模式當中，我們即可看出，工商企業除了持續地維持其一貫的方式，以金錢來做爲其直接對於藝術活動或藝術團體，提供藝術贊助的形式之外，工商企業於一九七〇年代初期開始，也著手對於藝術活動與藝術團體，有計畫的提供其他形式的贊助。以總部設於美國明尼蘇達州的達通哈森（Dayton Hudson）公司爲例，該公司即自西元一九七三年起，以在其組織內部設置一個專職的文化事務主管職位的創舉，成功地爲工商企業贊助藝術活動與藝術團體的方式，創造出了另一種新例。該公司長久以來不但將該公司百分之五的企業免稅額度，全數的用在贊助藝術活動與藝術團體之上，他們更進一步的創下新例，在高階主管的職位中，增設了一個全職性的職位，去主管文化事務。從這個創舉即可讓我們了解，該公司在文化事務上認眞投注的程度。大體而言，達通哈森公司所設置的這個全職性的文化事務主管，其主要的工作職責包括了下列五大要項：

1.規劃、評估藝術贊助條件，並選定提供藝術贊助的優先順序，以促使贊助金的功能，能得到最大的發揮。

2.讓公司內部的員工，能夠更頻繁的接觸藝術活動，並從娛樂中獲益。

3.讓藝術活動更爲普及，並讓更多人得以參與。

4.提供諮詢服務給藝術家與藝術團體，以協助他們推廣表演活動。

5.對於其他的工商企業，提供贊助的示範與說明，以增加提供藝術贊助的單位。因爲透過此舉，實可讓藝術家與藝術團體得到更多的贊助機會。

而在此同一時期，除了達通哈森公司，爲藝術贊助的形式創例之外，美國航空公司（American Airlines）也曾率先在其機上刊物裡，以報導工商企業贊助藝術活動與藝術團體的方式，鼓勵其他工商企業跟進，以爲贊助藝術而盡心盡力。而其他，諸如：飯店業者、百貨公司業者、汽車銷售業者，與旅行業者等，更是各自發揮創意，以不同的形式或方法去贊助藝術活動。而自一九七一年代起，由於藝術贊助一事愈來愈受到工商企業的重視，於是，藝術委員會（BCA）也曾於該同一時期，開始在全美各地，舉辦有關於工商企業贊助藝術活動與藝術團體的研討會，而爲藝術贊助史在實務之外，又加上了理論性的章節。西元一九七五年十月，該委員會更選擇在美國首府華盛頓，舉辦了全美第一次的藝術贊助專題講座，爲藝術贊助一事定位。除了參與藝術贊助的工商企業愈來愈多，贊助的形式愈來愈豐富與多變之外，贊助金額的愈來愈高，以及工商企業鼓勵其所屬員工，去參與藝術贊助活動的例子也愈來愈多。莫比爾石油公司（Mobil Oil Company）在西元一九七四年，成立了莫比爾基金會（Mobil Foundation）之後，即以每年五十萬美金的贊助預算，去支持該公司在各個分公司所在地的藝術活動與藝術團體。值得注意的是，該公司是把贊助決策的選擇權，直接的交給各分公司的員工們，讓他們直接遴選何項藝術活動或哪個藝術團體，是應該被該公司贊助。而該公司的這個政策不但爲藝術贊助獻了力，同時更爲藝術活動的欣賞，培養了支持群眾。

到了西元一九七七年，藝術委員會（BCA）繼西元一九六九年與一九七〇年間，首度舉行的問卷調查之後，又再度地對全美工商企業的藝術贊助行爲展開調查。結果發現，單在西元一九七六年那一年，全美工商企業對於藝術活動與藝術團體的贊助總金額，就高達了美金二億二千一百萬元。而亞松石油公司（Exxon Oil Company）每年五百萬美元的大手筆贊助金額，更是在當時爲美國大型工商企業贊助藝術活動與藝術團體的不遺餘力，立下了一個極其顯眼的標記。而在加拿大，一個類似的調查研究也顯示了，在西元一九七六年，加拿大的工商企業對於加拿大地區的藝術活動與藝術團體的贊助總金額，也高達了美金一千五百萬元。

而這股自一九六〇年代開始掀起之最具代表性的藝術贊助熱潮，除了在美、加地區蓬勃盛行之外，同樣地，在英國地區，也對於當地工商企業產生了類似的影響。在一九七〇年代中期，英國的工商企業，對於英國的藝術活動與藝術團體所提供的贊助總金額，大約是每年一百萬英鎊左右。雖然，這一百萬英鎊的總額，相對於同期英國工商企業贊助體育活動的每年一千萬英鎊的總金額而言，實在是相差甚遠，但是，自從該國的工商企業贊助藝術協會（Association for Business Sponsorship for the Arts）於西元一九七六年宣告成立之後，就在該協會的努力奔走與運作之下，終使得英國工商企業，在對於贊助藝術活動與藝術團體的總金額上，於該協會成立三年之後，也就是西元一九七一年，就已使得贊助金額總數，成長了四倍之多，亦就是攀升到每年高達四百萬英鎊的水準。這每年四百萬英鎊的贊助金，雖然在當時仍舊是大幅度地少於該國工商企業贊助體育活動的總額度，但無論如何，它的成長幅度與速度。確實是相當的令人感到不可思議。當然，最難能可貴的還是這些工商企業組織，能夠懂得以自動自發的精神，匯聚集體的力量，來贊助藝術活動與藝術團體。從這一點看來，他們的態度、行爲與做法，確實值得我們去加以學習與重視。

第三節　我國政府以及民間人士對於藝術的支持與贊助

誠如本書所言：在現代社會中，行政的質、量正與人民的日常活動息息相關。我們的食、衣、住、行、育、樂或生命財產安全，都有賴於政府的績效表現。同時，由於現代政府所負有的職能，在其中有關於提升生活品質的部分，實亦涵括了諸如：文化生根、休閒娛樂要項。因此，在我國政府規模持續成長、職能不斷擴增之際，該如何確實地顧及居於相對弱勢的「提升生活品質，讓文化生根」之政府基本職能，實爲我執政當局所必須對其加以深思長考的課題。當然，從國外的案例中，我們也可以了解，對於文化藝術的培植與推展，絕不光只是政府肩上的責任而已，對於所有的人來說，只要是有興趣與能力的，都可以做出或大或小的貢獻。以下的內容，就是我國政府與私人，對於表演藝術以及其他文化藝術之支持與贊助的簡要介紹。

一、歷代政府對藝術的支持與付出

古時中國的政教之士，常常藉一地音樂歌謠的曲式內容，來了解人民的風俗習慣，以及心理的需求與期盼。這也就如《禮記》中的〈樂記〉所載：「凡音之起，由人心生也。人心之動，物使之然也。感於物而動，故形於聲。聲相應，故生變，變成，方謂之音。比音而樂之，及干戚羽旄，謂之樂。」從這段話裡，我們可以想像，當時的政教之士何以要藉由音樂來認識某地的人民。那就是因爲，音樂乃是一種人們有感而發的創作。故而，若想要了解民心，則可自聆聽人民的音樂創作，來探其究竟。

根據史料的記載，我國也許早自黃帝時期開始，就已經非常重視音樂性的創作活動。《呂氏春秋・古樂篇》中就曾述及：「昔黃帝令伶倫（司樂之官）作爲律。伶倫自大夏之西，乃之阮隃之陰，取竹嶰谿之谷，以生空竅厚鈞者，斷兩節間，其長三吋九分，而吹之，以爲黃鐘之宮，吹曰含少。次製十二筒，以阮隃之下，聽鳳凰之鳴，以製十二律。」而這所謂的十二律，根據《國語》一書的記載，就是黃鐘、大呂、太簇、夾鐘、姑洗、仲呂、蕤賓、林鐘、夷則、南呂、無射，以及應鐘等聲調。

此外，再根據《朱熹集註》的解釋，詩經中的風、雅、頌，不但大部分是輯自周朝時期的樂章，而且，國風是「民俗歌謠之詩」、小雅是「宴饗之樂」、大雅是「朝會之樂」，而頌則是屬「宗廟之樂歌」，由此可見，早在中國古代，音樂就已與政府的活動緊密相連，並設有專職官員負責典理樂章。而周公的制禮作樂，更可說是中國執政者領頭創造文化的前鋒。在此同時，至聖先師孔子亦可被稱爲「寓教於樂」的先驅之一，而他也可被認作是中國歷代政府奠下「慣以藝術教化人心」之深厚基礎的導師。根據史料所傳，孔子一生受音樂的影響極大，而他自己也非常喜歡以音樂來教化其弟子與社會。如《論語・顏淵》篇中所載：「子在齊，聞韶，三月不知肉味。」由此，即可了解，音樂對於人心的撼動力及影響力。

除了音樂之外，歷代中國政府對於戲劇、舞蹈的重視與使用，也常可見於史傳之中。如《路史》所載：「帝履癸優揉戲奇偉，作東歌而操北里」《烈女傳》載：「夏傑‧‧‧‧求倡優侏儒狎徒，爲奇偉之戲。」《國語》又載：「驪姬使優施飲里克酒，中飲，優施起舞，乃歌曰：『暇豫之吾，吾不如烏；烏人皆集於菀，己獨集於枯。』」《穀梁傳》載：「頰谷之會，齊人使優施舞於魯君之幕下。」《史記・滑稽列傳》：「優孟者，故楚樂人也。爲孫叔敖衣冠，抵掌談語，像孫叔敖，楚王及左右不能別也。」

而根據以上所載，宮廷之中既然有對於音樂、戲劇、舞蹈的需求，所以，歷代中國政府，也就陸續的開辦官方的訓練課程。《漢書・禮樂志》載：「漢高祖既定天下，作風起之詩，令沛中僮兒百二十人唱而歌之。」到了孝惠帝時，仍以沛宮做爲原廟，令歌習吹以相和，常以百二十人爲員。及漢武帝，又立「樂府」，並用李延年爲協律都尉，作「十九章」之歌，使童男女七十人歌之。再聚幼童來習歌，而成了「科班」的前身。再者，樂曲皇帝唐玄宗，不但自創多部樂曲，同時，更成爲我國歷史上，第一個於宮廷內有計畫培育舞蹈人才的皇帝。無怪乎，梨園人士們所奉祀的神明，即是這位才子唐明皇。

總之，由於歷代中國政府盡皆明白，藝術除了娛樂功能之外，也確實兼具有很強的教育功能，所以，歷代中國政府便慣於以禮樂歌舞來彌補政刑之不足。一如姚茫父所云：

> 農事有作，益臻明備，禮樂混合，相參為用，人之所至，禮必至焉。禮之所至，樂必至焉。三五以來，至於改革，政刑有所不及，禮樂為之彌綸。原其創造，夫豈一人之力，亦積勢使然。聖者聰明先察，因勢利導，為之文飾，以盡其美而已。故夫禮樂者，道德之式也。節文歌舞者，禮樂之式也。式有長短，義無差池。儒者知之而不能作，眾人由之而不能知。禮樂之民，雖無政刑，未有亂者。禮樂毀滅，大亂必作（盧冀野，民70，頁17～18）。

因此，就在如上的道理受到代代相傳的影響之下，遂使得我當代政府在面對藝術事務時，亦會習於從教育的立場及角度，去推展與處理和藝術相關的一切。在此，就讓我們以下列的幾個近代事例，來爲這個觀點提出證明。

二、近代政府對藝術的支持與付出

先總統　蔣中正先生曾經說過：「純正高尙的音樂，可以陶冶性情、敦厚風化、慰藉哀怨、激揚志氣，使一般人的精神有所歸宿調劑，而消除種種禍亂於無形，更能使整個社會煥發生機，漸漸向上發揚，其有助於政教的實施與革命的進展，效力尤爲顯著，古人無論治國教人，禮樂是首要的兩件事情。」尤其「禮樂是公眾道德，和人性發育的基本，也就是古人所謂『仁近於樂，義近於禮』的政教之源。」除此之外，先總統又說：「人生最高尙的娛樂就是藝術。中國古代的教育，以六藝爲本。六藝教育的功用就是訓練一個身心平衡、手腦並用、智德兼修、文武合一的健全國民。」而「好的音樂可以陶冶性情、振作精神、慰藉勞苦、和樂心志，使人生活調暢、情趣優美，無形地養成個人高尙的人格與社會純正的風俗，其重要不特關係個人德性的修養，且可影響於國家社會的興替。」從此處所引種種，我們即可看出，在我國近代執政者的眼光中，音樂（藝術）等於就是教育，而或許更準確的來說，由於音樂（藝術）可以移風易俗，可以裨益政教，可以「樂以教和」以及「樂以和樂」，因此，音樂（藝術）又可以說是社會教育的最主要內容之一。

翻開我國社會教育的發展史，方可以讓我們清楚的看出，藝術與社會教育之間血脈相連的關係。在民國成立之前，有「藝徒學堂」的設置。民國九年有以「文藝、生計、衛生、公民」爲主題的平民教育運動。民國十八年則是針對鄉治與村治，推展了「精神、語文、生計、公民、健康、休閒」的鄉村教育運動。民國二十六年，政府雖然必須面對日本的侵略戰爭，但在社會教育工作的推展上，仍舊倡辦了包括「提倡藝術教育」在內的七大重要措施。同時，還在教育部內，成立了音樂教育委員會以及美術教育委員會。而在民國二十八年，於教育部所舉辦的第三次全國教育會議之中，全體與會人員亦對於當時社會教育之目的，做成了如下的聲明與界定：「社會教育之目的，在覺醒人民之整個民族意識，並促進適齡者之服兵役，培養人民之軍事力量以做持久戰、消耗戰之人力補充，與普及民眾教育，提高文化水準、鼓勵技術人手，以謀抗戰建國物力之數量的增加及效能的提高。」

在此同一時期，教育部也舉辦了許多的訓練班，以培育涵括音樂教導人員，以及民間藝術人員在內的各類社會教育人員。

民國四十二年，在國民政府遷臺之後不久，則又由先總統明令公布了「社會教育法」的實施，以強調執政當局對於社會教育的重視。而在「社會教育法」的規定下，舉凡「培養藝術興趣及禮樂風尚」、「保護風景名勝及古蹟史物」以及「改進通俗讀物及民眾娛樂」都成了社會教育的重要工作任務之一。之後，則是在民國六十六年，由當時任職行政院院長的蔣故總統經國先生，於立法院的施政報告中，對於十二項建設的宣示。他說：「爲了更加充實國力，強化經濟社會發展，提高國民生活水準，政府將繼民國六十三年開始的十項建設完成之後，決定要再進行十二項建設，做爲未來幾年內努力的方向。這十二項建設中的第十二項，是建立每一縣市文化中心，包括圖書館、博物館、音樂廳。」

緊接著，行政院又於民國六十八年，頒布「加強文化及育樂活動方案」，爲行政院文化建設委員會的成立奠下根基。然後，在民國六十九年，又通過在社會教育法中增列「推行文化建設及心理建設」等五項新任務，以及在原第四條條文中增加「直轄市、縣（市）應設立文化中心，以圖書館爲主，辦理各項社會教育及文化活動」的規定。

其實，儘管長久以來，我國政府一向習於把藝術當作教育的一種，並把文化藝術的推動工作，視作是社會教育的基本任務之一。但是，自從蔣故總統經國先生，在民國六十六年對於十二項建設做出宣示之後，「文化藝術」與「社會教育」之間，似乎就開始出現了一種若即若離、分合莫測的現象。尤其是在行政院「加強文化及育樂活動方案」中，對於設置文化建設專責機構所做的說明部分，更點出我國政府在「究竟『文化藝術』與『社會教育』兩者，是應『合』還是應『分』」的問題上，好似已做出了首度的省思。該說明之全文如下：

> 文化建設與文化政策之進行，宜有一事權之機構，以加強其決策、規劃、推動與督導之功能。目前掌理文化與育樂活動之機構有教育部、內政部及新聞局等，適宜設置專責機構。

而民國七十年十一月，行政院文建會的開始掛牌運作，更強化了上述有關於「文化建設」一案，在各政府機構間，對於文化建設權責歸屬的論辯。而其中，則又以各直轄市以及縣（市）文化中心在教育部的籌劃下陸續完工成立，並移交各直轄市以及縣（市）政府後，所產生的身分隸屬問題，最爲引人注目。

其實，類似的政府機構權責畫分爭議，在民國五、六十年，也曾經發生過。民國五十六年十一月十日，一個名爲「文化局」的單位，在「使臺灣成爲民族文化復興基地，厚植中華文化根脈」的設置目的下，曾風風光光的由王洪鈞先生擔任局長，躋身於我國中央部會之中。其局屬業務除自創部分外，餘皆由教育部社教司、國際文教處，與新聞局業務中移撥。該局下設四處，分別掌理文化復興、文藝發展、廣播及電視事業輔導、電影檢查與輔導等工作。惟好景不常，至民國六十二年七月底，「文化局」即被中央政府裁撤，並將廣播、電視、電影等業務歸還新聞局，而其他業務則交由教育部概括承受。其實際存在運作的時間，前後不到六年。此種機構畫分與機構整合的問題，持續出現在「文化建設」上的現象可謂相當正常。原因是，文化既是由人類所創造的，那麼，在理想上，所有的人以及所有的單位、機構，實都負有「建設文化」之責。這也就是說，不但教育部、內政部及新聞局，有責任爲文化建設而獻力，其他的各政府機構，也都一樣的負有「建設文化」的重責大任。舉例來說：如果當交通部在進行交通建設時，能夠考量到「景觀的規劃」、「古蹟的維護」等問題時，交通部即也等於是在執行文化建設的工作。然則，倘使是就現代政府的行政機能而言，則或許就誠如張潤書教授所說，我們是該考慮到機構本身的專業化以及追求組織機能與事權一致的原則。畢竟，「人人有責」是最高的文化建設理想，而為免落得彼此推卸責任，則可參考張教授之見。張教授說：

> 目前我國行政組織的事權多未能依「機能一致」的原則予以畫分，也就是未能使性質相同的工作或活動，完全交由一個機關全權辦理，以致系統不夠分明、工作不夠確實、機關之間往往發生彼此牽制或爭功諉過的現象，不僅貽誤事機，而且浪費公帑，本來只要一個機關做好的事，偏有許多機關牽連在內，有了功勞大家爭，有了過錯相互推。這種事權不清的現象，是目前我國行政組織上的大病（張潤書，民82，頁336）。

據此，張教授又說：

> 凡性質相同的工作或活動，應完全交由一個機關或單位去全權處理，事權確定以後，系統自然分明，凡是在一種有系統的情況下工作的組織，其達成使命之可能性比較高（張潤書，民82，頁342）。

總而言之，自民國六十六年，政府對於十二項建設的宣示推行開始，三十餘年來，我國政府在對於藝術文化的支持與贊助上，確可以「盡心盡力」四字來加以形容。從民國七十四年「臺灣省加強文化建設重要措施」的頒布實施、七十六年國立中正文化中心——國家音樂廳、戲劇院的完工啓用、七十七年文建會爲輔導各地區文化中心，設置具有地方特色之文物館所頒布的「加強文化建設方案」、民國八十年代開始的「十二項建設計畫之三——充實省（市）、鄉鎮及社區文化軟硬體設施」中之第二主題「加強鄉鎮及社區文化發展」裡，有關於「社區文化活動發展計畫、輔導美化地方傳統文化建築空間設計、充實鄉鎮表演設施計畫」等子計畫的實施、文建會「社區總體營造計畫」的推行、八十一年及八十三年「文化藝術獎助條例」以及「國家文化藝術基金會設置條例」的公布施行、八十五年財團法人國家文化藝術基金會的成立，乃至民國八十六年由文建會所制訂的「甄選社區大樓小型演出合適據點辦法」的出爐，以及民國九十一年，由文建會、經濟部、教育部、新聞局所聯合推動的「文化創意產業發展計畫」等，都是我國當代政府在對於藝術文化的支持與贊助上，所完成之相當具有代表性的例證。

相對於我國當代政府所做的種種投資與付出，我國人民在支持與贊助文化藝術的整體習慣與表現上，則仍有待培養與激勵。首先，讓我們針對民國七十五至七十六年之間，各縣市首度進行文化活動基金籌募的狀況做一回顧。

民國七十四年四月，臺灣省政府頒布「臺灣省加強文化建設重要措施」方案，其中的第四項「充實縣（市）文化中心，加強文化活動」規定中，有一項「各縣（市）設置文化活動基金，寬籌文化活動經費」之要點如下：

1.省府補助各縣（市）文化活動基金一千萬元，於七十四與七十五兩會計年度，各撥五百萬專款補助。

2.各縣（市）政府相等編列一千萬元充作文化活動基金。

3.各縣（市）結合地方各界共同籌募文化活動基金，發動募捐，至少一千萬元。

4.各縣（市）文化活動基金，悉數以留本基金存儲，運用孳息辦理文化活動。

5.各縣（市）成立「財團法人文化基金會」，管理運用文化活動基金。

結果，到了七十六會計年度（民國七十五年七月一日起至七十六年六月三十日止），在當時全省十七個縣（市）文化中心之中，只有臺北縣、桃園縣、苗栗縣、彰化縣、雲林縣，以及臺南市等六個縣（市），達到了結合地方各界共同籌募文化活動基金，發動募捐，至少一千萬元的目標。此外，在對於各縣（市）文化中心所舉辦之活動的經費贊助方面，在同一會計年度，全省十七個縣（市）文化中心一共也只獲得了來自私人企業、民間團體，以及個人的贊助，總計一千六百七十七萬餘元，平均每個文化中心只獲得了不到一百萬元的資助，而其中，更有宜蘭縣、苗栗縣、臺中市、屏東縣、臺東縣，以及澎湖縣等六個縣（市），在該年度之中，從未獲得任何來自民間的經費贊助（胡鍊輝，民77，頁5～7）。

十年後，在一項以「桃園縣文化藝術長期發展計畫——先期規劃研究」為主題的調查研究中，又發現，經費不足不但是該地區業餘表演藝術團體的最大演出障礙，同時，在表演藝術團體之經費來源百分比之中，表演藝術團體可自私人企業、民間團體，以及個人部分所獲得的經費資助，又僅占了總經費的4.1%。而在各類表演藝術的項目中，又只有現代國樂與西樂，在近年來曾經得到過來自民間的經費贊助，至於其他諸如：傳統戲劇音樂類、戲劇類、舞蹈類，以及民俗歌謠類的演出活動，則從未得到過來自民間的資助（國立中央大學藝術學研究所，民86，頁3-58～3-60）。

此外，再根據文建會於民國八十四年至八十五年間，於臺灣北、中、南三區所舉辦的「表演藝術行政人員研討會」中，各相關與會人員的報告來看，國內的民間單位、團體與個人對於藝術贊助一事，實在遠不如歐、美各國。誠如當時國家文化藝術基金會獎助處處長陳錦誠先生所言：「談到表演團體的營運，幾乎大家最關心的問題，都是資源有限的困境。

平常的排練場不易尋求，房租昂貴；爲了安排演出，訂不到場地；搶到場地，卻又爲經費傷腦筋。政府提供的補助經費，不及總經費的20%；企業不關心藝文活動贊助，景氣好的時候找不到贊助，景氣不好的時候更不用說。」文化評論者林谷芳先生亦曾表示：「在我們的社會裡，文化還不是強勢，我們的社會還認爲，文化是無用的東西，用功利現實的角度，來衡量這些東西的用處。……每個人都會利用它，卻不會眞正來關心它。」雲門舞集前行政總監溫慧玟小姐則認爲：「企業界爲什麼不贊助藝術？因爲在以往的教育過程中，就藝術教育的部分，其實是未曾鼓勵或激發大衆對藝術的興趣，所以缺少接觸與了解。」而文建會第三處第二科前科長林正儀則表示：「以一般先進國家演藝團體的收入和預算而言，劇團的收入，門票三分之一，政府補助三分之一，企業或個人捐助三分之一，才有辦法生存，但是國內企業贊助很困難……。」果陀劇場前製作人陳琪女士更指出：「臺灣贊助的風氣非常薄，有待開發。而歐、美已開發國家，都非常重視企業對社會的回饋，他們稱之爲企業公民。」（陳其南等，民86）

從以上參加由文建會所舉辦之「表演藝術行政人員研討會」的各相關與會人員的報告中，我們確實可以稍微對於國內工商企業贊助藝術活動的基本情況做一了解。然而，這些觀點，畢竟都是由「被」贊助者的角度，或是從「非」工商企業界人士的立場出發，而缺乏了「贊助者」，也就是工商企業界的想法。因此，爲了能夠了解當前國內工商企業，對於我國表演藝術所抱持的贊助基本心態與觀點爲何，以及他們到底是憑藉著什麼樣的依據與標準，來決定是否同意贊助某項藝術活動，筆者與談琲小組，遂曾於民國八十四年五月間，以傳眞問卷、電話訪談，以及訪員深度面訪的方式，隨機向國內二十二家工商企業進行調查訪問（學者吳靜吉教授，亦另有完成一篇具有類似研究目的的調查報告，收錄於由文建會出版的《中華民國文化發展之評估與展望》，民81），結果發現，國內較具規模的工商企業，雖然大都願意支持藝術活動，但卻仍僅局限於對具有高知名度的藝術家或藝術團體提供贊助。此外，在決定贊助金額的標準上，也多仍是以隨心所欲的樂捐方式爲其贊助準則，而較缺乏整體性以及制度性的規劃。以下，謹節錄該篇調查報告之研究結論部分，供讀者們參考。

臺灣工商企業對表演藝術贊助態度之研究

（部分內容）

壹、前言（略）

貳、文獻探討（略）

參、研究方法（略）

肆、研究發現（略）

伍、結論與建議

（一）工商企業對於表演藝術團體與個人，所抱持的基本心態與觀點

根據訪談結果發現，受訪之企業多半表示，贊助只是企業對於社會的一種回饋心意，而他們對於演出者之演出呈現，多無特別之要求。在與藝術團體或個人的關係建立問題之上，受訪者之一裕隆汽車則是表示，願意在有可能的情況下，與藝術團體建立長久的合作關係，而其目的則是在於，希望經由此種合作關係，能夠促使藝術團體建立一完整完善的預算、會計制度，並進而使得藝術團體能夠做到自我經營，而不再需要完全仰賴來自外界的補助。此外，裕隆汽車於近年來所舉辦之「裕隆文藝季」，之所以將重點轉為「藝術下鄉」，其目的，亦是在於希望能夠藉此將「非都會區」的藝術欣賞水準，做一普遍化的發展與提升，以期因為藝術人口的培養，使得藝術團體的生存，能夠較為容易一些。

對於這一點，國泰航空也表示，藝術文化活動的能否發展，主

要得仰賴社會大眾是否能夠普遍地加以支持，而企業提供贊助的原因，就在於希望能夠使好的藝術作品，得以呈現並讓大眾分享，以提升社會大眾的文化水準。事實上，企業所能做的，也僅止於「拋磚引玉」而已。此外，國內表演藝術硬體設施，如大型演出場地不足的問題，導致成本過高，而無法提供大型表演藝術名作與團體，在本地做長時期的演出，實在是一件非常遺憾的事情。而這些問題，諸如硬體設施的充實和藝術人口的培養等，則實非企業界所能解決之問題。

從以上的訪談結果中，我們發現了一個值得重視與玩味的問題。那就是，國內這兩家企業均認為，藝術環境的改善應是政府的責任。而私人企業在這方面所願意付出的，是出乎自願，而並非是私人企業的義務與責任。所以他們堅信，政府應有明確的中、長期計畫及方向，來積極推動、推廣藝術活動並且充實硬體設施，因為，唯有如此去做，存在於藝術環境中的根本問題才能獲得解決。

（二）工商企業是否有其選擇同意給予表演藝術家或團體贊助與否的重要評量依據

有關於私人企業如何在眾多的表演藝術家與團體中選擇其贊助之對象，經訪談結果發現，藝術家與藝術團體的演出水準，固然是工商企業共同的主要考量因素，但對於藝術贊助已有事先規劃的企業來說，他們可能也會對其所擬予提供贊助的團體或藝術家，在內容與性質上會有事先的規範。例如：「裕隆文藝季」在籌辦進行時，便是以先決定了該次文藝季的性質，再從已定案的範疇中，選取符合條件之藝術團體，來做為其贊助之對象。

其次，對於私人企業所共同關心的主要贊助考量因素——演出水準部分，其所謂的「水準」，又是如何的被認定呢？在訪談過程中，雖然多數的受訪者並未正面答覆此一問題，但也都承認「口碑」是一必然的考慮因素。其實，良好的口碑能在人們的「印象」中被建立起來，必亦表示此團體肯定是「為眾人所知的」，這也就是說，所謂的「水準」或「口碑」，只不過就是在彰顯某表演藝術團體或藝術家的知名度是高是低而已。不過，在關於這一點上，國泰航空倒是有不同的看法。國泰航空表示，當他們在決定提供贊助時，他們的考量並不完全在於某藝術團體或藝術家的名氣是否響亮，因為，只要該藝術團體或藝術家被判定具有發展的潛力，則一樣能夠得到他們的支持。

再者，國內私人企業對於藝術贊助一事，似乎較缺乏計畫性及前瞻性的概念。因為，根據訪談結果發現，其中僅有裕隆汽車與國泰航空兩企業，在表演藝術活動上，有其特定之預算編列，其餘的公司，則多為視情形而定。此外，大部分之企業，對於贊助藝術活動之觀念，仍舊停留在將其視為公益活動之一的階段。而對於提供贊助之金額部分，雖說在大致上是有個大概的範圍，但是，卻仍稱不上具有一明確的固定額度。這也就是說，仍完全得視與其接洽之申請人或經紀公司，與其自由商議的情形及結果而定。從這些現象上來看，都清楚的顯示了，國內工商企業在選擇贊助對象時，其評量的依據並不成熟。

另再看企業與藝術團體及藝術家，兩者是如何建立起合作關係的問題。我們可以從訪談結果發現，藝術經紀公司在其中，扮演了十分重要的牽線角色。因為，目前國內之私人企業，尚未將藝術顧問納入其正規的營運體制之中。總之，從這點發現，我們不難推論，私人企業對於表演藝術團體在所謂「口碑」（不一定有名，但水準要高）方面的認定，恐怕不得不仰賴於藝術經紀公司的介紹。換句話說，藝術團體與藝術家是否能夠爭取到贊助，大抵得靠著藝術經紀公司的「行銷」手法之高低來決定。

裕隆汽車公關處廖課長，對於上述的這一點即表示，私人企業確有一難以解決的矛盾贊助情結，那就是，私人企業在提供贊助時，必須考慮其所提供的贊助，是否能夠得到大眾的回應。因此，他們通常就必須選擇較具知名度的藝術團體來予以支持。不過，在事實上，較具知名度的藝術團體，由於其本身之名氣及受歡迎的程度亦較高，於是，在尋求贊助的困難度上，與低知名度或冷門的團體相較之下，是比較低的。因此，對於那些需要受到贊助支持的低知名度或冷門藝術團體來說，就反而更得不到大家的支持。但是，私人企業又考慮到，若是將贊助之重點，指向低知名度或冷門的藝術團體身上，則要想得到媒體及大眾的廣大回應是很難的，而這一點，又正與私人企業對於提供贊助時的原始期許之一相違背。

（三）存在於工商企業與政府之間的一些問題

在政府每年的預算經費有限，文化預算雖迭有成長，但仍處相對弱勢的情況之下，政府想要支持栽培所有的藝術團體，確實是一件相當困難的事！而且，就如同我們在前面所曾提出的問題一樣，在已具知名度之團體以及低知名度與冷門的團體之間，政府究竟應如何考量並以何者為補助、輔導之對象？另一個問題是，政府與私人企業之間的互動關係及態度，也是值得我們大家去加以注意的。現今政府對於私人企業贊助藝術活動的態度十分模糊，因為，私人企業願意且能夠提出贊助，對於政府而言，理應是代為減輕了負擔。然而，受訪企業中，便有人對此頗有怨言。部分受訪企業，依其過去的贊助經驗提出，若是私人企業對於政府長期支持之藝術團體，也提出了龐大而長期的贊助，則政府便會表現出，認為私人企業已侵犯了政府的權限而表示不滿。而這樣的態度，也導致了私人企業不願意對於那些長期由政府予以重點支特之團體提供贊助。畢竟，企業提供贊助，多少是為了提高商譽及知名度，所以，如果提供了龐大的贊助金額，卻不能夠得到原本所期待的效果及受到認同，則企業之反應自然會冷淡。而在政府要補助的團體實在太多，在經費上已是相當吃緊的情況下，企業的冷淡反應，將使得藝術團體仍是最終的受害者。針對這個問題，受訪的裕隆汽車最後表示，如果政府能夠有一個中、長期的贊助計畫（如：十或十五年），對於所要贊助及支持的目標，能規劃出一個明確的方向和定位，然後再與私人企業密切協商，以決定出私人企業大概應該在哪些重點上出力協助，並能對於與之配合之企業予以支持及鼓勵，如此去做之後，相信私人企業就會比較樂於對藝術活動及團體提供贊助。

（四）建議

總之，根據調查結果，我們可以知道，較具規模之企業，雖然對於藝術贊助之態度傾向於願意支持，但對於其所提供贊助之對象及原則，則仍停留在較具名氣之藝術團體上。由此可見，私人企業對於藝術贊助一事，雖然都普遍認為是一種「公益活動」或是一種「社會回饋」，但在事實上，卻仍是將其視為一種投資。不過，這種贊助選擇模式，會導致那些已成名之藝術團體，在尋求贊助時，產生左右逢源的錦上添花現象（或至少較不困難），而迫使那些低知名度或處於冷門之弱勢團體，更加的孤立無援。

另在贊助之金額的決定上，亦不難讓人看出，企業對此仍多半停留在「隨心所欲」的贊助基礎上，而沒有一個較為明確的原則。當然，這多少也是因為並非是由企業，主動的向藝術活動表示願意提供贊助，而是被動的等著藝術團體或經紀公司上門來請求贊助。因此，在他們每一年可能會花費在藝術贊助的金額上，這些公司自然是難以詳細的呈現出其藝術贊助預算。

此外，私人企業與政府之間的互動關係，也是在此次調查中，所發現的另一個值得大家去關切的問題。由於今日政府所面臨的問題，乃是出在文化經費有限，而尋求申請補助之個人及藝術團體又太多，所以，政府是絕不可能，去照顧到所有的藝術團體。然而，在面對如此眾多等待補助的個人與藝術團體時，政府究竟應該如何的來分配經費，就成了今日問題的癥結。究竟，政府該不該或能不能對於申請對象們，提出補助的重點方向？同時，若是以那些已經成名的團體為重，那麼，此方向又與私人企業所抱持之立場有何不同？不過，反過來說，政府若是以藝術團體中的弱勢族群為重，則恐怕又容易遭受到「表現好的不獎勵，只獎勵那些沒有表現或看不出表現的」類似質疑。當然，若是政府在文化經費上能夠更為充裕一些，則這方面的問題，也許就可能會減輕一些。但是，在文化上，究竟得要有多少經費才算「充裕」呢？這豈不又是另一個值得商榷的問題。

而有些私人企業在調查過程中，所提出的那些所謂的「政府責任」，例如：國內硬體設施的不足，是否就真的只是政府的責任，則也是一個見仁見智的問題。因為，表演藝術設施的嚴重不足，政府固然是難辭其咎，但這並不表示私人企業「不能」對此加以關注。而且事實證明，在國外就有許多的表演場地，是由私人企業興建提供。而目前在國內，也有若干表演場地，是由私人企業興建。

當然，針對上述的問題，受訪的國內企業多認為，表演場地的興建，之所以超出一個企業「可為」的部分原因，乃是在於：1.企業本身的資金，未能多到足以提供此種「贊助」的程度；以及2.基本觀念問題，因為企業不願為無法獲利或短期內無法獲利之事做「長期投資」。

歸根結柢，多數受訪之企業在提出贊助時的心態，仍多少是停留在「做善事」的階段。他們雖然願意將藝術贊助，視作是一種社會責任，但卻也並非能夠百分之百的認同。當然，在訪談中，我們也確實發現了幾家較具遠見的企業，不過，他們畢竟是企業中的少數。總之，如何使企業界能夠在藝術贊助的觀念上，有更進一步的了解與突破，以及政府如何與私人企業，建立起一個較良好的分工合作關係，以求得較為良性的互動結果，並促使贊助制度得以建立並擴大，應是今日在倡議企業贊助藝術時，所該去思忖的最首要課題。畢竟，正確贊助觀念的建立，是促使我國工商企業，去贊助藝術活動與藝術團體時的一項最基本工作。

時隔十四年後，筆者指導陳碩婷小姐，於民國九十八年八月完成其碩士論文「中小企業主表演藝術贊助行爲之研究」。該篇論文以八位中小企業主做爲研究對象，並意圖透過長期觀察與深度訪談，來了解中小企業主個人的藝術參與經驗，及其贊助或不贊助表演藝術的原因。該篇論文之所以選擇以「中小企業主」做爲研究對象，主要是因爲在回顧國內近二十年來，有關「企業贊助表演藝術」的相關文獻後，可以發現過往的文獻資料，多是以研究「大型企業」與表演藝術團體間的贊助關係或是贊助模式爲取向，結果卻也因爲對象的「規模」問題，而無從使人具體明瞭，「企業主」的贊助決策動機究竟爲何？

結果經由該篇研究發現，受訪的八位中小企業主，皆有定期欣賞藝術活動的習慣（與表演藝術消費者特徵相符），而其欣賞的類型，多偏向於與自身企業領域，或是與自身的學習／生活經驗相關（與筆者之民國八十七年國科會研究計劃結果相符）。至於在參與表演藝術活動的資訊管道方面，則是以得自「網路」爲主（與文化統計結果相符）。

再者，經過深度訪談發現，愈是擁有藝術參與經驗的受訪企業主，愈是抱持著「開放」的態度，來看待表演藝術贊助行爲。透過該研究，也發現企業的「產業類別」，並不會明顯影響企業贊助表演藝術的意願。而在贊助動機方面，該篇研究發現，除了仍具有傳統的「回饋社會」動機外，也有企業主會希望透過贊助，來給予企業內員工觀賞表演藝術的機會。

至於該些未曾贊助過表演藝術的受訪企業主則表示，其未曾贊助表演藝術的原因，並非是肇因於不願贊助，而是因爲不曾有表演藝術團體向其探詢提供贊助的可能性，或是不知道有何管道或對象可以對之提供贊助。最後，該研究也發現，在決定究竟是否要贊助表演藝術活動時，所有的受訪企業主均有著各自不同的評估法則；而對於贊助後較期待獲得何種回饋，企業主也各有其主觀的想法。據此，該研究給予表演藝術團體的建議爲：「增加與企業主的互動以及接觸機會」、「針對不同的企業主擬訂不同的贊助計畫」、「善用網路資源加強宣傳」等（陳碩婷，民98年）。

對於前述「建立正確贊助觀念」的倡議，前財團法人國家文化藝術基金會董事長林曼麗教授，在民國九十二年二月出掌國藝會後，即開始積極透過「國藝之友」、「藝企平臺」、「藝企A&B」等策略，盼能從促進臺灣企業界認識文化藝術開始，來增益對臺灣文化藝術的支持。林曼麗教授在民國九十九年五月二十二日接受「非池中藝術網」專訪時，做了如下的表示：

> 過去國藝會透過政府高官，或者是各式各樣的方式跟企業界募款，可是事實上大家都是不樂之捐。假使一直靠人際關係請人家捐贈，這種捐贈是不會長久的！因為人家賣你面子是一次，沒有兩次、三次。如此企業捐贈變得有限，也完全違反了所謂「藝企合作」的企業贊助的名義及意義。因為其實我們希望可以透過更多的民間參與，製造雙贏，就是說對企業體也好，對藝文的生態發展也好，甚至我們往後談到藝企合作的創意產業區塊，彼此環環相扣。所以我認為，與其去拜託企業捐錢，還不如自己去培養更多的企業體，讓它們能夠接觸、認識、了解，進而喜歡藝術文化，當有了這樣

子的環境之後，那當然它們就會自然而然願意來支持，支持的過程裡面它們本身也可以得到很大的滿足跟享受。我覺得這樣子才是對社會整體而言有意義的事情。

除了企業體得到很大的滿足跟享受的情況之下，它就會更了解藝術文化對人類生存的重要性，那它就更能夠支持，更能永續經營。它就不只是慈善贊助，它甚至是一種複利贊助，甚至最後形成整合型的贊助，同時也是一種新型態的經濟體產生。我在國藝會做的「國藝之友」、「藝企平臺」、「藝企A&B」等所有的策略，其實都是往這個方向推動（http://artemperor.tw/talks/81）。

而除了上述國藝會所做的努力外，行政院文化建設委員會亦自前主委林澄枝任內開始，以運用民間力量，協助推動文化工作為目標，從民國八十七年起，依據「獎勵出資獎助文化藝術事業者辦法」，舉辦「文馨獎」表揚活動，藉以感謝出資贊助文化藝術事業之企業、團體及個人。在此同時，臺北市政府文化局（民國九十一年）以及臺北縣政府文化局（民國九十五年），亦曾先後致力於推動「藝企相投」計劃， 期望結合政府與民間的力量，共同營造優質的文化藝術環境，讓文化藝術環境具有更多元的支持力量。

關鍵詞彙

藝術贊助	藝術中心	城鄉更新	社會教育

自我評量

1.試述你對於西方政府長期以來在藝術上所做之支持與贊助工作的看法與感想。

2.試述你對於西方民間人士長期以來在藝術上所做之支持與贊助工作的看法與感想。

3.試述你對於我國政府與民間人士在藝術上所做之支持與贊助工作的看法與感想。

4.讀完本章之後，你個人是否會樂於成爲一位藝術贊助者？

第五章　文藝宣導與觀眾發展

學習目標

讀完本章內容之後，學習者應能達成下列目標：

1.認識文藝性公共政策及法令傳播行銷規劃的內容。

2.認識文藝性公共政策及法令傳播效益評估的模式。

3.對於觀眾的特性有一基本了解。

4.對於發展與維持觀眾的方式有一初步的認識。

摘要

文藝宣導的目的，乃是爲了將各級政府機關的文藝性公共政策及法令予以有效推展，以求解決某項文藝性的公共問題，或藉之以滿足某項文藝性的公眾需求。具體而言，文藝宣導的主要工作，可被列舉爲以下四項：(1)宣導政府的文藝性公共政策及法令；(2)向大眾宣導公共性的文化藝術活動；(3)促進社會各階層對於文化藝術的支持與重視；以及(4)促成政府與民間在文化與藝術問題上的雙向溝通。

再者，由於觀眾在任何的文藝活動中，都扮演著一個至爲關鍵的角色，因此，對於負責推展文藝活動的人來說，該如何的去發展以及維持觀眾，將永遠都是一項最爲重大的挑戰，而透過了解觀眾的習性與認識觀眾的背景。將可幫助文藝推展人員能夠較爲準確的掌握目標觀眾的所在。

第一節　政府「文藝性公共政策及法令」傳播行銷規劃及效益評估模式介紹

效果不彰的政令宣導，不但有可能會大幅度的浪費國家珍貴資源、衍生社會動盪抗爭局面，導致社會成本的提升及政經社會危機，亦有可能會促使民眾對於政府施政的能力與績效，產生極爲負面的評價與觀感。以核電政策、高速鐵路、全民健保等，這些頗具爭議性的法案爲例，曾因爲宣導規劃不佳，而使得它們在推動之初，不但無法激起民眾的支持，反使社會付出極其龐大的抗爭成本。根據行政院研究考核委員會於民國八十五年四月二十六日，所發布的民意調查結果顯示，當時的民眾對於中央政府施政的滿意程度僅有三成，遠低於省、市政府所獲得的五成三滿意度，對於這樣的結果，相信也是由於政令宣導規劃不佳的原因所導致。

有鑑於此，當我國政府文化行政單位，在面對諸如：「社區總體營造」、「文化政策白皮書」、「文化藝術租稅優惠」、「公共藝術」、「文化建設基金」、「充實創作展演環境」、「扶植文化藝術事業」、「地方文化館」、「文化創意產業」等重大「政府文化行政理念行銷課題」時，就應該特別注意，政府文化行政單位在公共性文化事務與政策的議題上，除了要規劃出卓越的整體性行動計畫之外，同時也應該要積極的去從事專業的「政策傳播行銷」，以爭取民眾的了解、認同、支持，和化卻阻力爲助力，從而達成最佳的施政績效。筆者相信，這也就是爲什麼，行政院新聞局會自民國八十四年起，即忠告行政院所屬各部會，應進行「積極性文宣」的最主的要理由。

一、何謂文藝性公共政策及法令

一般而言，公共政策及法令所指的是，各級政府機關在爲解決某項公共問題或滿足某項公眾需求時，決定作爲或不作爲，以及如何作爲的相關活動。公共政策及法令係由政府機關所制定，而政府機關通常會以法律、行政命令、規章、計畫、方案、細則、公共服務以及公共產品等各種相關方式，來揭櫫公共政策及法令的內涵。由於公共政策及法令有其層級性，因此，上至中央政府的國防外交政策、省（市）、縣（市）政府的施政計畫，下至鄉、鎮公所的年度工作計畫等，都算是公共政策及法令的一部分。此外，又由於公共政策及法令所涵括的面向相當廣泛，因此，舉凡國防、外交、內政、教育、文化、經濟、農林、環保、衛生、醫療等，都是制定公共政策及法令的範圍。由是之故，所謂的文藝性公共政策及法令，就是指政府機關在爲解決某項文藝性公共問題或滿足某項文藝性公眾需求時，決定作爲或不作爲，以及如何作爲的相關活動。

二、何謂傳播

「誰（傳播者）對誰（接收者），經由了什麼樣的管道（傳播管道），說了些什麼（傳播訊息），並且達到了什樣的效果（傳播效果）？」是著名傳播學者拉斯威爾（Harold Lasswell）對於「傳播」二字所做的精闢說明。前列所稱傳播者、接收者、傳播管道、傳播訊息以及傳播效果，外加傳播情境與回饋動作二項，即爲所謂的傳播要素。

（一）何謂傳播情境（Context）

傳播情境乃是指傳播之所以會產生的情境，也就是，在什麼樣的情況下，會使得傳播者感覺到有溝通的必要，或是產生出想要溝通的意願。例如：某文化行政機關，發現古蹟被破壞的情形日趨嚴重，或是察覺某項傳統藝術有逐漸失傳的情形，而對大眾進行文化延續的呼籲時；亦或在心臟與血管疾病發生比率陡升的情況下，某衛生機關覺得有進一步對民眾宣導生理保健之必要時；或者，某基金會有鑑於青少年吸菸比率日增，乃請廣告公司設計有關吸菸有害人體的公益廣告等，均屬傳播情境的一種。簡言之，傳播情境是一種人們感覺到有溝通需求的情境。

（二）何謂傳播者（Communicator, Source, or Sender）

所謂傳播者，即指於傳播情境下進行傳播或溝通的人。在此，我們通常是將帶頭開始或促使溝通進行的人，也就是訊息的傳送者，定義爲傳播者。

（三）何謂傳播管道（Channel, or Media）

所謂傳播管道，乃是指傳播者究竟是以什麼樣的管道或媒介傳達訊息。這些管道可能是面對面的溝通，也可能是透過大眾傳播媒體、電話、傳眞，甚至電腦網路方式進行。行銷規劃人員們，應選擇適切的傳播管道傳遞訊息。當然，如果有可能的話，實應儘可能的利用多種管道，向目標公眾傳遞暨強調特定訊息。而除了文字訊息之外，行銷規劃人員們，也應明瞭如何利用照片、圖片、影片、繪畫等非語言性傳播管道，以增添文字訊息的趣味性。在選擇傳播管道時，更要懂得依據傳播管道的特性，比如：文字媒體適合議題報導與深入報導，影視媒體適合夾配有圖像、生動的畫面內容，做同步呈現，而著重純聽覺的傳播管道，則其訊息內容必須簡明扼要。

（四）何謂傳播訊息（Message）

所謂傳播訊息，是指傳播者所傳播的實際內容，例如：所說的話、廣告的內容、媒體的內容等。簡言之，訊息是指傳播者究竟說了些什麼。至於訊息的呈現方式（也可以說是管道）有可能是以文字的以及非文字的方式去加以處理。所以，諸如：圖像、顏色，甚至於手勢等，均可被加以選擇應用。

（五）何謂接收者（Receiver or Audience）

所謂接收者，是指傳播者所意欲溝通、傳送訊息的對象。事實上，在傳播過程中，接收者並非一直處於被動接收訊息的地位。因爲，當接收者對傳播者有所回應時，接收者其實已相對地成爲了傳播者。而這就又涉及了另一個傳播要素：回饋（Feedback）。

（六）何謂傳播效果（Effect）

所謂傳播效果，是指因傳播所產生的影響或結果。有時傳播效果正如傳播者所期望的，但有時，卻不一定能夠符合傳播者之所願。

（七）何謂回饋（Feedback）

所謂回饋，是指接收訊息者對傳播者所做出的回應。當接收者回饋訊息給傳播者時，傳播者亦可能再做出回饋。因此，傳播過程可以說是一個不斷流動且傳播角色可以經常互易的過程。

三、何謂行銷規劃

當行銷規劃的目的，是在處理商業性事務時，它是指在妥切的地點，透過正確的促銷方式，使價位合宜且適用的產品，能夠因爲讓消費者了解到該產品所具備的優點，而對其產生接受的行爲，即是商業性行銷規劃的目的。而在進行公共性行銷規劃時，雖也是透過類似的步驟在進行，不過它的目的性可不同。對於文藝性公共事務而言，之所以要引用行銷規劃觀念的原因，主要在於完成下列各項目的：

1.宣導政府的文藝性公共政策及法令。

2.向大衆宣導公共性的文化藝術活動。

3.促進社會各階層對於文化藝術的支持與重視。

4.促成政府與民間在文化與藝術問題上的雙向溝通。

當然，在進行正式的公共性行銷規劃之前，規劃人員也必須要先對於標的環境或一般環境施予評估、調查標的民衆或一般民衆的態度、決定行銷內容是否有加以調整改變的需要、分析利弊得失，並對行銷內容進行民衆接受度的預試，也就是說，要等到完成了行銷背景的研究之後，才能夠眞正開始展開規劃的動作。

一般而言，行銷規劃可以用下列的九項程序，表示出其規劃流程。它們分別是：1.確定問題；2.內、外部SWOT（Strength優勢、Weakness弱勢、Opportunity機會點、Threats威脅點）形勢分析；3.方案目標選訂；4.標的公衆選訂；5.方案實施策略擬訂；6.溝通策略擬訂；7.方案評比；8.方案執行之細部規劃（任務分派、時間流程、預算編製）；9.回饋動作與方案調整。

在完成了行銷規劃的工作之後，即該繼續針對行銷的成效進行分析、評估。

四、何謂效益評估

效能性、效率性、充分性、回應性與適當性，是進行效益評估時的六項重要指標。這六項指標不但可以協助確認行銷的結果，是否符合甚或超越在進行規劃工作時，所預期達成的目標及出現的效果，並也可同時檢視種種珍貴的資源，是否曾在行銷的過程中，受到最佳及最妥善的運用。

（一）效能性（Effectiveness）

所謂效能性乃是指，某政策及法令經行銷規劃後所達成的預期結果或影響的程度。亦即，將實際達成者與原訂的預期水準相比，以了解政策及法令於執行後，是否已產生所期望的結果或影響。效能所指涉的意涵，並非政策及法令是否按原訂計畫執行，而是政策及法令在執行後，是否對環境產生期望的結果或影響。

不過，應注意的是，雖然效能性標準，常只衡量目標的達成程度，但一項較完整的效益評估工作，確實應將所有除了目標影響之外的影響因素，也加以考量並予以評估。其理由是，目標取向的影響因素只不過是該政策及法令所具有的整體影響層面中的一部分而已。所以，魏納（P. Weiner）與狄克（E. Deak）說：就其政策對其環境影響做完整的效能分析，必須同時考慮其次級的、未期望的、外在的、反生產性的影響，與期望的、目標取向的影響。

（二）效率性（Efficiency）

所謂效率性是指，政策及法令產出與其所使用之成本間的關係，通常以每單位成本所產生的價值最大化，或每單位產品所需成本的最小化爲評估基礎。效率較看重於以較佳方法，執行政策及法令，而非看重於以有效的途徑來達成目標。不過二者並不必然毫不相干，因爲，有時某一途徑可能既有效率（Efficient）又有效果（Effective）。

效率可進一步地被區分成兩類，技藝性效率（Technological Efficiency）與經濟性效率（Economic Efficiency）。前者指以最少努力或成本，完成某項活動或產品，亦即在成本受限之下，致力尋求在政策及法令上，所期望影響的最大化。而後者是指政策整體成本與整體利益之間的關係，包括間接成本與其他所有的影響在內，亦即著重於針對資源做分配及使用，並使人民因此獲得最大的滿足。

（三）充分性（Adequacy）

所謂充分性是指，政策及法令目標於達成之後，對於某項問題予以消除的程度。雖然，有時政策及法令目標的設定，是爲了消除某個整體問題，但由於在政策及法令執行過程中的各種因素限制，而可能會致使政策及法令於執行之後，讓預期目標被迫減縮成一小部分，或是對問題只能做局部的解決。如此，則政策及法令，並未能充分的解決整體問題或滿足公眾的需求。所以，若以充分性爲效益評估標準之一，則可具體的衡量，政策及法令對於某項問題所產生期望影響的程度。

（四）公正性（Equity）

所謂公正性乃是指，政策及法令於執行之後，所導致與該政策及法令有關的諸如——社會資源、利益，及成本公平分配的程度。一項公正的政策及法令，乃是一項具有公平合理影響性或致力於公平合理分配的政策及法令。此類政策及法令，若以文化性的角度來做思考，則包括了文化藝術經費補助的分配、民眾參與藝文活動的機會，或區域性公共文化資源分布等。由於，某一政策及法令，也許符合效能、效率，以及充分等評估標準，但若是因爲它會造成不公平的成本和利益分配，則該政策及法令就不能算是成功。

當然，公正標準與社會上如何適當公平的分配資源息息相關。此種「分配公正」（Distributive Justice）的問題，自古希臘時代以來，就一直被廣泛地討論著。事實上，由於每個人與每個團體均有其不同的需求，是以，任何一項政策及法令，均難以完全滿足每個人或每個團體，所以，只能以謀求社會的福利最大化爲依歸。而其做法有下列四種：

1.使個人的福利最大化（Maximize Individual Welfare）：即使所有的人所獲福利都最大化。
2.保障最少量的福利（Protect Minimum Welfare）：即增加某些人的福利，但使情況最壞者能獲得基本數量福利的保障。
3.使淨福利最大化（Maximize Net Welfare）：即增加社會的淨福利，但假設其所獲利益可用以補償遭受損失者。
4.使再分配的福利最大化（Maximize Redistributive Welfare）：即使社會中的某些特定團體，如文化弱勢者、實驗藝術團體、低收入文藝工作者等，其所獲再分配的福利能夠最大化。

總言之，凡是政策及法令，能達到以上四種結果之一者，即符合公正的效益評估標準。

（五）回應性（Responsiveness）

所謂回應性是指，政策及法令執行結果滿足標的團體需求、偏好，或價值的程度。此項標準甚爲重要，因爲，某一政策及法令也許符合其他所有的標準，如效能性、效率性、充分性以及公正性等，但因未能回應受此政策影響的標的團體的需求，故仍會被評估爲一失敗的政策及法令。例如：一項全民娛樂政策，雖然可使娛樂設施做公正的使用分配，但因無法回應特殊標的團體（如老年人）的需求，被認爲是失敗的政策。

（六）適當性（Appropriateness）

所謂適當性是指，政策及法令目標的價值如何、對社會是否合適，以及這些目標所根據的假設的穩當性（Tenability）如何。當其他標準，均將「目標」視為理所當然可以接受時，唯獨具有適當性的標準會問：是否這些目標就社會而言是恰當的？如果政策及法令的目標不恰當，即使政策及法令執行結果達到效能性、效率性、充分性、公正性，以及回應性的標準要求，也仍舊會被認定是失敗的政策。所以，適當性的標準應優先於其他的效益評估標準。

總之，依照波依斯特（T. H. Poister）的看法，以上所舉述的六項效益評估標準，是有其層次性的。最重要者為適當性，再依次為回應性、公正性、經濟的效率、效能性，以及技藝的效率、充分性。同時，當實際應用於效益評估工作時，前四者不易於被量化，而後三者較易於被量化。

五、行銷規劃之進行模式

（一）執行綱要

在某政策或法令之行銷方案執行之前，必須要有一行銷方案執行綱要，以藉之簡述其方案執行的目的、所使用的方法，和所預期達到的結果等，以使得方案執行人員、具影響力的個人或團體，以及受惠者皆得以迅速的掌握住某方案的精華之所在，包括：標的人口的背景特質、生活型態和標的人口對某特定議題的興趣、態度、行銷方案的內容、替代方案的內容，以及環境偵測的簡報等。

（二）環境偵測

行銷規劃人員必須要針對社會、經濟、政治、技術，及環境等各方面的現狀，以及某一政策或法令，對於上述各關鍵元素，所可能會造成的影響，詳加記錄與觀察，以做爲規劃行銷方案的基礎。

（三）機會與威脅

行銷規劃人員在針對各方面的現狀，進行環境偵測的情境分析時，也應同時去發現，與某一政策或法令相關的機會與威脅究竟爲何。機會通常與優點或長處有關，而威脅又常指的是缺點或短處……等不利因素。總之，規劃人員在進行行銷方案規劃時，應具有增加機會，減少威脅的基本認知。

（四）目的

目的係指特定、精確、可被執行，且可被測量的具體陳述。每個政策或法令行銷方案，都必須擬定目的，而目的之總和，即爲方案企劃的整體目標。此亦即表示，「目的」乃是依據「目標」發展而來。行銷規劃人員在擬定目的時，必須顧及到目的是否明確、是否可行，以及效果是否可被測量等問題。同時，行銷規劃人員也必須要明確了解行銷方案，究竟希望會對標的人口造成何種影響？而方案內容究竟是僅要達到告知的目的？還是企圖要改變大眾的態度和行爲？

（五）策略

策略爲解決某個或某些問題，以達成某個或某些個行銷目的的方法。換言之，「策略」必須根據目標來擬訂。一般而言，策略形成的過程爲訊息蒐集、策略擬定、策略選定，以及策略評估。基本上，以策略做爲解決某個或某些個問題的方法，乃是在於著重考量目標與環境因素的相互配合。在此同時，策略的產出與選擇的過程，也應該是經歷過理性的衡量與分析比較的。

（六）行動計畫

在問題陳述、目的擬訂、目標公眾完成界定、訊息完成設計、媒體管道經過確定之後，行銷規劃人員，即該著手明訂實施細部計畫的規則，包括：日期、人員配置、時間，以及工作流程……等，以得以進入具體執行的行動計畫作業程序。維克思等學者（Wilcox, et al）在《公共關係：策略與戰術》一書中曾指出，只有在擁有充足的準備時間、有效率的行政資源，以及受過良好訓練的人員的情況下，才得以有效的執行行銷計畫。維克思等學者認爲，行銷計畫若要得以有效執行，公關人員必須懂得採取下列各種行動：

1.製作計畫活動的行事曆，並定期檢查進度。

2.寫妥文字資料與企劃書。

3.取得管理階層對企劃資料的核准。

4.寫妥所要發表的演講稿。

5.訓練演說者，並向他們徹底簡報各種情況。

6.安排會議日期和地點，並安排演講人。

7.和各文字傳媒編輯接洽，並安排在報紙與雜誌上刊出新聞報導與特別報導。

8.安排代表參加電臺和電視臺的節目。

9.發出記者會和各種會議的邀請函。

（七）預算與控制

行銷規劃活動由於經常需要耗費許多時間在擬定計畫、撰寫文稿等工作上，因此，時間安排的適當與否，對於行銷規劃能否成功，著實成爲一重要關鍵。因爲行銷計畫經常包含一些外表看似簡單，實際關聯頗大或牽涉頗廣的項目，而這些項目的實施，往往又可將規劃案延擱數週，甚或數月之久。因此，在規劃案獲得批准之前，行銷規劃人員必須確定時間的分配是否確實，並評估時間與金錢的投資是否值得，確實是十分的值得。總之，有鑑於此項工作的重要性，我國學者崔寶瑛等人建議，至少應該預留百分之二十五的時間，以應付臨時發生或須緊急處理的事件。

由於一項計畫需要花費多少時間，完全取決於規劃案的目標與性質。所以在制定策略與計畫時，時間當然是一個需要被考慮的重要因素。雖然有些計畫可以盡力快速的推動，並在相當短的時間內完成。但是，當行銷規劃的目標，是要改善某單位組織的不良形象，或是要培養大眾接受一項新的觀念時，即可能需要一段較長的工作時間來達到它的目的。總之，行銷規劃人員可以定時評估行銷規劃的進度，以控制工作進度。同時，行銷規劃人員也應擬訂工作時間表，並將每項工作的開始與完成之日期，明列在計畫活動期間之內。

當然，除了擬訂工作時間表之外，行銷規劃人員也應將行銷規劃的活動花費確實列出。在擬訂經費預算時，除了應爲個別的行動計畫編製預算外，對於整體行銷規劃策略方案，亦應於事前將其預算製定完成。所謂的預算擬訂必須包括郵資、打字費、辦公用品、電話費、交通費、小冊子、印刷費、展覽活動費，以及其他特定活動經費（如調查計畫、記者招待會）等。此外，在擬訂預算時，也應預先撥出大約百分之十的預算，以備緊急之用。

六、效益評估模式

基本上，效益評估模式可以採下列四種方式去進行評估：

（一）影響性評估

影響性評估指的是，當某個政策或法令行銷方案於執行之後，對於標的人口所產生的某種有形或無形、預期或非預期的影響。例如：提高標的人口對於某政策或法令的接受程度、增加標的人口對於某政策或法令的安全感及了解程度等。更詳細的說，所謂影響性評估是指，去研究某一政策或法令之行銷方案，造成標的人口或標的事務向期望方向改變的程度如何，這其中包括了：對目標做操作性的界定、對行銷方案成功的標準予以確定，以及對達成目標的情況予以衡量等。而此處所謂的影響，乃涉及有形與無形、預期與非預期的實際態度或行爲的改變情況。

（二）緣由性評估

緣由性評估是指，於確認某一政策或法令行銷方案的執行標的結果後，去發掘出造成這些結果的眞實緣由。在一般情況下，如果方案的執行過程有受到嚴謹的控制，那麼，其所產生的結果，也就應如所預期般的呈現。然而，在人爲操控的情況下，誤差的產生也並不是沒有可能。因此，緣由性評估，就在於發現那些造成產出結果的眞正原因。通常，緣由性評估可用實驗法、準實驗法，或前後因素分析法去進行評量。

（三）過程性評估

過程性評估是指，對於某一政策或法令行銷方案加以確認的整個過程，亦即是，對於政策或法令行銷方案的規劃過程與執行過程，進行評估的意思。藉此評估，可幫助我們了解，是否眞正找出了行銷問題的癥結所在，是否曾正確界定問題，以避免落入「以正確方法，解決錯誤問題的陷阱」。此外，對於規劃過程進行評估，亦可藉以了解相關的單位及人員，是否均參與了某一政策或法令行銷方案的規劃？主要的相關因素是否均被列入考慮？所有相關資料是否已蒐集齊全？以及決策方式是否不盡妥當？再者，對於執行過程進行評估，也可促使我們了解，執行機關、人員、經費、程序、方法，以及技術等各層面，是否已安排妥當？是否有配合無間？

（四）倫理性評估

由於任何一個政策或法令的行銷方案，都有可能會造成某些「非預期性」的影響或結果，而且即使是達成了「預期性」的影響或結果，也可能會衍生出若干的「副作用」。因此，倫理性評估就在於協助行銷方案執行人員，去對於「是否在某一政策或法令行銷方案的執行過程中，用對了合於倫理的方法，並達成了合於倫理的結果」的問題，進行自我檢視。

總而言之，行銷規劃的目的，乃是在於釐清政策或法令行銷問題之所在、確定行銷目標，並預訂行銷所欲達成的效果。而行銷規劃的功能，在於提供具體而完整的行動藍圖、明訂實現目標的系列行動、工作範圍與性質內容，以協助行銷規劃人員，對於執行某項政策或法令行銷所需之人力、資金、時間，以及其他資源，做整體且妥善的配置。

再者，除了行銷規劃工作之外，行銷規劃人員，在針對某政策或法令擬訂行銷計畫時，也必須要制定出「效益評估」項目，以了解某行銷計畫執行的成敗。當然，「效益評估」之評估標準的擬訂，必須是實際而且詳盡的。而就在效益評估的標準獲得訂定之後，行銷規劃人員更應該確實的針對每一個行銷的目的與整體目標進行評估。

第二節　觀眾發展

一、何謂觀眾

由表演藝術的角度來看，所謂的「觀眾」，指的就是那些觀賞表演藝術演出的人。由於每一位表演藝術家以及每一個表演藝術團體，其願意耗盡心血、賣力演出的目的，不過就是爲了要讓觀眾分享他們的創作，以及希望觀眾能夠集中注意力與鑑賞力，來評斷出他們的創作價值，因此，觀眾遂成爲表演藝術活動的必備元素之一。此外，觀眾也不只是花錢來觀賞表演藝術活動，或是幫忙締造票房以及增加演出者收入的工具而已。因爲，觀眾可以從觀賞表演藝術活動的過程中，獲得在日常生活裡所可能無法接觸的人生體驗，或是重溫類似的感受，所以，觀眾對演出者的情緒回饋與反應，對於表演藝術活動來說，是一個極爲重要且不可缺少的因素。

然而，觀眾究竟是如何成爲表演藝術活動的參與者之一呢？其答案就在於，表演藝術活動並不是表演藝術家關起門來的單獨創作與呈現，因爲演出者在進行演出時．他需要得到觀眾的「同時性」之回饋與反應。也就是說，表演藝術活動在進行時，其實就是一種演出者與觀眾之間，一起進行的溝通活動，所以，表演藝術活動必須要有觀眾的存在才得以成立。

不過，觀眾雖是一個群體，但是這個群體，卻包含了各式各樣，不同教育背景、家庭、社會階層的社會組成分子。同時，也由於每一個觀眾參與表演藝術活動的目的不盡然相同，所以，觀眾也會有不同的類型存在。一般而論，觀眾通常會被區分爲以下三種類型：

（一）逃避現實型

此種具有逃避現實傾向的觀眾，其觀看表演藝術活動的目的，就是爲了逃避日常生活上的責任與問題，而他們參與表演藝術活動的唯一目的，就是爲了消遣。

（二）道德型

此類型觀眾，認爲表演藝術活動必須要具有提升心靈、教訓，以及道德的功能。

（三）藝術型

這種抱持純藝術論點的觀眾，相當厭惡表演藝術的票房紀錄，並把所有受觀眾青睞的表演藝術，看成是「表演事業」。他們認爲，表演藝術應只屬於某一特定的精英族群，而這個現象所產生的暗示是，所有只要是受到觀眾歡迎的表演藝術，都是粗糙與不眞實的作品。

二、哪些人是觀眾

既然觀眾對於表演藝術來說是如此的重要，那麼，究竟哪些人可能是觀眾呢？這也就是指，身爲一個觀眾，他在性別、年齡、教育程度、職業、薪資、種族、收入等各方面，可能會具備什麼樣的特質呢？以下，就讓我們以一項來自美國的表演藝術與博物館觀眾調查統計資料（Audience Studies of Performing Arts and Museums），來做這一方面的討論與介紹：

（一）性別

一般在提到藝術活動之時，似乎會給人一種，藝術是較偏屬於由女性所參加的活動，可是，若就參與藝術活動的總人數來看，則會發現，女性比男性的參與人數，只不過略高了若干個百分點而已。以表演藝術活動爲例：女性參與活動的比例爲百分之五十四、男性爲百分之四十六，所以其間的差距並不太大。當然，我們若是從表演藝術演出的內容屬性來做區分，則或許會發現，像芭蕾舞這種比較傾向於陰柔性質的演出，女性的參與比例就會偏高；而一些比較攸關於科學或歷史性質的演出，則該些活動就會吸引較多的男性參與。所以，雖然在參與藝術活動的總人數上，不至於有過大的差距，但是，觀眾的性別比例還是會因爲表演藝術的內容性質不同，而產生出明顯的差異。

（二）年齡層

參與表演藝術活動的平均年齡爲三十五歲，但這只不過是一個基本平均數而已。因爲，表演藝術類型的不同，會有不同平均年齡的現象產生。例如歌劇及古典音樂的觀眾年齡層，就會高於戲劇以及舞蹈的觀眾。而除了演出類型會造成年齡分布的變化外，其他諸如：季節以及演出時間等，也會對於觀眾的年齡層有所影響。例如：夏天時的觀眾，其年齡層的分布會比較低。因爲，這跟學校放暑假有非常直接的關係；此外，中壯年的觀眾，會比較偏好週末以及晚上的演出活動，而年紀稍長者，則會比較偏好於下午演出的戲劇或音樂活動。

（三）教育程度

教育程度對於觀眾在參與表演藝術的比例上，也具有極大程度的影響力。若是學校有提供表演藝術方面的教育訓練課程，則在這樣的環境條件下，一個人會比較有機會去參與表演藝術活動，也會被鼓勵去參與表演藝術活動。此外，家庭教育與生活習慣也會影響一個人在接觸表演藝術活動上的多寡程度。因爲，如果家庭中的父母常參與表演藝術活動，那麼，他們的小孩在參與表演藝術活動的比例上，也會高於其他家庭的小孩。在此同時，雖然觀眾在基本上是來自社會的各個階層，但是，參與表演藝術活動觀衆的平均教育程度卻是偏高的。就以成人觀衆的參與比例來說，其中百分之三十的觀衆有研究所學歷，百分之五十四的觀衆有大學學歷，但這兩組人口在實際上，卻僅占了美國成人總數的百分之十四而已；另外，在表演藝術觀衆中，又僅有百分之二十二的觀衆未受完高中教育，百分之五的觀衆未受完國中教育，而這兩項人口，卻又占了美國成人總數的百分之三十八（以上統計不含非成人的人口）。再者，不同教育程度的觀衆，在不同表演藝術類型的參與程度上也會有所不同，例如：觀賞芭蕾舞蹈的觀衆，其平均教育程度即高於觀賞戲劇演出的觀衆。

（四）職業

不同職業的人士，在參與表演藝術的程度上也會有所差異。譬如擁有專業性職業的人口，其參與程度就會比藍領階級或工人階級者來得高。數據顯示，有百分之五十六的觀衆，是受僱於企業集團，而僅僅只有百分之十五的觀衆，是從事於勞力工作。此外，如果從職業的位階上來看，管理者比被管理者在參與比例上，也要來得爲高。再者，簿記工作者、業務員，以及家庭主婦們，則是因爲按照個人的喜好來參與表演藝術活動，所以在活動與活動之間，會有極大的差異產生。另外，學生參與表演藝術活動的比例是偏高的，而退休和無業者在參與表演藝術的比例上是較低的。

（五）收入

雖然收入的高低和參與表演藝術次數的多寡有關，但是，卻並不一定就成正比，至少，它並不如教育程度和職業那般，具有絕對的正比關係。不過，雖說收入比較不能夠被用來做爲評判某些人是否參與表演藝術活動的指標，但大體而論，家庭年收入較高者，的確是會比那些家庭年收入低者，在參與表演藝術活動的比例上多出一些，只不過，那並非是一個絕對性的數字。

（六）種族

雖然很少有人在做表演藝術觀眾調查時，會進行和種族相關的研究，不過，這當然也是一個可以被加以研究的項目。

總之，美國的這份調查研究充分的顯示出，凡是會參與表演藝術活動的觀眾，他們通常擁有較高的教育程度、收入，以及社會地位。此外，在所有觀眾中，凡是參與表演藝術活動頻率較高者，他的教育程度、收入，和社會地位，也是會比那些參與表演藝術活動頻率較低的觀眾要來得高些。而那些在父母的教育程度、收入，以及社會地位較高的家庭中，所培養出來的下一代，自然也會有較高的頻率去參與。

綜合而言，根據以上這份美國對於表演藝術與博物館觀眾的調查統計，我們便可以對於表演藝術觀眾的來源做一個掌握。而在知道了他們的性別、年齡層、教育程度、職業、薪資收入，以及種族等背景之後，我們可以了解，參與表演藝術的觀眾大多來自何方，以及不參與的觀眾們究竟是隱藏在哪裡。然後，在對於觀眾的組合模式有了一個基本的認識之後，表演藝術工作者或政府相關機構就可以據此進行維持或發展觀眾的工作。

三、該如何地發展觀眾

由於觀眾在表演藝術活動中，扮演著十分重要的角色。因此，對於表演藝術行政人員來說，不論是何種表演藝術活動，該如何進行觀眾發展的工作，將永遠都是一項重大的挑戰，而且其重要性，也不次於表演藝術活動的本身。因此，不論在何時何地，表演藝術行政人員都必須去開發他們的觀眾，他們必須盡一切的可能，去發掘表演藝術觀眾的來源，並引領他們進入表演藝術活動的領域之中。

（一）了解觀眾需求

對於該如何發展觀眾這個問題，我們首先必須站在觀眾的角度來想：如果我是觀眾，爲什麼要去觀賞？因爲，唯有在了解觀眾對於藝術和文化的需求之後，我們才可能討論到觀眾開發的問題。而在對於觀眾的需求完全了解後，我們還得要繼續去探索過往演出活動的觀眾群在哪裡，以及在未來有可能會出現的觀眾現處於何方等問題後，才能進入觀眾開發工作的第一步。

對不同的人來說，每一個人都可能會有其選擇參與或不參與藝術活動的主要原因，因此，我們就必須先得將觀眾分類，以建立一個判斷觀眾選擇或不選擇參與藝術活動的評估準則。美國曾完成一份有關於觀眾開發的研究報告（Audience Development: An Examination of Selected Analysis and Prediction Techniques Applied to Symphony and Theatre Attendance in Four Southern Cities），研究人員在這份報告中指出，若想要推廣表演藝術同時增加觀眾的數量，則必須：1.要了解市場行銷技巧；2.要預測潛在觀眾在哪裡並加以開發；3.要了解爲什麼有些人是表演藝術的參與者，而有些人不是的原因爲何；4.要使那些不參與或甚少參與表演藝術的人，變成時常參與表演藝術活動的觀眾。而爲了要開發表演藝術觀眾，我們也要了解：1.民眾對於表演藝術的看法與態度；2.民眾的休閒以及生活方式；3.民眾的社會經濟背景等；以及4.那些時常參與表演藝術活動之觀眾的背景。

在上述所提及的，必須對於未來的觀眾加以預測的理由乃在於，要去發現未來觀眾的行爲與特質，以幫助我們掌握他們的蹤跡。我們必須要去參考過往的觀眾背景資料，以預測民眾們在面對不同的表演藝術活動時，所可能會出現的選擇情況。前項的研究報告曾經指出，教育程度、職業與收入，影響一個人參與表演藝術活動的意願甚大；而性別、年齡等因素，只具有較小的影響力。除此之外，我們還要區分並觀察觀眾的生活型態，藉以了解具有哪些生活特質的人士是較常參與者，而哪些又是較不常參與者。如此去做，就可以幫助我們掌握未來觀眾的方向，並對市場行銷和票房提升的目標，做下確切的範圍界定。

（二）了解觀眾的行為類別

其次，由於觀眾就等於是表演藝術活動的消費者，所以，對於觀眾的行爲進行預測，也等於就是對於消費者的行爲進行預測。一般，我們會將觀眾的行爲區分爲以下三大類：1.這些觀眾平常參與活動（Activities）的概況（如參觀展覽、露營等）；2.觀眾平常的興趣與喜好（Interests）所在（如喜歡美食、旅行等）；3.觀眾對於藝術活動的意見與看法（Opinion）。而這三大類被統稱爲AIO（Activity/Interest/Opinion）的研究資料，又依觀眾的日常休閒活動內容，將觀眾區隔成以下的六種類型：

1.被動的安家型（Passive Homebody）

這種類型的人，比較傾向於以傳統的家庭活動，爲其主要的生活內容。如他們通常選擇在家裡用餐、看電視；不喜歡在家裡招待客人，也不喜歡表演藝術活動。

2.熱愛運動型（Active Sports Enthusiast）

這類型的人和前一項安家型的人正好完全相反。他們酷愛戶外運動，不喜歡整天待在家中看電視。不過，這類型的人，對於表演藝術活動也並不很熱中。

3.內斂、自我滿足型（Inner-directed, Self-sufficient）

這個類型的人，偏好與家人共同從事園藝、健行、野餐等群體活動。而這類型的休閒活動，也幾乎占掉他們的所有休閒時間。可是，他們對於表演藝術活動，抱持著比較中性的參與原則，他們不會積極的參與，但是也絕不會消極的否定。

4.文藝活動支持型（Culture Patron）

這個類型的觀眾，可以說是最值得被開發的對象。他們喜愛藝術活動，而比較少將時間花在以看電視為主的娛樂項目上。

5.積極的安家型（Active Homebody）

這個類型的觀眾，雖然也喜歡全家人可以一起做的活動，如打高爾夫球或園藝，但是，他們對於參與表演藝術活動一事，比內斂、自我滿足型的觀眾更不積極，也很少將時間花在閱讀活動上。

6.社交活動型（Socially Active）

這類型人的休閒活動，需要付出較高的花費。如參加派對、吃館子、參加俱樂部活動等。雖然這類型的人，對於表演藝術活動很有感覺，身旁也有很多時常參與表演藝術活動的朋友，不過，他們卻會因為忙於參與其他活動，而無法時常的參加表演藝術活動。

從以上這六種觀眾的基本類型看來，那些時常參與藝術活動與社交活動的人，概可被歸類為，是較易於被開發的核心觀眾群。而其他如被動安家型、熱愛運動型，以及積極安家型的觀眾，則屬於離心觀眾群，並不容易被加以發展。另外至於內斂、自我滿足型的觀眾，由於他們對於參與表演藝術活動的態度是可有可無，所以，若對其加以開發，則可以將其從游離觀眾群，轉而發展成為核心觀眾群。

而除了從觀眾的日常休閒活動內容中，去做觀眾類型的基本分類之外，我們也可以從觀眾的日常生活態度上，來判別觀眾的類型。以下所列各項，就是依照觀眾的日常生活態度，所做的類型區分：

1.傳統型

此類型的觀眾不太能適應變遷過於快速的社會情境，他們寧可選擇以舊有的傳統為其價值判斷的標準。所以，無論是男性還是女性，都是以家庭生活爲重心的安家型人物。他們對於安全感的訴求較大，且不願意讓生活有過大的改變。

2.樂觀進取型

此類型的觀眾喜歡那些能夠吸引自己的事物，也相當的熱愛美食，因此，他們常常喜歡改變自己的生活模式。他們也許會希望能夠在巴黎或倫敦待上一整年，以體驗異國風情。總之，他們樂於嘗試新事物，且相信成功就在未來的路上。

3.失敗主義型

這類型的觀眾認爲事情是不會好轉的，他們對於自己目前的生活也是無能掌控。他們認爲就算有機會來臨，生活也不會有所改變。他們喜歡沈緬於過去的時光，但卻對現有的生活，抱持著得過且過、恐懼未來的心態。

4.自信、意見領導型

這類型的觀眾對於自己的才能極富信心，且認爲自己是意見的領導者。

5.世界主義型

這類型的觀眾喜歡世界各大城市的風貌，並且崇尚現代的各種自由主義。

6.喜愛戶外休閒活動型

這類型的觀眾喜歡從事各種戶外活動，如郊遊、爬山等皆屬之。

總之，經由研究發現，觀眾的日常生活態度，確實會對於個人的文藝活動參與度產生影響。而其中，對於文化活動具有興趣的類型爲：樂觀進取型、世界主義型；沒有興趣的則爲：傳統型、自信的意見領導型。至於其他類型的觀眾，則是屬於文藝活動的游離群眾。

（三）開發觀眾的方式

對於上述那些值得被開發的觀眾組合有所了解之後，我們便要接著來討論觀眾開發的方法。首先，讓我們來認識在行銷學上，所謂的四P理論，亦就是產品（Product）、價格（Price）、地點（Place），以及推廣（Promotion）等四者。

(1)產品（Product）：製造什麼樣的物品或提供什麼樣的服務。

(2)價格（Price）：到達什麼樣程度的產品，可以有什麼樣的價格。

(3)地點（Place）：這個產品可以自哪裡取得，也就是所謂的行銷通路。

(4)推廣（Promotion）：有關於某樣產品的宣傳，和關於該樣產品的相關訊息流通狀況。

1.確保演出品質

對於行銷學的四P理論有了基本的認識後，我們便可以將之應用在表演藝術觀眾的開發工作上。首先，我們藉由「產品」的觀念，可以知道，表演藝術在基本上是被區分成音樂、戲劇，以及舞蹈等三大類，而在這基本的三大類之下，又可以被畫分成許許多多不同類型的演出活動。而這些活動（產品），由於其內容的不同，所以自然會吸引不同類型的觀眾。因此，在進行節目推廣工作時，就得要注意節目本身對於觀眾所具有的吸引力，以及對於哪些觀眾具有吸引力的問題。值得注意的是，無論節目的吸引力有多強，或是有多少觀眾會被吸引，最重要的依舊是，該活動（產品）的品質爲何。由於一般人都是照著他自己的經驗在做決定，因此，若是讓觀眾觀看了一場品質不佳的演出，那麼，若想要他在日後繼續參與表演藝術活動，則困難度會增加，尤其是對於那些第一次參與表演藝術活動的觀眾而言，那種第一印象與第一次的經驗，絕對具有決定性的影響力。所以，演出單位必須致力確保每一場演出的品質，以提升觀眾參與表演藝術活動的意願。其次，演出單位也應該盡力的讓觀眾，感受到表演藝術活動的親和力，以消除一般人因爲對於表演藝術活動具有一種「奢華」的刻板印象而引發之距離感。

2.票價的彈性調節

再者，是演出活動本身的價格問題。其實，當我們將表演藝術視作爲一項產品時，那麼，在它的價格決定上，自可有各種不同的變化組合。首先，若我們想要給予觀眾優惠的價格，除了採取降價的方式外，也可以採取「以量制價」的優惠模式。此種模式可以對大型的公司行號或是公家機關的人事單位以及員工福利委員會進行促銷。由於大型的公司行號或是公家機關，通常都會有數以百計或千計的員工，因此，他們若是能夠將觀賞表演藝術活動，當作是員工的福利之一，或是在過年過節之時，把演出入場券當作是「禮券」一般地致贈給員工，甚或只是透過內部的宣導，以團體票的方式對於該組織之內部員工進行銷售，以較優惠的價格來促使他們大量購買，那麼，或多或少的，就可將票券以「批發」的方式售出。而且，這麼去做還有其他的好處，那就是，由於「員工福利」以及「同儕心理」的影響，因此，也可以使得那些從來沒有參加過表演藝術活動的人，藉此參與表演藝術活動，並將他們的觀賞經驗告訴朋友，也對觀賞演出產生姑且一試的想法，進而因爲參與而產生興趣。此外，「批發式」的銷售模式，也可以在校園內進行推廣。不過，批售給學生的票價不適合過高，因爲，我們希望使得年輕的朋友，能夠由於經常性的參與，而養成欣賞表演藝術的習慣，並在最後成爲核心觀眾之一。再者，一人購買多場演出的套票優惠做法，也可以維持長期支持者的續存率。除此之外，那種以票房較好的節目搭配票房較差的節目「配票銷售」，或是「買一送一」、「買二送一」的做法，也可以使得那些票房雖差，但品質不差的節目，得到觀眾的欣賞。

3.多元的場地規劃

至於，在有關場地問題的考量方面，首先，演出者在場地上，應具有多元選擇的空間，而這一點，就有賴於政府單位或私人機構的支持，以幫助增加較多的演出場地。由於不同的節目有不同演出場地的需求。因此，大型演出場地以及中、小型演出場地都需要被規劃建立。而除了建設新的演出場地之外，當然也可以將舊有建物，改建爲合適於演出活動的場地；或是活化現有建物的空間，增加成爲演出場地的可能，以使表演藝術場地多元化，並能在有限的空間之內，創造出無窮的利用空間。因爲，如此去做的好處是，可以讓表演藝術走入各個不同的角落與層面，而不光只是被局限於音樂廳或戲劇院之內。此外，除了一般較具有正式意味的演出活動外，也可以增加社區型以及業餘性質的表演藝術活動，以讓表演藝術活動走進人們的日常生活之中。所以，如社區型的婦女合唱團、小型樂團，或者是一些有關表演藝術的研習活動或欣賞課程等，都是讓藝術在社區成長的好方法。再者，如此的做法，也幫助了老人以及兒童，可以較爲方便的接近表演藝術活動。

四、該如何維持觀眾

（一）針對觀眾需求設計節目

所謂如何維持（Maintain）表演藝術觀眾，即是指，如何避免既有觀眾的流失。由於我們每一個人的一生可以被統分爲六個時期，而這六個中的每一個時期，都會促使每個人的興趣或習慣，隨著時間的變遷而有所不同，因此，便會對於你我參與表演藝術活動的狀況有所影響。總之，這六個時期依照時間的進展順序分別是：1.單身階段（Young single）2.新婚階段（Young married）；3.滿巢階段Ⅰ.（Young parent）；4.滿巢階段

Ⅱ.（Parent of school children）；5.空巢階段（Empty nest）；以及6.鰥寡階段（Widowhood）。在一般的情況下，幾乎所有成年之後的民眾，其一生皆會按照這六個順序來進行。而其中的單身階段，則是人們參與表演藝術活動最密集的階段。因爲，一個人在單身階段時，即使對於文化藝術表現的極爲關心，但是當他在有了事業、家庭、小孩，並必須忙於掙錢以購車、買屋之後，他能夠參與表演藝術活動的機會，也就隨著大幅減少。因此，如何讓一個人在忙於事業之餘，還能夠想到要去參加表演藝術活動呢？我們認爲，除了可以採用如前所述，將表演藝術活動列爲員工福利之一的方法外，多設計適合於親子共同欣賞或闔家觀賞的表演藝術活動，則也是不錯的做法。此外，對於年長者來說，由於他們對於自己的健康情形及晚年生活的安排會較爲在意，而他們的空閒時間也比未退休者來得較多，因此，也得要顧慮年長者對於表演藝術活動的需求問題。

（二）運用各種優惠方式

另外，在對於整體觀眾的關係維繫方面，會員制度的採用可以說是維繫住表演藝術觀眾的最佳方法。因爲，對於那些時常參與表演藝術活動的觀眾而言，各種不同的優惠手法，就是對於他們長期支持的鼓勵與肯定。這些優惠手法包括：演出者可以在每次演出時，對於其所屬會員提供如免費節目單、贈送演出紀念品、與演出人員聚餐、座談等服務。另外，在票價上給予優惠以及賦予優先訂位權，甚至於請觀眾持過往的演出票根，來換取新購票券的折扣等做法，都是鼓勵觀眾不斷前來觀賞演出的方法。不過，除了用各種優惠的方式來維持基本觀眾人數不墜之外，最重要的，還是表演藝術品質必須維持。無論如何，品質的維持才是讓觀眾願意再度參與表演藝術活動的原動力。因此，所有獻身於表演藝術之人士，都要追求不斷的創新，以使得參與演出的觀眾，能夠眞正的從表演過程中有所收穫。否則，再多的優惠、再強勢的宣傳，則都是捨本逐末，毫無永續作用可言。

五、研究論證

同樣再以美國所曾經完成的一份關於觀眾開發的研究報告（Audience Development: An Examination of Selected Analysis and Prediction Techniques Applied to Symphony and Theatre Attendance in Four Southern Cities）結果爲例，該份研究報告即曾指出，對於劇場（Theatre）演出活動具有興趣之人，通常在他的一生之中，概都能持續地對於劇場的活動表現出與趣；此外，個人在成長過程中，是否曾經有過實際參與劇場活動的經驗，也是能否經常參與劇場活動的重要指標。再者，曾經贊助過文化活動之人，無論他究竟是以何種方式去表達他對於文化藝術的支持與喜愛，也是最重要的觀眾來源。最後，當個人對於藝術項目具有興趣時，若對其稍加鼓勵，也易於使他接觸其他類型的藝術活動。

另就交響樂（Symphony）的部分來說，那些習慣以文化活動爲休閒取向、過去曾經欣賞過交響樂、在成長的過程之中對於古典音樂具有興趣，或是以社交活動爲其主要休閒活動之人，從基本上來說，都算是交響樂的基本觀眾來源。由此，我們可以發現，除了交響樂所單獨富有之社交功能特質外，劇場和交響樂的觀眾來源可說是幾乎相同。尤其是在個人成長的過程部分，更可顯現出藝術觀賞與實作經驗必須及早扎根的重要性。因此，強化少年以及青少年時期的藝術教育，可以說是鞏固觀眾基礎的最重要方法。

另外，該份研究報告也指出，過往之研究多是以教育程度、性別、年齡、收入，和職業等變項，來衡量藝術活動的參與者之特質，不過，除了以這些傳統的社會、經濟因素來做爲評斷的指標外，事實上，也更可以從較細微的生活習慣和生活態度上來了解觀眾。由於觀眾對於文藝活動所抱持的基本態度，影響其活動參與度甚深（如說對於自己較具有自信之人，其參與文化活動的程度會較低；而以傳統作息型態爲生活導向的人、喜歡傳統家庭結構和角色的人，或是生活形態屬慢步調者，也都是較不會參與藝術活動之人），因此，這種有關於態度上的問題，也是值得活動推展人員加以深思。

總之，若以不同的觀眾態度做爲發展觀眾的基本考量觀點，則似可歸結出以下幾項增加文化藝術活動參與者的方法：

（一）改變觀眾對於參與文化活動的基本態度

1.擴大觀眾對於演出活動的心理期待

例如，增加演出活動的特別性、提供觀眾充分的演出相關訊息，和讓參與者覺得在演出當天，會有許多好的觀眾將與他一起欣賞表演等等。

2.增加文化活動的重要性

這是一種最基本的心理建設，必須要長時期的加以執行。

3.老帶新

由經常參與文藝活動的核心觀眾，引領游離以及離心參與者進入文藝活動的世界，並以他們自己的參與經驗，來強調參與文化活動的重要性。

4.鎖定特定群眾

對於那些較有可能參與文藝活動的群眾多做一些宣傳，並鼓勵他們去影響周邊的親友。這些群眾多爲：兒童時期曾經參與過劇場活動或自小就對劇場活動具有興趣之人、父母對於劇場活動具有興趣之人、兒童時期曾經學習過古典音樂或自小就對古典音樂具有興趣者，以及父母對於古典音樂具有興趣之人。

5.增加兒童以及青少年對於表演藝術的興趣

兒童時期的興趣培養，會直接影響人們於日後安排自我休閒生活的方式。而若在兒童時期沒有接受到充分的表演藝術教育，那麼，就要增加青少年時期接觸表演藝術的機會。

（二）市場行銷技巧的操弄

1.在演出型態與內容上的選擇

在交響樂方面，那些較爲人知的音樂作品，如貝多芬、莫札特等，或較具浪漫氣息的音樂；以及戲劇方面的音樂劇，與著名的舞臺劇和現代喜劇等，都可被用來做爲吸引觀眾參與的選擇。

2.演出品質的提升

在交響樂方面，有關音樂家和指揮的知名度以及演出水準；在戲劇方面，有關於演員的演技、知名度，以及製作群的水準等，均是觀眾考量是否參與的重點。

3.減低距離感

在宣導觀眾參與演出活動時，避免用太正式或太嚴肅的方式，以減少觀眾認爲該活動是高不可攀的疑慮。

4.票價的彈性調節

由於票價的高低與否，會影響到參與者的活動參與意願，因此，彈性票價的實施是一個可嘗試的模式。例如，預約折扣、季票折扣、套票折扣，或是與信用卡發卡單位合作，鼓勵信用卡用戶以信用卡購票來換取折扣等。此外，也可以運用「因地制宜」的方式，來對於不同區域的演出，實施票價高低不同的彈性措施。此外，對於演出當天的剩餘席次，也可以用較大的折扣，來鼓勵民眾購票觀賞演出。

5.便利的購票管道

電話預約制度的建立，網路購票以及與便利商店或連鎖商家結盟代售的方式，都可以因爲票券便於就近獲得，而提升民眾的購票意願。

總而言之，無論是試圖改變觀眾對於參與文化活動的基本態度，還是想藉助於市場行銷技巧的操弄，以提升觀眾的參與程度，這種種方法，都不若從人們幼時，就讓他們接受藝術教育的洗禮，要來得較具有終身性的影響。筆者曾於民國八十五年至八十六年間，接受行政院國科會的委託，對於我國都會區的國小高年級暨國中學童，進行「表演藝術觀眾發展之調查研究」，結果即發現，少年以及青少年時期的學童，若能在藝術的學習上受到鼓勵，或將觀賞表演藝術視爲興趣之一，則當這些學童在長大成人之後，便會因爲過去的經驗而影響到他們未來在文化活動上的參與度，因此，他們自然會較易於成爲表演藝術的核心觀眾，同時，也能夠對於其他類型的文化藝術活動產生興趣（夏學理，民87）。

綜上所述，由於表演藝術的推廣和藝術教育的普及息息相關，因此，除了應用一些行銷學上的技巧之外，也應該將兒童時期的藝術教育，視爲他們是否會在未來參與藝術活動的發展基礎。畢竟，表演藝術活動的欣賞，應該是一種顯現全民文化水平高低的現象，而並非僅只是個體參與或不參與的個別行爲而已。因此，各級學校均應該要落實藝術與人文教育，開設各項表演藝術課程，並讓學生能夠依照自己的興趣來加以選擇。這些表演藝術課程的內容，除了介紹表演藝術之外，更要讓學生了解如何欣賞表演藝術，以及讓學生有親身接觸表演藝術的機會。因爲，親自接觸表演藝術，不但可以讓學生從學習之中培養出厚實的興趣，同時，也可以藉由觀賞他人的演出，以驗證自己在上課中的所學所知，如此，當然會使他在參與表演藝術活動的意願上大爲提高。總之，成長經驗對於每一個人的一生會產生決定性的影響，因此，若能夠促使人們在童年或青少年時期，即培養出欣賞表演藝術活動的習慣，則當他在成年之後，也自然會較具有積極參與表演藝術活動的動機。

關鍵詞彙

文藝宣導	行銷	觀眾發展	傳播
效益評估	行銷規劃	觀眾	傳播管道

自我評量

1.請試著想想，有哪些公共政策及法令是屬於文藝性的公共政策及法令？

2.請試著依行銷規劃之進行模式，規劃出一文藝行銷方案。

3.你認爲觀眾是不是天生的？如果不是，那麼觀眾該如何的被加以培養？

4.除了本章中所提及的那幾種發展以及維持觀眾的模式之外，你還能不能想到其他的方法，來進行觀眾發展以及維持的工作？

參考文獻（第一章～第五章）

一、中文部分

日下公人（民83）。**無摩擦的輸出**。臺北：錦繡出版事業。

王洪鈞（民83）。**公衆關係**。臺北：華視文化公司。

布羅凱特著，胡耀恆譯（民70）。**世界戲劇藝術欣賞**。臺北：志文出版社。

行政院主計處（民82）。中華民國臺灣地區文化調查供給面綜合報告。臺北：行政院主計處。
行政院文化建設委員會（民80）。中華民國文化發展之評估與展望。臺北：行政院文化建設委員會。
李宗桂（民80）。中國文化概論。臺北：新學識文教出版中心。
林靜伶等（民85）。公共關係。臺北：國立空中大學印行。
林隆儀等（民77）。廣告策略精論。臺北：清華管理科學圖書。
吳定（民85）。公共政策。臺北：華視文化公司。
周美惠（民84年2月28日，第35版）。文化血荒。聯合報。
周美惠（民84年3月6日，第35版）。演藝團體痛苦蛻變。聯合報。
周貽白（民75）。中國戲劇史。臺北：木鐸出版社。
胡錬輝（民77）。臺灣省各縣市文化中心營運調查報告。南投：臺灣省政府教育廳。
姜一涵等（民81）。中國美學。臺北：國立空中大學。
韋政通（民78）。中國文化概論。臺北：水牛圖書。
凌嵩郎等（民82）。藝術概論。臺北：國立空中大學。
夏學理（民87）。表演藝術觀眾發展之調查研究。臺北：行政院國科會。
夏學理（民89）。新世紀臺灣文化行政發展探析，文化視窗，第十六期。臺北：行政院文化建設委員會。
夏學理等（民86）。隔空教育與藝文活動觀眾增長之關連性調查研究。臺北：教育部。
夏學理等（民88）。隔空施行社會藝術教育之評估性調查研究。臺北：教育部。
莊英章等（民81）。文化人類學。臺北：國立空中大學。
國立中央大學藝術學研究所（民86）。桃園縣文化藝術長期發展計畫——先期規劃研究。桃園：國立中央大學藝術學研究所。
基辛（民69）。當代文化人類學。臺北：巨流圖書。
陳其南等，鄧維丞（民86）。藝術管理25講。臺北：行政院文化建設委員會。
陳碩婷（民98）。中小企業主表演藝術贊助行為之研究。臺北：國立師範大學表演藝術研究所。
黃慧貞（民75）。廣告學。臺北：桂冠圖書。
張植珊等（民76）。文化傳播叢書（第一冊）。臺北：行政院文化建設委員會。
張潤書（民82）。行政學。臺北：華視文化公司。
童道明（民82）。戲劇美學。臺北：洪葉文化。
楊世祥（1989）。中國戲曲簡史。北京：文化藝術出版社。
楊孔鑫（民79）。英國文化行政。臺北：行政院文化建設委員會。

鄒明智（民79）。**法國文化行政**。臺北：行政院文化建設委員會。

樊志育（民72）。**廣播電視廣告學**。臺北：三民書局。

談琲等（民84年11月）。**臺灣工商企業對表演藝術贊助態度之研究，空大行政學報**，第四期。臺北：國立空中大學公共行政學系。

盧冀野（民70）。**中國戲劇概論**。臺北：莊嚴出版社。

賴維堯等（民84）。行政學入門。臺北：國立空中大學。

簡端宏（民79）。日本文化行政。臺北：行政院文化建設委員會。

二、英文部分

Andreasen, A. (1992), *Expanding the Audience for the Performing Arts*. Washington, D. C.: Seven Locks Press.

Benedict, S., ed. (1991), *Public Money and the Muse*. New York: W. W. Norton & Company.

Biddle, L. (1988), *Our Government and the Arts*. New York: ACA.

Billington, M. (1989), *Performing Arts: A Guide to Practice and Appreciation*. London: New Burlington Books.

Buchwalter, A., ed. (1992), *Culture and Democracy*. Boulder, Co: Westview Press.

Cantor, B. (1984), *Experts in Action: Inside Public Relations*. New York: Longman.

Franklin, J. L. & J. H. Thrasher. (1976), *An Introduction to Program Evaluation*. New York: John Wiley & Sons.

Goff, C. F., ed. (1989), *The Publicity Process*. 3rd ed. Ames, IW: Iowa State University Press.

Grunig, J. E. & T. Hunt. (1984), *Managing Public Relations*. New York: Holt, Rinehart and Winston.

Johnson, W. (1992). *Public Administration: Policy, Politics, and Practice*. CT: DPG.

Kluchkhohn, C. & W. H. Kelly. (1945), The Concept of Culture, in R. Linton, ed., *the Science of Man in the World Crisis*. New York: Columbia University press.

Kotler, P. & E. Roberto. (1989), *Social Marketing*. New York: The Free Press.

Lane, J. (1978), *Arts Center: Every Town Should Have One*. London: Paul Elek.

Nachmias, D. (1979), *Public Policy Evaluation: Approaches and Methods*. New York: St. Martin's Press.

NEA. (1981), Audience Development: *An Examination of Selected Analysis and Prediction Techniques Applied to Symphony and Theatre Attendance in Four Southern Cities*. Washington, D. C.: NEA.

Pick, J. (1980), *Arts Administration*. London: E. & F. N. Spon.

Purcell, R. (1956), *Government and Art*. Washington, D. C.: Public Affairs Press.

Reilly, R. T. (1981), *Public Relations in Action*. Englewood Cliffs, NJ: Prentice-Hall.

Reiss, A. (1979), *The Arts Management Reader*. New York: Marcel Dekker.

Rutman, L. (1984), *Evaluation Research Methods: A Basic Guide*. 2nd ed. London: Sage.

Smith, R. A. & R. Berman, ed. (1992), *Public Policy and the Aesthetic Interest*. Chicago, I1: University of Illinois.

Tylor, E. B. (1871), *Primitive Culture: Researches into the Development of Mythology, Philosophy, Religion, Art and Custom*. London: John Murray, (Publishers) Ltd.

The American Assembly. (1997), *The Arts and Public Purpose*. New York: Arden House.

The American Council for the Arts. (1989), *Why We Need the Arts*. New York: ACA Books.

Wachtel, D. (1987), *Cultural Policy and Socialist France*. Westport, Conn: Greenwood Press.

Wilcox, D. L., P. H. Ault & W. K. Agee. (1989), *Public Relations: Strategies and Tactics*. New York: Harper and Row.

第三篇　視覺藝術行政

第六章　文化環境和文化政策

學習目標

讀完本章內容之後，學習者應能達成下列目標：

1. 了解文化對社會及「人」的重要性。
2. 對現存社會環境能有所省思。
3. 文化政策的內容及做法能有批判。
4. 關心各項文化藝術的活動及措施。

摘要

本章概論臺灣地區的文化環境和文化政策草案，對於「文化」在社會人群中的重要性和影響力特予強調。至於文化政策的內容和方向，留給學習者去思考和發揮。

第一節　文化環境簡述

藝術行政所論及的課題以行政業務爲主體，但是它像一座橋梁，把民眾帶到藝術的環境之中，參與精緻的文化活動。因此藝術行政最終的目標應該是提升國民高品質的文化環境，以促進民眾建立具有人文精神與積極意義的生活方式與生活態度。

回顧民國八十至九十八年間，臺灣地區的經濟發展創造了奇蹟，臺灣經驗爲我們所引以爲豪。平均每人國民所得從民國八十年八千四百七十三美元，躍升到一萬四千四百五十三美元（民國九十八年），民眾普遍富裕，消費型態亦大爲改變，進口資源大增，物質的消費日趨多元，消費能力亦倍增不止。從正面來看，國民生活水準提高，相對地，文化休閒活動也會逐漸普及；我們從一些統計數字中，可以發現明顯的成長。例如視覺藝術項數，民國八十年爲三千一百二十項，九十五年增到四千七百八十七項；音樂活動從八十年的一千三百四十四項，增長到九十五年的七千二百三十項；戲劇活動八十年爲六百八十五項，增加到九十五年的二千五百八十一項（行政院主計處，民80～95年），其他如舞蹈、民俗活動等也都有倍數的增長。換言之，藝術文化活動的市場正迅速地在擴大。另外，藝文的國際化色彩也愈來愈濃，首先是國際旅遊和大陸觀光的人口突增，休閒節目不論電視、電影、展演都提供了高水準的國際節目。諸如此類，提升了民眾的眼界和世界觀，富裕的工商企業人士，開始大量蒐藏古董藝術品亦形成一種風氣，甚至藝術品價格飆漲，使藝術工作者、藝廊、藝術經紀人獲得優渥的利潤，藝術市場因而活絡不已。國民富裕，社會急速變遷，也產生了許多負面的影響，造成社會的負擔。就人際關係來說，隨著現代化、都市化的潮流，人與人的接觸愈發疏離，不但陌生人不易發生關聯，就是親友鄰舍，往來時間和機會也大減。人際關係冷漠，自我爲中心的個體比比皆是，也因此形成行爲的偏差、意識的模糊，加上民眾一向缺乏法治的精神，因而造成了所謂的「生了病」的社會。人人追求近利，講求立即效應，個個希望一夜致富、一步登天。這種物質的訴求，缺乏心靈精神的建設，終導致成一不穩定的大環境。

第二節　文化政策的訂定

前面提過文化在經濟發展與社會多元化之下，已經受到大家的重視。尤其當社會風氣日趨惡化，重利拜金的價值觀，使人失去「正常」。

此時此刻「文化建設」刻不容緩，而「文化政策」也是必須加以面對的課題。

一、文化政策的意義

文化政策到底是什麼？聯合國教科文組織（UNESCO）在一九六○年代各國參與文化政策會議時，都認爲對文化政策這件事，不應該冒然下定義。因爲聯合國組織，不可爲各國「文化政策」界定內涵，考慮到的是因著各國文化有其差異性，自然文化政策也就不盡相同，甚至相去甚遠。但是，聯合國的報告書中仍認爲，所謂的「文化政策」可以有下列的思考：

1.文化政策可以看成是社會中，經由有效運用資源，以達成某些文化需求，或做到有意義的、有計畫的目標，這種行動及處理的總稱。

2.文化政策可以對某些標準，加以界定。這些標準在於促進完整人格的實現和正常社會的發展。

聯合國教科文組織一向認爲每一個人有權自由參與社區的文化生活，享受藝術及分享科學的發展及其成果。在文化差異性存在的現實下，不能對文化政策硬性界定以防有心人士的利用，成了文化發展的障礙。

不過，我們仍可以從聯合國報告書中感受到文化政策的兩大要義：

1.文化政策是爲滿足民眾需求而來的，不能與民眾脫節。換言之，要生活化，要和民眾打成一片。

2.文化政策的內涵是寬廣的，絕不只限於歷史文化或狹義的文學、藝術。換言之，是「人文」化的、「科學」化的，涵蓋了思想層面，像價值觀、人生觀等，也涵蓋了生活層面，分享科技成果，遵守社會規範等（林本炫，民83，頁2）。

二、我國文化政策的兩個時期

（一）文化建設委員會成立前

首先要說，政府遷臺之後幾乎是無文化政策可言，至民國七十年文化建設委員會（以下簡稱文建會）成立是一段落。其間雖有教育部、新聞局、文化局、文化復興運動推行委員會之設立，均不涉文化政策之訂定。而所謂文化政策多由國民黨文工會主導，在戒嚴體制下，文化政策側重於管制與審查，因而警備總部亦參與執行。而邊陲文化的特色，十分顯著，本土性的文化，因政策的打壓受到冷落和殘害。

（二）文化建設委員會成立之後

文建會成立之後完全進入另一時期，政府有鑑於文化發展的重要，又因著大環境的衝擊，文化政策的需求更形突顯，試想，經濟起飛國民所得大增，物質生活供應無缺，解除戒嚴令（民國七十六年）頒布，出版、廣電、言論日趨自由。在這種狀況下，終致文建會提出較完整而有系統的文化政策草案。現簡列如下（文化建設委員會，民83，目次頁2）：

1.人文精神的宏揚。

2.文化發展的區域均衡。

3.結合民間的力量。

4.兼容並包的整合。

5.傳承與創新契合。

從第一點，人文精神的宏揚來說，中華文化五千年的精神依舊保存。所謂「道統」接續，儒家「仁」的思想忠恕之道，乃至於民胞物與到天人合一，都是人文的關懷、人文的極致。這在中國文化精神中是不可或缺的元素，作爲做人的標的是正確而必要的，也是社會紛亂的一劑良方。

再說文化發展區域均衡這點，在臺灣地區的確有不均之病，若能將實踐文化均富，平等對待全民，訂爲文化發展政策，定會受到各地民眾的歡迎。

第三，結合民間的力量，這是採行歐美民主國家的辦法，鼓勵民間企業的文化事業和文化活動。政府和民間合作從事文化建設，或多有基金之設立，對各項文化活動提供經費上的贊助，這種結合民間力量的政策，不僅節省了政府預算，更使民間的參與讓民眾有投入成爲一分子的認同。再者，民間的投入使文化活動更形活躍，也不致受政府的干預，是雙贏的做法，值得推動。

第四點，兼容並包的整合，在此政策的規劃之下，主流的中華傳統文化和地方性的臺灣本土文化，及少數原住民的民族文化，均得以有計畫地得到維護，使臺灣文化得到保育，更加壯闊充實。

最後提到的文化政策是「傳承與創新契合」，這點更是表現出文化前進的軌跡，絕不是保守的，也不是全盤西化外來的。經過傳承吸收了傳統；經過現代化的過程，加添了新意，創造出合於現代的文化產品，更能被現代人接受，這類傳承與創新的例子極爲成功的展現在我們面前。事實上，中西文化的接觸與交流，也激發出極光采的火花，開拓出嶄新的文化境界。

以上討論的是文建會的提案，在我國文化史上是一重要的大事。無論以後如何修正，其精神將不致做太大的變動，是博大精深的設計，希望能持之以恆的推動，將不會辜負全民所託。

或許有人批評，現在的文化政策，推動不力，政府試圖將政策上的偏好或某些文化型態強加諸於民；或稱現有文化活動和民眾脫節，使民眾興趣缺缺；更有譏評政府的投資只有硬體、沒有軟體等。坦言之，在文化投注過程中，缺失是難免的，因爲政治民主化，社會本土化，以及多元化以後，帶出更多采多姿的文化是必然的現象，因而社區文化，本土文化勢必成爲主體。

文建會也曾針對聯合國對文化政策的建議，訂定了文化發展的指標。採納李亦園教授所提之三大指標（文化建設委員會，民83，頁39），其項次如下：

1.文化活動指標

對文化活動的數量有了評量的準據。

2.文化資源指標

指投入於文化活動資源的數量。而此類文化資源包括了：政府預算中投注在文化發展及相關支出之比例；文化事務主管單位在年支出總額的比例；文化活動支出總額占國民生產毛額的比例；每一家庭文化消費占年度開支費用的比例；又如，文教基金會或相關財團法人經費成長的情況；文化資產維護費用成長的情形；圖書資料出版及展演數量的增長；人員人才在文化科別所做的培訓和任用等。諸如此類均將有助於文化發展資源之分析與研究。

3.文化素養指標

談到素養很不容易界定，但是一個能有效運用語文表達個人的感受和想法，對藝文能欣賞，對自己文化懂得尊重，並能從生活中透出圓熟的人生觀和道德感，我們可以稱之爲已具文化素養的人。文化素養固然難測、難以量化，但是從文化教育、休閒活動、生活環境、人際交往等觀察中，應能體會民眾的「素養」。

從文建會以上指標的認定，加之科學數據的分析，文化政策之推動，應有一定的進展。

在此同時，文建會爲了落實臺灣地區文化發展的規劃，即曾依行政院訂頒之「加強文化及育樂活動方案」積極推行，並於民國七十二年、七十六年分別修訂，改稱爲「加強文化建設方案」，成爲推動文化建設的依據。

此方案的內容涵蓋了十五個計畫項目，對文化機構、文化資產的充實及維護，提升藝術欣賞及創作水準，並改善社會風氣等，均有具體而微的計畫。此處略過。綜合言之，「加強文化建設方案」的目標有六（文化建設委員會，民83，頁50）：

1.倡導樸實社會風氣，培養國民健全生活態度。

2.提升國民文化素養，增進國民生活品質。

3.普及文化音樂活動，培養文化藝術人才。

4.加強維護文化資產，提倡民俗與傳統藝術。

5.發揮文藝力量，推動中華文化復興。

6.建立文化資訊系統，開展國際文化交流。

以上所列目標也正是文建會所提文化政策草案中所希望達成的效果。

第三節　文化政策的省思

文化建設委員會對於文化政策的訂定，是正面的，可以說是周延而完備的。對於有一悠久傳統文化背景的中國，又面對二十一世紀多變多元多亂的世代，能針對民眾需求，規劃出一幅文化藍圖是值得稱許的。然而就「文化政策」的施行，仍有提出剖析的需要，或更可促進文化政策之落實。

一、文化政策的揭櫫——以甘比亞共和國為例

我們先從非洲地區甘比亞（Gambia）這麼一個貧窮小國談起（The New Encyclopaedia Britannica, 15th ed., S. V. "Gambia"），甘比亞共和國面積一萬零六百九十平方公里，人口不及百萬，西元一九六五年脫離英國而獨立，成爲大英國協成員。就文化來說，這個種族複雜，土地貧困，以農立國的乾旱國，嚴格來講是缺乏文化政策的。因而在西元一九八一至一九八五年之第二個五年計畫推動之際，請了聯合國教科文組織支援，訂定了文化政策。基本上，他們需要一個一貫性、有條理的文化活動政策。而藉此文化政策，透過各機構的安排和推動，使文化活動得以圓滿完成。

首先，他們成立專責機構，主導文化發展的規劃與推動，經過此專責機構負起責任後，提出重要的文化活動爲：計畫擴大觀光事業和發揚新文化爲利器。這種只揭示「觀光」爲文化政策，也是少有的特例。

爲了觀光，努力保存和維護歷史古蹟，建立原始觀光村，加強甘比亞人的傳統手工藝品。在新文化方面，包括文化園區、音樂戲劇舞蹈學校、國家劇院和圖書館，並能邀約國際展演團體演出。此一系列的計畫，雖爲

吸引國際觀光客，賺得外匯，但政府之文化舉措不停，民眾有利可圖亦全力配合，不論新舊文化得以保存發揚，教育文化得以正常發展，並且生活品質提升，環保、衛生、禮節、和諧、安定，均獲改善。簡單的文化政策也增長了經濟，加強了國力和國際地位。

籌劃者對文化政策重要性的了解，也清楚文化政策不僅僅是硬體建設，還要包含軟體，更重要的是能與民眾打成一片，給予施行的指導，持之行之，必有所成。順便一提的是，聯合國教科文組織（UNESCO）對甘比亞文化的支持，也是功不可沒。

從甘比亞的例子，可以借鏡之處，自不待言。文化政策不在乎高言大志、華麗詞藻，離開了民眾主體和施行準則，一切都將落於空談。

二、文化政策專責機構

文化工作的規劃和領導，爲了事權統一，應該有一專責機構，因爲涉及到文化行政工作時，必屬專業。一項文化有關的事務，在不同的機構裡，是會造成不同的看法和做法，例如同一出版或電影，在文建會、新聞局或警備司令部，意義將完全不同，會造成在文化政策上關鍵性的影響。

文化政策的推動如果缺少了專責機構，將會因各機關缺乏概念，沒有明確的辦法，以至於文化政策在要求的時候，顯得混亂而複雜。尤其當文化政策因時間，或應該需要修正之時更形嚴重。表面上，要是沒有一個一貫的文化政策推動機構，各類形式的文化活動也不會因而終止。事實上，這時候的文化活動也應該得到肯定、獎勵和輔導。但就長期「文化」的耕耘灌溉，以至收成，專責機構的設立有其必要。

再者，文化專責機構的等級層屬要高，必屬中央政府部會級，方能成事。試想文化業務與政府其他單位均有關聯，舉凡內政、外交、經濟、農林、外貿、觀光，乃至教育、新聞，均會有業務往來，若層級不平等，在溝通、合作、爭取權益等方面易被忽略。一般來說，層級愈低，預算經費之獲得也愈難，在推動民間力量之結合時，層級低也不易發揮影響力。

最後要提的是專業性與任期的問題，文化行政有其專業性，對任何文化相關的事務有其職業敏感和解決困難的能力，如果讓位階低又非專業之人士來處理文化事務，一定適得其反，所謂小職員做大事，並非良方。另外一方面，培訓文化行政人員是長期的工作，「再教育」尤不可缺，因而在文化行政崗位上的鬥士，一定要持之以恆，才能顯出效果和成績，不僅如此，在文化行政的領導者方面，尤其應當要以在任期上能延長做考量。適合人選應長期留任來主導，如此才能政策一貫，漸顯績效，文化上的建樹，絕難一蹴可幾。執政的上位者應有此體認。

關鍵詞彙

文化環境	文化資產	文化政策	文化交流

自我評量

1.試分析臺灣地區目前社會風氣敗壞的原因，及導正之法。

2.試比較先進國家都會與臺灣大城市的景觀差異。

3.公共藝術和文化推廣有無關聯？

第七章　美、法、英國文化行政

學習目標

讀完本章內容之後，學習者應能達成下列目標：

1.了解歷史文化背景不同，會產生不同的文化行政體制。

2.了解美國文化行政的特色和優劣點。

3.了解法國文化行政的特色和優劣點。

4.了解英國文化行政的特色和優劣點。

摘要

本章介紹美國政府參與文化行政的來龍去脈，而民間的理事會組織才是主要推動藝文活動的主角。法國中央集權制，官僚體制中有神來之筆的措施，可一變而爲生龍活虎。英國制度中，文化藝術全交給藝術理事會推動，績效極好，先進國家的文化行政都有可取之處，值得學習參考。

文化制度和行政組織會直接影響藝術行政的營運和方針，政府和藝術的相關性，完全是透過文化藝術的行政體制來運作。政府在文化藝術方面有些什麼作爲，不論是文化政策的推動、傳統文化的保存、文化藝術人才的培育、文化設施的興建等，乃至於對文化藝術在經費預算方面的支持或補助，在在都需要有一定的體制、一定的管道依法執行，這就是文化行政體制的運行。由於各國有其文化背景和傳統，因而行政體制也各有差異。我們就美國、法國，和英國三個不同體制，來思考文化行政體制的特色及優劣，以供我國參考。

第一節　美國的文化行政

美國政府介入藝術是一九六〇年代以後的事，歷史並不長久。立國之初以英國式的爲張本，當時全國關注教育，而藝術在教育體制中可以免稅，這也就是唯一的相關性了。各大都會中之文化藝術表演，都是民間大企業家將歐洲的樂團、藝術品帶回美國，成立交響樂團或美術館、博物館等。因此，十九世紀的美國政府，不管文化藝術「無政策便是文化政策」不足爲奇。甚至藝術贊助人亦認爲如此可免去干預之害。

惟貴族式的藝術贊助，終因時間長久之後，後繼無力，二十世紀以來，藝術的花費有增無減，赤字不斷，非得靠政府補助或大企業、基金會、個人的捐助。這種贊助形成美國藝術行政的特色，也就是各類藝術團體以非營利的法人型態存在，而董事會的組織亦同時在全美普遍的發展。我們在後面會針對董事會組織再做討論。首先要提的是，美國政府的藝術參與。

一、聯邦政府的藝術參與——國家文藝基金會

一九六〇年代早期的美國，政府贊助藝術是絕無僅有的，各州僅紐約和北卡羅萊那兩州在州政府有官方藝術委員會的設置。沒有人眞正了解政府介入藝術，對藝人的藝術生命會產生什麼影響。不少人擔心，政府提供贊助會讓藝術無法眞正自由發揮，認爲政府官員或民意代表等會干預藝術的表現：在藝術家「觀點不當」時以撤銷補助或減少補助爲威脅，這種「檢查」式的監督會大大削減藝術創作的空間。

不過，另外一派人士，看法正好相反，認爲有政府的支持，除去監控

管制，藝術的存活空間將會更大。這些人士包括了納爾森・洛克菲勒、約翰・甘迺迪等人。

由於約翰・甘迺迪擔任美國總統和其夫人賈桂林都熱中藝術，國家整體的政策才得以受到重視。甘迺迪時代就提出立法贊助藝術之議，但實際的施行是在詹森總統時完成，並在西元一九六五年時設立了「國家文藝基金會」（莊芳榮，民79，頁5）。

（一）成立目的

國家文藝基金會之下有國家藝術獎助金和國家人文獎助會兩個主要機構。其目的在於：

> ……關於國家人文藝術之增進與研究，其激勵及贊助基本上雖為私人和地方上所發起，唯亦應為聯邦政府所重者。
>
> 高度發展之文明不可僅為科技方面戮力，也應對其他學術文化活動予以重視和充分支持，俾能了解歷史、分析現況，並進而把握對未來之看法。
>
> 民主即重全民之智識和遠見，則自當提攜教育並獎掖藝術和人文，以期人民不分出身背景及家庭處所，皆能掌握科技而不使成為毫無思想的科技之奴。
>
> 聯邦政府由各級公私機構組織所辦理促進人文和藝術之事項，應得補充、協助，和增加。
>
> 美國人民皆應於學校中獲得藝術及人文之基礎和薰陶，以對人生美育內涵有所體認，對美國文化傳統之優點和藝術、學術之表現有所了解……。

以上論點雖似高泛，終是其宗旨。要看具體陳述者，在其「工作要點」中有言：

> 國家藝術獎助會為一獨立自主之聯邦組織，成立於一九六五年，以獎掖和贊助美國之藝術和藝術家。其任務為獎掖藝術之卓越成就並將之提供為欣賞；其達成任務之方法係以提供經費補助和領導、宣傳活動等方式，使其得以直接對藝術家和藝術機構提供經費，或得以間接方式，將經費撥交藝術之公共合夥人——即州政府或地方政府之藝術機構。

獎助會的所有計畫都在謀全國民眾之福利，絕無性別、種族、信仰、籍貫、年齡、殘障、風俗習慣之不合理歧視，也不直接涉及或干預藝術家或藝術團體之創作活動，它只扮演與其他相關單位共同支持藝術發展的角色。

（二）組織成員及活動

藝術獎助會之政策計畫、程序、評審等工作受國家藝術委員會（National Council on the Arts）之督導，該委員會委員是由各界賢達二十六人所組成，這些委員由國會同意並經總統任命，其任期爲四年，但不同時間結束任期，他們分別選自音樂評論家、出版家、小說家、建築師、畫家、教授、博物館館長、州議員、歌劇團經理、舞蹈團負責人、表演中心負責人、民俗音樂家、演員、劇團影片和電視總監等。同時獎助會設有主席一人，地位崇高，有關事務直接向總統報告。另設副主席二人，分掌企劃、公關。

在獎助會之下，將全國分爲七區，各區設置藝術代表一人，以便於各區之聯絡。地區代表按月向獎助會主席報告各地區之藝文活動情況。

獎助會之主要活動大致有下列幾項：

1.促使全國社會大眾體認藝術之重要性。2.提供各種機會讓藝術家發揮其才能。3.維持發揚傳統文化資產。4.協助對藝術形式創新之創作和表演。5.促進各項藝術表演活動的普及和推廣。6.加深全國民眾對藝術的了解和欣賞。7.鼓勵將有意義之藝術活動列入教育課程或教材中。8.激勵聯邦政府之外的個人或團體，大力贊助藝術活動。9.提升藝術機構經營之能力。10.提供藝術家、藝術團體，以及藝術人口之健全資訊。

（三）補助對象

獎助會在補助對象、補助政策、補助款的申請有下列法令規定，述之如下：

獎助會之預算百分之九十用於補助，其補助對象爲：

1.對具特殊才能之藝術家提供全額之獎助金，對象限於美國公民或具永久居留權者。

2.對非營利、免稅機構提供配合補助款，或對具高水準或特殊重要性之藝術活動提供配合補助款。所謂配合補助款是指申請單位須自行負擔全計畫所需經費的百分之五十以上，換言之，是一種相對款之補助。

3.對州政府及地方政府之藝術機構或地區性藝術團體提供配合補助款。

基本上，受補助之申請者，都須具備相當程度之水準與潛力，同時還必須具備構思、開發或展演作品之能力。

（四）補助政策

1.品質水平列爲第一項考慮。2.排除新成立機構、團體之補助。主要是要獲得其對社會之價値，同時也要重視其獲得聯邦補助之外的其他補助之能力。3.特別支持在籌措相對配合款之外，還能獲得聯邦政府以外之補助的計畫。因爲獎助會不希望獎助會之補助成爲活動經費的主要預算。
4.獎助會不補助爲彌補機構團體赤字之申請案。

（五）申請補助款方面

申請者如係機構、團體，必須提出其所在州政府或地方政府所屬單位之正式證明文件，或提出非營利，免稅身分之證明文件。申請者必須遵守民權法案、保護更生法案，以及有關教育、勞工之法令規章。當然，申請有一定期限，逾期不受理。接受補助的案子，須提交成果報告，否則不再補助。每一申請案之評審相當費時費力，通常需要六至八個月，申請者還不能私下打探結果。

前面提過，獎助會主席之權位甚高，但有關獎助會之政策和業務，委員們得向主席提供建議，再由委員會對申請案予以評審和推薦。雖主席有最後裁量權，但理應與委員會諮商，除非是委員會對某案「未能於合理期間內提出意見」。經委員會授權，主席可逕對個案提供美金三萬元以內之補助；唯此類主席裁決補助之額度，總數不得超過年度獎助會之業務預算的百分之十爲限。如此看來，委員會的運作和發揮還是有一定的空間。

（六）獎助會評審的運作方式

獎助會在設立之初就有一套嚴謹縝密的架構，以確保各項獎助之公平性、獎助額度之平均性，以及獲頒獎助之資格條件。同時，獎助會亦須擬列辦法，以使全美各藝術機構團體、藝術家和人民，皆能因獎助之提列而受惠，而且，獎助會的服務要儘可能地做到普及化，這也是大家所最關切的。

另一方面，國家藝術委員會也希望獎助會提供補助給美國藝術方面之佼佼者，然而獎助會設立之初經費額度不過美金二百五十萬元，後逐年增長，但終趕不上不斷上揚的物價指數，粥少僧多，因此在評選申請案需要格外慎重。

評審由專家學者擔任，評審小組定期由全國各地前往華盛頓首府集會，以稽核評鑑每年由各藝術組織所提來之無數申請案件。獎助會的評審運作，以各評審小組爲中樞重心，雖不能說所有評審小組之決定即能成定案，但小組的確擁有極大權力。

補助計畫的項目甚多，包括：(1)舞蹈；(2)設計藝術；(3)視覺藝術；(4)媒體藝術；(5)推廣藝術；(6)文學；(7)民俗藝術；(8)博物館；(9)音樂；(10)歌劇；(11)戲劇；(12)複合藝術；(13)國際文化交流；(14)藝術教育；(15)州政府藝術計畫；(16)地方藝術計畫；(17)挑戰性計畫；(18)藝術行政經驗之交流。由此可見，獎助會之任務編組大體與不同的藝術類型有關，而部分是需要支持的，但全部都得靠各評審小組依本身所長及對專業所需之了解，以爭取補助。

通常獎助會的工作人員在評審小組成員之篩選方面，非常積極。評審小組開會前六到十個月，獎助會主任之一，即率領工作人員蒐集適合擔任評審小組人選之名單，對象從對藝術、藝術行政、專業需求和趨勢，以及不同訴求對象所受服務狀況等有所見地的人士中選擇。這位主任將初步篩選名單提報給負責企劃的副主席，再由主席、副主席及該主任共同釐定最後名單。名單確定後，即正式邀請對方加入，並說明評審小組成員所擔任之職責。雖然小組成員之任期一屆不超過一年，但慣例是連任達三年左右，而各小組成員每年更新的比例約爲三分之一。

視獎助類別和獎助額度，評審小組需以數日或數週來開會處理，而評審小組的工作，其實已是公開審核的最後階段，因爲在小組開會前的數月之間，委員會工作人員即不斷過濾各申請案，以確定符合申請資格、經費預算合理、申請類別無誤、申請者已獲得其他單位提供之相對基金補助、申請補助事項符合會計年度之執行等將各種條件加以整理。由於獎助會的工作人員和申請單位雙方聯繫甚耗時日，所以必須嚴格把守申請時限。

獎助人員須掌握兩點時效期限，即評審小組開會日期以及國家藝術委員會每三月一次的例會，而委員例會中，獎助會主席須在裁定補助之前徵詢委員會之意見。評審小組成員在到華府開會前數週，就能收到獎助會所寄來的申請案相關資料，而評審小組開會時間通常比國家藝術委員會之例會提前一個月。這也是會議籌備需要較長的時間之原因。

評審小組結束評審作業之後，還需兩個環節才能最後定案：首先，負責本項業務的主任得向獎助會主席報告評審結論，主席再將結論交付委員會研議；雖然主席可做最後的裁決，但若無委員會之認可，則不得發布。由於委員會的成員多是大有來歷的人物，獎助會主席總不至於提出其他意見，但他和所屬得有所準備，以便委員會諮詢時能提出說明。

評審小組不僅票選獎助對象，而且對獎助額度亦予以表決，評審小組的綜合意見中，得對其申請人或申請單位加上告誡評語，或對不妥之情事要求改進，否則再次提出申請時，將提異議反對，甚至警告若不改善，則不再獎助等語。這種評語批評文字，將可阻擋獎助會主席再更動評審小組的意見。這也就是尊重「專業」，避免政治及人情的壓力，一旦評審小組的建議受到獎助會主席的認可，國家藝術委員會之定案，就算立法者有所怨尤，獎助會主席亦可藉專家學者小組的評審委員會來推辭，以達到免除國會干預的困擾。

無論如何，藝術獎助會之補助業務，有其一定的作業流程與規定，相當嚴謹。尊重藝術創作之自由，但不流於浮濫，尊重藝術行政之規範，但絕非以金錢來箝制藝術家，更不會因此而干擾、扭曲、壓迫文化生機。

美國的文化行政，在西元一九六五年成立這國家人文藝術基金會的時候，詹森總統曾說：「沒有一個政府能夠創造出偉大的藝術，但是它能夠提供一個讓偉大藝術茁壯發展的環境。」這正說明，美國政府在文化工作上，扮演的是止於協助與鼓勵的配角（周功鑫，民86，頁3）。

二、美國州政府的文化行政

州政府層級的藝術經費來源通常有四種（芮伯熊，民77，頁18）：1.中央聯邦補助。2.州政府預算。3.地方政府預算。4.私人贊助。

各州若純以聯邦政府方面的補助款提供藝術經費，顯然是不足的，因此州政府本身依年度編列文化藝術之專案預算。然後州政府再以評審的辦法，做爲獎助申請的依據。在這個階層中的經費提撥作業，由於各州政府的評審小組或委員會，事權各有不同，施行的辦法也大有差異，但終究是聯邦政府的縮影，主權多操在評審委員之手，尊重專業亦是重要前提。而且與聯邦政府之獎助會相較，則顯得更有效率。「美國州政府藝術單位全國聯席會」的報告也指出，另一項很值得注意的統計：將近六成的州政府藝術單位，是以州政府工作人員及藝術理事會的理事們合作的方式，來糾集適當的評審小組成員，這也意味著公平公正的原則。

再談地方政府的支持，全美共約三千個地方政府層次的藝術專責單位，爲因應各社區對藝術服務之需求而存在，幾乎遍及全國各鄉鎮郡縣。通常這個層級的藝術專責單位是服務性質的，以支持本地藝術創作團體或募款贊助地方組織，並且提供技術支援和人員培訓爲宗旨，也常設有自身的獎助辦法。這種類型的藝術專責單位，可包括大者如紐約市的市政府文化處，年度預算可高達四、五千萬之數者，也有小到年經費僅數千元之鄉鎮組織。

西元一九八八年二月中「全美地方藝術機構大會」曾針對三百零五個會員做調查，其中屬於私人的非營利單位有二百二十一個，屬於公家單位有八十四個，私人單位年度總經費合計達到六千二百八十六萬元之數，公家單位總數達一億八千六百七十萬元之數。這些投入到文化藝術的經費，多是文化藝術的獎助。而主要受資助的單位有博物館、交響樂團、劇院等。地方性的藝術單位參與最多的服務範圍有技術支援、連線作業、互通資訊、協調配合、公開倡導，以及發展公共政策等。

三、地方上對藝術的贊助

地方上的贊助在全美是相當可觀的，幾乎是聯邦政府與州地方政府補助總合的兩倍。換句話說，今日美國文化藝術活動的成果，在經費上還是靠地方上的贊助為主。這種效果相對地也影響了美國政府，形成良性的循環，主要促成的要素有二點：一是相對基金的獎助辦法，另外則是減免稅捐的辦法。分別簡述如下（張中訓，民85，頁11）：

（一）相對基金的獎助

要了解美國藝術的獎助方式，一定要先了解「相對條件」的辦法。幾乎所有公家或私人性質之贊助單位，採行這種方式行之。法律規定獎助會對所贊助的計畫，不得提供超過半數經費需求之補助。並有明文「……除非獎助會是年各項經費百分之二十以下，在不顧及此項限制而仍能做為獎助和契約補助之預備金之用時，方得為之。」這是針對聯邦政府而設。事實上，州政府和地方藝術單位也把相對基金的要求奉為圭臬。

在運作上，美國的藝術機構於申請贊助時，以實際理由需先對所申請的單位進行了解，包括本身的收入來源有哪些，這些收入途徑包括了聯邦政府、州政府、地方政府、地方藝術單位、各基金會、企業團體、民間私人捐助等。甚至包括藝術單位各類非營利之行銷收入，像門票、紀念品等之所得。另外有所謂「服務的市場換算價值」也可列入贊助收入之內，這是指人力、物品等之捐助而言，例如法律方面的義工、會計人員義工，可比照市場的行情計之，又如捐贈設備、招待住宿、交通等均可列之。諸此種種看來麻煩瑣碎之事，皆可計入收入價值，因此更鼓勵了民間的投入。

相對基金在美國有其淵源，早在本世紀初紐約的著名慈善家喜福（Jacob Schiff）就專於社會福利工作之推動，但原則是要求其他人也提供數額相當的贊助，因為他認為相對條件的協助，一則可增加贊助的額度，另則可鼓勵其他有錢的人一起參與，蔚為風氣，同時這種方式也讓那些申請協助的人多方面進行支援，從不同層級去進行募集。用這種方式發展，使提供經費補助的政府單位，不致獨撐大局，造成過重的負擔；也可以證明申請的計畫在自己地方上，受到地方政府或民間的支持，有廣徵民意之好處。這種方式，在管理上也有其實際效用，因為這樣做，藝術機構一方面可證明所致力的工作不只有單一市場，另方面也順勢肇致多元化的協助，以免某一財務支援枯竭時，稍可緩衝。

相對基金的另一起因，是它也讓企業界對投入藝術的各類活動，似乎有了政府的背書，這種政府的認同，提出相對基金的贊助，使企業界就個人利益的考量似乎有了支持。因為藝術在某些前衛的發展中，也有一定的風險，如果缺少了政府支持，企業界的投入會大大的削減。

（二）稅捐減免

美國民間私人捐助能夠成功，另一法寶就是稅賦制度中的減免辦法。

凡有減免賦稅之資格，及收受贊助的組織類別都有一定的界定：該藝術組織應為非營利機構，並不得將收入盈餘以股東方式回饋任何人，組織內不得有私人投資，主管和工作人員雖得因其勞務受合理薪給，除此不能占有任何利益。到這一部分為止，該組織仍可有盈餘，惟任何個人不得圖利。其次，該組織需經美國稅捐法認定為慈善、科學、教育或宗教之可免稅業務單位。若對此類組織提供財務贈予，則可於報稅時扣除。

為了符合稅賦減免的資格，藝術組織常與教育機構比較，而且也一定宣稱自己成立的宗旨之一，即在為大眾提供某種形式的教育性服務，這些設立宗旨從而加入到各藝術組織的組織章程及會規之內。

藝術組織若想取得免稅身分，則需要依美國稅捐稽徵總署的規定提出申請，由於總署檢查尺度十分嚴苛，通常取得不易，理由正是因爲雖然稅賦的減免是美國政府支持藝術的最有力方式，不過一旦某組織取得了免稅資格，則其無須繳交聯邦企業所得稅，若在州政府層次也獲得免稅，則可免繳營業稅和州政府的企業所有稅；再進一步如果能獲得地方政府和市政當局的財產稅免納許可，則該組織連財產稅都不必繳付。這種免了稅賦，其實就是從政府取得相當龐大的貼補經費，因此成爲美國藝術組織亟盼獲得的優惠。

在另一方面，美國有關個人的捐獻減稅，也是相當普遍的措施。凡受贈對象是教育或慈善機構，贈予者均可獲得減稅，減稅規定是允許納稅人將須繳交稅金收入的半數，贈給慈善或教育機構，贈予部分既可不扣稅，又可從全年所得中減除，剩餘部分再核算稅賦之繳交。由於美國所得稅採累進稅率，因此民眾均爲節稅、減稅而有大筆捐贈，此外小額捐款亦是源源不絕，形成風氣。至於企業界更是樂於大筆捐獻，以減低稅賦，惟其規定捐贈之上限爲百分之十。

民眾與企業界在節稅、免稅之誘因下，又知政府相對基金之實施，更促使民眾及企業界慷慨解囊，共襄公益之盛舉。

在無形方面的效益是，民眾樂於捐獻給慈善、教育機構金錢，自然對所投注金錢的機構十分關懷，也樂於參與這類機構的各項活動，無形中人人喜愛參與藝術文化的各項活動，民眾素養自然提升，社會因而和樂，充滿了生機。這絕不是政府圖多收稅金，多投資文化藝術所能帶來的「自發性」。這種因政策的推動而自然形成的生活改造，才能收到事半功倍之效。此種政策值得吾人參考。

第二節　法國的文化行政

一、文化部的設立

法國是一文化大國，有其悠久優美的文化傳統，除了高盧本土色彩，又融合了古希臘、羅馬文明，加上日耳曼民族的影響，孕育出包容性大、吸收力強的人文主義濃厚的法國文化。

早年的法國文化只屬於中上階層的王室貴族，但是經過僧侶、教士、 學者、藝人等的努力，全民文化層次，已經有顯著的提升，一次世界大戰以後，法國在普及教育和文化建設上更是不落人後，成爲歐洲文化大國。西元一九五九年法國第五共和時，戴高樂總統任命文學家安德雷．馬羅（Andre Malraux）出任國務部長，並兼管文化部，這是法國首先設立文化部之始。馬羅任職的十年之中，建樹頗多，尤其將法國文化行政制度的架構建立完成是其貢獻。由於法國採行的是中央集權制，與美國各自發展的藝術文化團體大異其趣，因而提出介紹。

一九六〇年代之前，法國的文化事務是多頭馬車的行政型態，但均由政府主導：文化方面的預算和法令規章必須經由國會審議、監督；在類別上，藝術、文學、技藝、音樂、影劇等分別由教育部、外交部、文化技術局、經濟部，或對外合作事務部負責推動管理、研究發展。其中教育部所負權責最大，將文化視爲與教育一體，因而廣播、電視、空中大學、圖書館、博物館、歌劇院及藝術畫廊等文化媒體與機構均成了學校的延長，均隸屬教育部管轄。行政上實行中央集權，一直管到地方，因而地方上的文化設施、文化活動，幾乎完全受中央督導，尤其是政策的擬訂、組織機構及管理等。

另外一方面，文化工作也有其他單位一起配合的，例如文化資產交由觀光部門負責管理，對外開放，成為國家觀光事業文化財。海外文化推廣及法語推行，由外交部和教育部、法蘭西聯盟合作，在駐外文化參事上大力推行，推動法國文化相關事務。另外，成立海外合作事務部，也是文化交流的單位。

西元一九五九年馬羅接掌國務部長，主掌文化事務，成立文化部，任務定為：「促使法國廣大民眾，不分階層，可以自由接觸人類偉大文明，尤其是法國歷史文物，確保本國文化史蹟供各界參觀，並鼓勵藝術創作及宏揚藝術精神。」（鄒明智，民79，頁6）

馬羅首先將教育與文化工作畫分清楚，凡藝術、技藝建築，及古文物檔案資訊等從教育部分出，民眾教育及青年文化活動也畫歸文化部負責。由於馬羅對電影藝術之偏好，特別將電影藝術從工商部交由國家電影藝術中心接管。從此，從最傳統的文物保存到最現代的藝術創作均由文化部主導。這一措施大大改變了法國文化行政的生態，也把文化透過政府的運作，更平民化、更普及化。

在馬羅擔任文化部長期間，全力促進文化資產維護與利用。文化資產由文化部設立專責小組負責，古蹟、古厝、教堂、古堡等古紀念性建築，均入保護之列。隨之而來的維修工作，使法國古代風貌至今得以保存發揚。另外文化部編列預算，獎助電影事業之發展，並在全法國地方設立文化中心和文化活動場所，推展音樂、舞蹈、藝術展演、電影欣賞、圖書館、演講、戲劇演出等活動。

法國在馬羅任內，軟體方面的建樹也是相當可觀的，其演變是隨當時時局而調整，但其方向與規模完成於馬羅時代是可確定的。總理夏本德瑪時，以文化掛帥，建立和諧社會，其文化宗旨訂為：1.以個人積極的創作代替被動的消費；2.肯定人的責任地位，以彌補科技之不足；3.不應只局限於傳統或精緻文化之大眾化，更應顧及多元化社會之文化多樣性；4.以建立和諧怡人的生活環境為施政優先（鄒明智，民79，頁8）。

在季斯卡總統時期，文化發展重點則在電視及文化事業的輔導。西元一九七八年政府改組將文化與傳播併爲一部；西元一九八一年法國文化建設因左派執政而側重在就業、社會文化結構、文化事業產品等文化社會大眾化主題上；西元一九八四年至一九八八年的國家建設則把社會發展與教育文化相提並論，並且通過羅浮宮的修建和文化下鄉等措施，這些都是特色。而文物保存、維修與創新，以及擴大群眾參與，一直被重視推動著，並且施行得更深入、更廣泛。另外，爲了讓文化部督導地方的工作更落實，將全國二十五個地區，包括海外三屬地，均設置了文化事務司，與地方政府協調配合，負責地方文化活動的推展。西元一九八六年密特朗總統時期，文化政策更放眼公元二千年，積極展開科技文化及影視傳播。一方面擴大政府與民間文化合作，一方面鼓勵私人企業投入藝術文化的活動，以減輕政府負擔，加深民間的參與，朝向現代化推進。

二、法國文化政策的制訂

馬羅擔任文化部長期間（一九五九～一九六九）爲協助文化行政當局徹底掌握施政方針，曾設有文化諮詢機構，其成員包括文化界各類代表、專家、創作家、營利及非營利文化協會主管、美術音樂教育家、業餘藝術家、企業家、勞工代表等。但是馬羅自視甚高，一向不諮詢這些機構之意見，此後更不設永久諮詢機構，諮詢機構只提出報告聊備一格。由於文化部對諮詢機構全不重視，甚至於西元一九七二年十月時，該組織理事會憤而全體辭職，文化部仍不爲所動。

對於文化政策、文化措施及文化活動，政府一向採自主獨斷的路線，因此在藝術創作的空間上多少受到影響。西元一九八二年隨文化發展之範疇擴大，決策者開始注意文化對一般民眾的重要性，「文化工業」也隨著經濟社會發展進入每一家庭。

在文化計畫擬定過程中，政府依據政治綱領，決定發展目標，並根據財務預算訂定發展策略，隨之以國家發展計畫法案向國會提出報告。但是政治變幻莫測，各種計畫未必得以執行，因而需要通過法案爲之，甚至將預算之單項計畫方案立法來推行。法國文化政策所揭櫫之文化發展宗旨，大致有承先啓後的內涵，惟因時間的遷移及新觀念的引進，導致發展之型態往往與當初計畫有所差異，而政府也會主動調整，並採彈性的實踐方針，使法國文化發展走在潮流之前，這也是法國文化政策的最大特色。

三、法國中央文化行政組織

法國對文化事務的管理，採中央集權制，文化部直接管理很多文化活動部門，並管理獎助措施。其組織龐大而複雜（見附圖2-1）。文化部之架構及功能如下：

（一）文化部直轄的文化機構

文化部在部長及主管大眾傳播次長之下設部長祕書處、行政總監察、國際事務服務辦公室。業務單位共有十一個部門：

1.檔案司：其下直轄國家檔案處。

2.博物館司：其下直轄全國三十五個國立博物館，以及國立博物館會議、羅浮宮學院、羅丹、摩洛、赫內博物館、羅浮宮大博物館。

3.圖書司：其下直接管轄國立公共圖書館合作中心、國立文藝中心、公共資訊圖書館、國家圖書館。

4.文化資產維護司：其下直轄歷史古蹟保管處。

5.一般行政及文化環境司：其下設有派駐全國專門委員，統管地方層級的文化機構。

6.教育與訓練議會。

7.表演戲劇司：其下直轄國立巴黎高級戲劇藝術學院、國立斯塔斯堡戲劇藝術學院、國立歐狄昂法語劇院、莎幼劇院、國立高等馬戲中心。

8.音樂舞蹈司：其下直轄國立巴黎歌劇院、國立巴士底歌劇院、國立巴黎音樂學院、國立里昂音樂學院。

9.造型藝術司：其下直轄羅馬法蘭西藝術學院、國立造型藝術中心、國立裝飾藝術高等專科學校、國立美術高等專科學校、國立工業設計高等專科學校。

10.國立電影資料中心：下設國立電影資料館，並在各地區設代表辦事處。

11.國立龐畢度文化藝術中心：直屬部長祕書處，是一特殊的財團法人機構。

責任最重要之一般行政及文化環境司，爲統屬上下之關鍵，其責任分兩部：第一部分就橫的方面而言，是爲其他司服務，像人事、社會事務、財務、司法等，亦包括研究與發展；第二部分以縱的方面而言，是負責與民間部門的關係，以及協調地方機構。

（二）受文化部技術監督的地方單位

在法國，省及市的檔案處有九十九個，分級及督導博物館三十二與一千所，省立巡迴圖書館九十九所，分級市立圖書館五十四所，未分級圖書館一千二百所，國立地區音樂學院三十一所，省級國立音樂專校八十四所，國立或立案之音樂專科學校一百四十五所，地方藝術學校五十所，以及各類藝術文化相關機構。凡受到文化部的補助，就必須遵照文化部規定之運作準則行事，其活動受文化部監督，其人事亦受文化部干預。

（三）與文化部有契約關係接受輔導的單位

法國各類藝術文化團體機構，及各類藝術文化協會總數超過五千個，均受文化部輔導，成爲文化部的衛星群，協助完成文化部之目標而努力。

四、法國地方政府的文化行政

法國地方政府的行政單位區分爲三種：1.地區；2.省；3.市鎮。全國有二十二個地區，一百個省，和三萬六千五百個市鎮。在政治、經濟各方面都是中央集權，文化上亦同，不過爲了均衡和普及，也推行分權的做法，就是行政與財政之權力，及推展文化活動之責任，由中央轉移給地方，但文化部仍居督導地位（見表7-1）。

首先，在地方增加文化設備和專業機構。在市鎮成立文化之家，並設置戲劇、音樂演出團體和公共圖書館。

再則，文化部負擔全部設備設施費用，至於運作的費用，中央只支給部分，所缺部分由地方政府分擔。

而後，在二十二個地區都設置了「地方文化事務司」來配合文化部各司之工作方針與地方之運作。此地方文化事務司雖隸屬文化部，但給予較多自主之權，以配合地方的需要。

中央也將資金轉移給地方行政單位使用，讓地方政府有自主的空間，以便加強地方上的文化藝術活動。

最後，在官僚體制下的行政制度之中，行政效率自然大打折扣。爲了改善行政上這些缺點，法國在管理文化基金和輔助金的機構就顯得特別重要，種類也特別多樣，像文化輔導基金（西元1985年停止）、國立文藝中心、國立造型藝術中心、現代藝術地方基金、電影與文化事業資助所、影

表7-1 法國地方文化事務司組織表

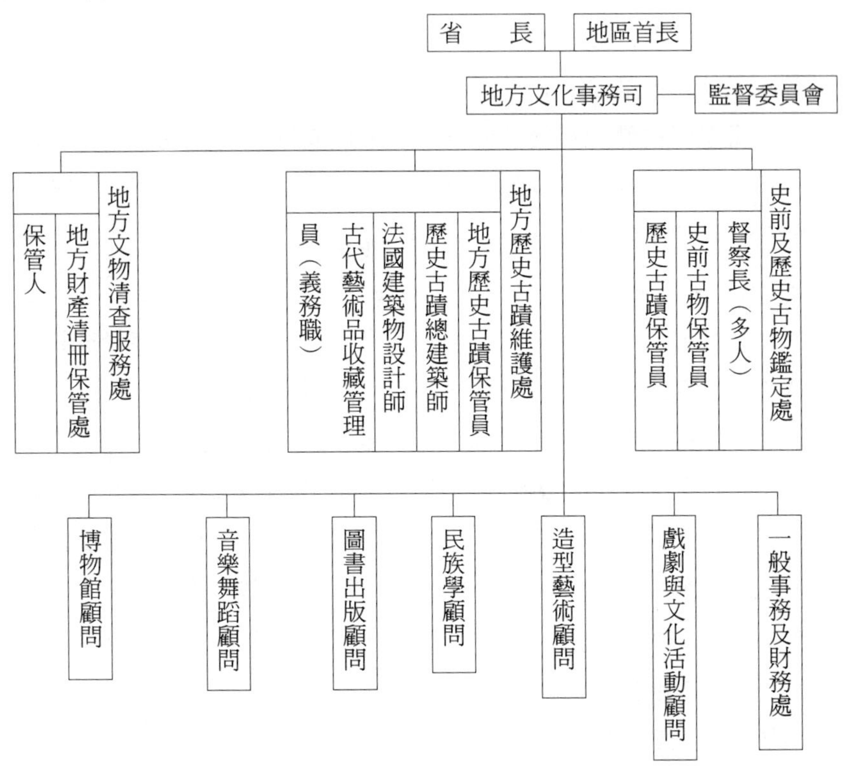

根據鄭明智，民79，頁35。

視製作投資公司等。可減少會計體制的干擾，靈活運作。

下面介紹的視覺藝術中，博物館組織之模式，將可助吾人了解法國在官僚體制之中的靈活性。

法國博物館由法國博物館中央管理處集中管理，管理處直接隸屬於文化部。法國博物館可區分爲國立博物館，巴黎以外的外省博物館以及列管與轄屬博物館，皆由法國博物館中央管理處管理或督導。

法國博物館中央管理處，設總館長一人，管理法國全國博物館事務。另設副總館長，以協助總館長。其行政組織架構分爲內外兩部分。對內行政分爲三組，組之下設室。第一組下設總務室、材料室和安全室。第二組設人事、專業訓練和財務室。第三組（文化工作組）設教學工作室、公關室和視聽與推廣室。對外工作則包括羅浮宮學院與國立博物館的管理，以及國立博物館的一般性服務。例如所有國立博物館文物照片的申請，及羅浮宮內的國立博物館圖書與文獻總館的管理。法國博物館研究實驗室的管理：實驗室設在羅浮宮，負責全法國國立博物館藏品的科學研究與維護工作，唯有繪畫的修護設在凡爾賽。

從上述看來，法國博物館事業的人事、安全、教育和維修採集中管理，博物館專業是係出一途，統一訓練。

至於博物館的其他重要工作如典藏、徵集、研究與展覽，除徵集由法國博物館中央管理處一輔助單位「國立博物館聯合會」專門負責外，各博物館因性質不同，研究方向有異，因此各博物館的展覽是自行策劃的。

在官僚體制中，行政手續極爲繁瑣，龐大而複雜，因此在博物館中央管理處設置了一獨立自主的公立機構，這個單位是法國博物館聯合會，它可以解決一些會計手續上的困擾，特別是有時效性，需彈性權宜之事務，法國博物館在徵集文物藝品上就充分發揮了優越性。

國立博物館聯合會的主要任務是在經費上與方式上提供博物館藏品徵集服務，使博物館更能夠順利的獲得藝術文物精品，使收藏品水準更高，並且更豐富，這樣對參觀者才能具有更好的文化教育。此外聯合會還擔負博物館文物複製的工作和推廣業務。

至於法國國立博物館聯合會所需要大量的經費來源是如何解決的呢？這些經費的來源大致可分爲下列幾項（周功鑫，民78，頁5）：

1.博物館入場券與專題導覽參觀的收入。

2.特展及藝術與文化表演之收入。

3.本身資產的投資收入。

4.私人企業或財團之捐贈。

5.政府的預算補助。

6.其他各種各類文化活動的收入，包括複製品的供銷。

這些經費完全用於文物徵集、人事、設備及聯合會平日營運之各項開銷。

國立博物館聯合會雖受制於法國博物館中央管理處，事實上不受中央政府之管轄，有自主的自治權，因此有獨自的經營管理方式。

聯合會是由兩個顧問委員會共同管理，一個是行政諮詢管理委員會，另一個是藝術諮詢委員會。行政諮詢管理委員會設主席一人，由法國博物館中央管理處館長擔任；設委員若干人，包括政府文化部負責行政者、法院首席法官，以及預算部長所組成。藝術諮詢委員會分成當然委員和指派委員。當然委員有法國博物館中央管理處總館長、美術院常任祕書與財政管制員。指派委員由文物歷史古蹟總監察、博物館典藏維護單位選出三位以上人士，另外按專長及才幹選出十八位擔任藝術諮詢委員會委員。

從國立博物館聯合會的組織結構來看，它是委員會的形態。法國博物館中央管理處總館長爲行政諮詢管理委員會的主席及藝術諮詢委員會的當然委員，然而一切政策的決定都需要交由委員會通過後才能執行。因此，不致造成一人獨斷獨行的情況。尤其是聯合會負責國立博物館藏品的徵集，複製品的生產與銷售，經常處理龐大金額的業務，以委員會方式管理，可免除圖利他人之嫌。此外，在文物藝品的徵集上，鑑定和談判更需要各部門的專家，以委員會方式處理，更能達到集思廣益之效。

綜而言之，法國文化行政的特色是中央集權制，但其中仍不乏變化，尤其在官僚體系中有各種委員會出現，讓僵化的體制具有靈活性而顯得生氣蓬勃。

第三節　英國的文化行政

英國是指大不列顛和北愛爾蘭聯合王國，聯合王國由英格蘭、威爾斯、蘇格蘭、北愛爾蘭組合而成。其中英格蘭經濟最繁榮，文化水準最高，地區也最大，人口最多，因此在聯合王國中居領導地位，在議會中議員也占多數。整個英國雖是中央集權政府，但各區保留相當大的獨立性，在法律制度上、社會文化上、地方色彩都相當濃厚。

本節是介紹體制，英國地區的文化體制，雖和主要的英格蘭稍有不同，但主要型態並無二致。因此僅以英格蘭的文化行政提出討論，供大家參考。這是要先說明的。

在一九九七年七月之前，英國政府組織中並沒有文化部之設置，可主導全英國的文化事務（餘請詳閱本書第二章第二節）。但是設有一個藝術部，藝術部主管的對象是博物館、美術館、圖書館、表演性和觀賞性的藝術活動，以及古代碑亭、建築的保存。它主司政策的決定，並且撥發政府經費給民間團體，但自身並不參與活動。而對於各項的藝術活動保持相當距離（arm's length policy），資助對象也只限於十幾所規模較大的國立博物館和美術館。圖書館方面也限於國立英國圖書館。古代建築碑亭及歷史性建築物，則委託威爾斯和北愛爾蘭的「國民信託」和蘇格蘭的「國民信託」管理。表演性和觀賞性的藝術活動，則支給不列顛藝術理事會去作業。

制定藝術部的工作是文化政策，但均交由專家組成的各種委員會，來建議政府的施政方向。

一、英國的藝術理事會

藝術理事會（Art Conncil）是文化藝術活動的主導機構，包括不列顛藝術理事會，及蘇格蘭和威爾斯各一個藝術理事會，北愛爾蘭也有一類似組織但稱為聯合會（Association），人事和經費則由北愛爾蘭事務部負擔。

在各國理事會之下還設有地區性的藝術聯合會，它們受藝術理事會撥發經費，從事地方上的藝術文化活動。

基本上，英國的藝術部只管重大政策，只管撥給經費，完全不過問藝術理事會的日常作業，並且儘量保持距離，以免有干預之嫌，因此兩者關係是良好的，理事會每年向藝術部提出預算，藝術部則儘量爭取，一切經費由政府提供者，必須經過議會的審查通過。理事會另一方面也大量向工商企業界募捐，在經費上也獲得不少的幫助。英國的文化行政要言之是，政府出錢，交給民間去做的型態，也是很具特色的一種制度。

二、大不列顛藝術理事會

大不列顛藝術理事會是在西元一九四六年根據皇家敕書而設立的。其目的有三（楊孔鑫，民79，頁17）：

1.發展和改進表演藝術和視覺藝術活動水準，增進對藝術知識的了解。

2.增進藝術在英國的普及性。

3.就藝術問題，向政府部門、地方當局以及其他團體機構提供建議，並與之合作。

表7-2 英國文化活動與組織表

<table>
<tr><td rowspan="2">文化活動項　目</td><td colspan="2">1.藝術的保存</td><td rowspan="2">2.藝術教育</td><td rowspan="2">3.藝術的倡導與資助</td></tr>
<tr><td>(1)有紀念性碑亭及歷史性建築物的維護</td><td>(2)全國性博物館及美術館的支持</td></tr>
<tr><td>主管、督導機關</td><td>環境部</td><td>藝術部</td><td>教育部</td><td>藝術部</td></tr>
<tr><td>執行、推動機關、團體</td><td>國民信託①（會員16萬多人）
英格蘭、威爾斯、北愛爾蘭國民信託負責維護四十萬英畝土地及近兩百處建築物。
蘇格蘭國民信託維護七萬英畝土地及七十多處建築物。
其他此類民間組織尚多。</td><td>博物館與美術館委員會
9個區域性博物館理事會
博物館聯合會
18所國立博物館與美術館
（Landon即十所）如：
─大英博物館
─全國美術館
─全國人像美術館
─倫敦博物館
─全國海事博物館
─自然歷史博物館
─科學博物館
─帝國戰爭博物館</td><td>中小學
課程、社團
大專學校
藝術科系學院
如：
─倫敦大學史來德藝術學院、古德史密斯學院
─牛津大學魯斯金繪畫學院
─皇家戲劇學校
─中央語言及戲劇學校
─倫敦音樂及戲劇學校
─老維克學校
─皇家音樂學校
─皇家音樂學院
─三一音樂學院
─伯明罕音樂學院
─皇家芭蕾舞學校
─南伯特芭蕾舞學校
─現代舞學校
─沙瑞大學
─達定敦學院</td><td rowspan="2">不列顛藝術理事會
1.理事會（主席1，理事19）
2.執行部門—祕書長
(1)經理小組
①副祕書長
②財務處長
③藝術聯絡處處長
(2)祕書室
3.顧問性部門
(1)專家討論會（7類）（10～16人）
(2)顧問會（10～16人）
(3)特別委員會
①副主席委員會
②政策與財政委員會
③藝術與殘障檢查委員會
12個區域藝術聯合會
220個藝術中心
（英國影劇學會工藝理事會）
蘇格蘭藝術理事會
藝術聯合會
威爾斯藝術理事會
藝術聯合會
北愛爾蘭藝術聯合會</td></tr>
<tr><td>蘇格蘭事務部
威爾斯事務部
北愛爾蘭事務部</td><td colspan="2">地方政府、學術機構、私人社團博物館及美術館有2000所。
國民信託②（會員3萬多人）
國民信託①
國民信託③</td><td>─皇家音樂戲劇學校
─皇家北部音樂學校
威爾斯音樂戲劇學校</td></tr>
</table>

（續下表）

文化活動項目	4.圖書館與圖書出版	5.文學活動圖書出版	6.電 影 事 業
主管、督導機關	藝 術 部		藝 術 部
執行、推動機關、團體	英國國立圖書館 1.人文及社會科學部 2.科學、技術及工業部 (1)文件供應中心 (2)科學參考及資訊處 3.展覽部 4.圖書目錄處 5.研究發展處 公共紀錄廳 4所圖書館與資訊服務委員會 中央基金會（版權） 出版商聯合會 書商聯合會 書籍信託 （大學圖書館、私人、學術圖書館及工商界圖書館、地方公共圖書館） 蘇格蘭國立圖書館 蘇格蘭公共紀錄廳 威爾斯國立圖書館	1.教育 中小學課程 大專學校科系 2.社會 報刊、廣播、電視、學術團體、出版商、基金會、文學會社等。如： 毛亨信託基金會 葛瑞古瑞信託基金會 英文聯合會 皇家文學協會 不列顛歷史、哲學及語言研究促進會 狄更斯學會 詩會 詩集協會	英國電影學會 1.電影製片委員會 2.全國電影院（兩座放映場） 3.全國影片檔案處 4.資訊處 5.圖書館 40個區域性電影院 700多處電影銀幕 英國銀幕財團 兒童電影和電視基金會 全國電影電視學校 國際電影學校 皇家藝術學院 工藝學校 蘇格蘭電影理事會

（續下表）

7.廣播與電視	8.國際文化活動	9.報紙與雜誌
內　政　部	(1)外交部 (2)海外發展署	
英國廣播公司 董事長　董事（含董事長、副董事長，共120人） ① 總裁 — 專家委員會 — 廣播部 — 電視部 — 交響樂團 獨立電視公司 （董事12人） 十多家節目公司（供應節目）	英國委員會 （執行委員會委員30人） — 八十多國設代表辦事處（代表爲駐外使領館教育顧問） 國際創導基金會	新聞報導與言論只受三項法律約束（不得違背）： 1.藐視法庭法 2.誹謗法 3.保密法 國防、新聞及廣播委員會

根據楊孔鑫，民79，頁45。

大不列顛藝術理事會收到政府經費之後，根據理事會中各專家及顧問委員會之決議，將經費分配給：1.蘇格蘭藝術理事會。2.威爾斯藝術理事會。3.在英格蘭地區的十二個區域藝術聯合會。4.其他藝術團體及藝術活動計畫。

三、大不列顛藝術理事會的組織

（一）理事會

理事會是最主要的決策機構，設主席一人，理事十九人，理事均爲無給制，都由藝術部部長和蘇格蘭事務部部長、威爾斯事務部部長磋商後任命之。主席任期五年，理事四年。理事可以連任一次，但通常都以擔任顧問會或委員會主席爲限。各理事會均係以私人身分參加藝術理事會，而不代表任何團體或會社。理事會定期會議，其任務有三：1.制定政策；2.分配經費；3.指導工作。

（二）執行部門

執行部門設祕書長一人，由理事會報請藝術部部長同意後任命。對議會來說，他是主管理事會一切開支的執行者，連蘇格蘭及威爾斯兩地的藝術理事會也要向他報告。祕書長領導一個經理小組，其中包括副祕書長，他是主管一般行政和服務部門。另外還有財務處理和藝術聯絡處處長。祕書處定期會議負責理事會一切行政作業，並處理理事會交辦之決議事項和全部文書檔案之管理。

（三）諮詢部門

諮詢部門分三類：1.專家討論會；2.諮詢會；3.特別委員會。

專家討論會是根據藝術類別來區分：包括舞蹈；戲劇；電影、廣播；文學；音樂；攝影；視覺藝術。諮詢會則提供計畫發展方面的建議。特別委員會又分三個，其中兩個之組成分子均爲理事會理事，它們是「副主席委員會」和「政策、財政委員會」。第三個稱「藝術與殘障檢查委員會」，都是常設的委員會。任務均爲就其專業知能，提供理事會各種政策性和資助做法的建議。而各個委員會成員，大小不等，有十人至十六人不等，任期一至四年不等，但均由「副主席委員會」審定人選，經理事會同意而擔任的。

英格蘭、蘇格蘭及威爾斯都有地區性的藝術聯合會，並且為數甚多，這些藝術聯合會，由不列顛藝術理事會直接撥款，蘇格蘭及威爾斯兩地更有此兩理事會另款補助。並且積極向工商企業募款，獲得資助，從事地方的藝術文化活動。

值得一提的是，英國文化行政的舉措，當然不只靠藝術理事會，另外，像圖書館事業、博物館美術館事業乃至於電影學會、廣播事業等均有政府藝術部督導，但因其特色不及藝術理事會，就不再多提。

關鍵詞彙

相對基金	官僚體制	文化部	稅捐減免
中央集權	藝術理事會		

自我評量

1.美國聯邦政府對藝術有什麼相關措施？

2.法國在中央集權制度之下，如何解決官僚體制之約束？

3.英國藝術理事會在藝術行政方面的貢獻。

第八章　藝術行政綜論

學習目標

在研讀本章內容之後，學習者應能達成下列目標：

1.對藝術行政的組織、事務的推行、經費的募集、人員的培訓有所了解。

2.舉一反三，對其他未能論及的藝術行政應能自行研讀。

摘要

本章限於篇幅，所討論之論題，只有組織的型態架構、計畫政策的取決、經費的募集與人員培訓，是些基本的觀念和理論。提供「藝術行政學」一些入門的課題。

第一節　藝術團體、機構之組織

一、成立藝術組織之要素

藝術團體或機構，在成立之初就必須考慮到一項重要的條件，那就是經費來源。不能因財務之害而迫使組織瓦解，所以在講組織的實際之前，先應該談一談穩定組織的一些基本要素：新的藝術組織之誕生，自然有其熱忱，但是耐力更形重要。所謂耐力，是組織的持久性，因此需要一些強制性的原則。第一是想像力；第二是實際性；第三是要有長程的計畫（*Reiss, 1979, 123*）。

我們就藝術行政組織之長程計畫來說明其重要性：通常任何的藝術行政都會考慮下面七項因素。

（一）思想

必須迎合社會的需要，看看自身這個團體或機構所要扮演的角色是什麼？社會和民眾對這樣的團體或機構的反應又如何？以什麼方式或技術發展這樣的團體或機構，才能迎合社會和民眾的需要？諸如此類的哲理思想，很具體的把一個藝術組織之「存在的理由」刻劃得很清楚。

（二）目標

任何一個藝術行政組織，必須要具體而微的，把自己的目標，明確地書寫成文字。這時要考慮的是，民眾的需求是什麼？社區的期望又如何？乃至於整個社會脈動都應思考，將目標配合之。再則這類組織哪種身分的民眾有興趣，會參與？對象要弄清楚。是不是有相同的藝術團體或機構已經存在？相同的目標能否取代之？並存之？或者要自身改變之？當然，也要看到未來的發展趨勢，努力達成目標的方法是如何？等。

（三）節目

也就是一個藝術團體、機構有些什麼經常性的活動。定期的活動和臨時性的活動有哪些？活動節目的內涵和程度都要事先有規劃。節目在什麼地方舉行？對未來對象如何關注？對開發節目更應有一定的引導。

（四）組織機構

這是因為任何團體機構均需人的運作，組織架構和行政督導都是因此而生，各個層級、各種專業的人才，因組織而發揮效率。組織方式多種，藝術行政單位仍以委員會型態居多，其工作關係和對內對外的聯繫運作都需要先規劃妥當。

（五）工作人員

人員編制、人員資格、人員專業特長、委員延聘、義工組成等。將工作職務畫分清楚，獎勵辦法、薪資標準、專業的給付等也要確定。

（六）設施設備

包含行政上的和活動節目上的設施設備、種類、品質、數量都應顧及，還要適切的想到未來的擴充和變動。許多設備、設施在新的團體機構中，不容易一次完成，也要計畫好逐年補充。

（七）財務經費

行政的運作、活動的展開，不能沒有經費來支應。事實上，藝術活動的花費是很大的，要提升水準更是需要大投資。財務的健全是必要的，經營中獲得各方的資助尤其重要，因此募捐、申請補助、成立基金等都是可行而需要的。即使是公家單位的藝術行政機構，也應該跳出預算編列這唯一途徑，努力爭取財源，藝術投資在經費方面永遠是需要的。

二、藝術組織的型態

（一）組織型態

行政組織的型態雖有多種，但藝術組織大多是委員制。尤其在美國全國非營利之藝術組織，由於其擁有之收益不屬任何人，故不得圖利是必然條件。此與企業工商界的經營大爲不同。

就型態來說，委員制基本上有三種式樣：

第一種是主從首長制的，像金字塔般，在上位者少，在下位者眾，主從關係明確，上有理事會，理事長爲最高行政首長；下有理事，另設監事，理監事是決策單位；再下有行政組織及人員，推動各項活動及運作。

第二種是「沙漏型」的行政組織，上有理事會，理事會掌控於理事長（或執行長），而下面有行政架構推展業務。

這種型態的架構在決策過程中，理事們有更大的發言決定權，達到集思廣益，理事們均能參與的好處。

第三種委員會的型態是水平齊頭式的組織，團體機構之中成立各種委員會，凡事都由全體決定。而不由一人爲之，因此不受一、二人左右，大家共同參與決策。但此制效率較差且意見分歧時紊亂在所難免。

（二）組織內容

雖然有關文化藝術的理事會有不同的組織規模，不同的大小，不同的職責範圍和複雜性，但是大多數的理事會仍然存在著相似的組織內容。

1.主席

最高階層總有個領導，是爲主席，許多文化藝術組織中就用President（主席）這個字。另外還有一、二個或兩個以上的副主席。有一名司庫管錢，由專職人員或義工擔任，也有僱用一名負責的會計，大的機構亦會僱用祕書之職。

2.委員會

理事會的工作由委員會執行，執行委員會是最高行政單位，財產管理是項重要的工作，委員會討論多是管理和財產保管的種種問題，有些經紀單位是由財務和預算委員會來計畫預算和財政管理等問題。

(1)人事委員會

組織藝術團體、機構，通常設有「人事委員會」，討論人員待遇等問題，並且考核人員、訓練人員，從事和人事有關事務。

(2)發展委員會

另外設有「發展委員會」也是常見的，負責考核計畫、出版、公關、募款等工作。特別要提的是，發展委員會應規劃組織之捐募款來源，並與組織之工作人員緊密配合，以制定這範圍之長、短期目標，並爲組織之宗旨及計畫設定策略以謀充分之經費。此委員小組應定期向理監事會報告，並應讓理監事會參與組織之募捐活動。有些藝術團體機構規模較大，在發展委員會中分出「企劃委員會」，將各種企劃作業集中完成，包括組織所有的中長程計畫，以顧及各項不同工作內容之協調，並訂定其達成組織宗旨之方式、人力及財務支援之出處、短程內需達成之目標爲何，以及了解爲達成藝術文化組織之宗旨所須擁有之主要管道和運作關係。

(3)提名委員會

這個小組之相關業務爲儲備必要之適當理監事人才、人選，俾使組織之宗旨和工作能維持運作，充滿生機活力、資訊通暢、且全力投入理監事的活動。此委員會小組有責任督導理監事以維持其強勢，其成功的辦法有：尋求新理監事；督導新理監事之徵募和認識；提案建議理監事之教育；培養理監事發展領導技術；準備理監事之職掌說明和表現標準。

以上所說「提名委員會」小組最少每三個月應向理監事提出報告。

(4)財務委員會

財務委員會小組由組織工作人員協助，以督導組織年度預算之擬定、稽核和控制。委員小組應就預算向理監事會提出建議案和報告，並且定期檢視組織之各項財務以及向理監事會提議相關事項，財務長於小組有投票權。

許多文化藝術組織，依照功能性質，成立不同的委員會，像博物館有成立「展覽委員會」的，劇團、舞團、樂團也都有類似的委員會，來決定展演有關的事務，像評定展覽計畫，選定展品，或評劇目、劇型、演員藝人等問題。「福利委員會」，是協助發展委員會獲利單位，也可照顧工作人員，像展演機構中的商店、餐廳、專賣等都交由福利委員會去策劃推動。「圖書館委員會」也是功能委員會之一。這些委員會中有的是永久性的，有的是臨時性的，它們都是理事會的手和眼，有效的協助理事會推動各項工作，當然，理事會雖權大位高，但有效的理事會仍應尊重專業的委員會才是正途。

第二節　藝術行政團體編製計畫

一、計畫的編製

在藝術行政組織之中，最容易被忽略的作業之一，就是計畫的編製。忽視計畫的編製原因固然很多，但主要原因還是由於要編製一個完備的計畫並不容易，有的單位認爲花時間精力編製計畫，不如多從事現行業務。行政人員常以沒有時間編製計畫，也無法掌控變化萬千的社會因素、編製計畫並不實際等爲藉口。但是，就行政觀點，如果缺少了可行的計畫，營運、預算、人員才眞是大的問題，況且藝術行政單位，多數是靠計畫申請補助，沒有了計畫，更是困難重重。

編製計畫確實是要預測未來，而未來的變化也是難免，所以只能從盡可能的方法中做出選擇來編製計畫，爲了達到計畫的可行性、準確性，許多藝術行政團體機構之中就設置了專門委員會，專門從事調查分析，編製計畫，而此類委員會多由副主席等首長領導，以便於整個機構之運作。

什麼是編製計畫呢？編製計畫是使一個組織按預定的行動路線，從一種情況出發，在一定時期內達到所需要的另一種情況所經歷的過程。編製計畫須決定做什麼事（What），怎樣做（How），什麼時候做（When），及由什麼人做（Who），在哪裡做（Where）。因此編製計畫包括根據已知任務、目標、目的和其他有用的資訊，經過可能的行動過程而做出決策。編製計畫最重要的理由可以說是避免某些不定的傾向和變化，集中注意於明確的目的，取得經費上的效用以及便於對機構的掌控。爲了確定編製的心態，應從上級開始，確立觀點，然後貫徹到藝術行政團體機構之政策、程序、設計和辦法之中。完成書面的步驟和綱領，從書面的綱要再進行討論，讓大家參與，等意見一致就可以完成書面的計畫書，成爲行動的指南。這種計畫應該要經常做，而且要用有經驗的工作人員來進行。

二、編製計畫的要素

（一）時間

計畫有短期和長期兩種。通常以會計年度編列的計畫是短期的，一年度之內有人員、經費、設備等的配合，是比較容易具體達到，由於一年爲期，變化性也較小，這類計畫也包括了各種專題的進行，和日常業務的配合。長期計畫是以五年爲期規劃，在資訊和規劃上較困難，但是就決定組織的主要目的和方向而言，乃是不可或缺的指引。

（二）蒐集資料和分析資料

編製計畫的第二要素是蒐集和分析數據，因爲得到的資訊愈充分，編製計畫的過程就愈容易。所謂的數據是涵括了各項活動的情況，人員資料、專長和操作能力、對象的了解、社會社區的需求等做系統的蒐集，也就是對整個組織和工作的了解和研究。

（三）各層次的計畫編製

藝術行政團體、機構，大小不一，內部的結構也不盡相同，在計畫的編製方面是全面性的，不論上、中、下級都應該有計畫的編製。通常中下階層的計畫是比較落實的、對內的。例如博物館展覽計畫、巡迴借展計畫等。上級層次的計畫通常較爲長期，性質偏重規劃性的、對外性的。有的藝術行政單位特別成立計畫委員會，使上下各級的想法一致，共同編製可免除各單位各行其是，也更容易上下各階級互相溝通。

（四）靈活性

靈活性也是重要的，任何計畫不能硬性不變，過於僵化。尤其在長期計畫之推行中，要經常檢查，把不合時宜的去掉，加添所需的新計畫。計畫有長、短期間，也有總分之不同，靈活性的改變也可以將一些不需要的分計畫，抽換成更切實際的計畫。事實上計畫就像一種看法和精神，一種思考方式，每個計畫都有其相關和互動性，它組成了藝術行政團體機構的活動指標。

另外要提的是，在編製計畫過程中，若是有些技巧可遵行，將可省去編製之困擾，包括（劉碧如譯，民75，頁23～24）：

1.標準的採用

所謂標準在此意義上是「最低標準」，藝術行政或文化行政上各國均已設立了許多標準或準則，在編製計畫時儘量採行之，一則可達到標準，二則節省了規劃細節，例如，美國博物館協會所編的標準，在許多計畫中均可採行。我國中央標準局也設有許多規格標準均可做爲良好的參考。

2.預測性

預測是試圖探索事物最可能發展的情況，計畫是未見之事的預先安排，自然是基礎，但不是全部。通常預測的技術有組成專家小組行之，也有由委員個人行之，而常有二者合行的辦法，先個人預測，再提供委員會討論。預測的成功與否，需要正確的認知，因此專業和資訊格外重要。

3.未來的決策

未來的決策不是計畫。計畫不涉及未來的決策，但是卻要討論到現在決策的未來。同樣，計畫不涉及明天應該做的事，但卻要討論現在應爲明天的事所做的預備。

4.書面的計畫

計畫書寫成書面，裝訂成冊是必要的，不能靠說說就算，當計畫需要更改時，也要在計畫書中更改。

5.編製計畫的環境

計畫的編製是根據對將來的充分了解，能充分地利用藝術行政單位的資源，爲了利用這些人力、物力，組織必須經過有系統的回饋，進行必要的修正，得到編製計畫的結果，最後再將結果測定。在編製計畫的環境中，必須留意兩件事：一是組織機構的目標和方向；二是行政部門應熟悉所有決策、所承擔的義務，和工作人員的職責，這樣才能有系統的編製計畫。對外在環境來說，更要顧到社會的脈動、文化的趨勢，和政府政策的方向等。

6.遠景與計畫編製

將來的藝術行政組織發展，就是現在編製計畫的產物。有這種目的，激勵成員努力達成目標，完成計畫編製，這是責任，也是義務。

第三節　政策的制定

政策和決策意思相近，但制定政策是做出決策的一部分。政策是基本，是將來決策的依據，是爲決定做說明。政策一經確定，就成爲組織內各下級單位做出決策的有效根據，因爲有了總政策大綱，各級單位的個人就可以做出業務上的決策。政策的定義是「爲總團體機構內發生的行政活動，提出書面或口頭的指示，做爲行事的依據。」

政策和目的兩者都是思想和行動的指引，但是目的是計畫的終點，而政策是沿著到達終點的途徑而溝通決策的。政策通常從批准實施起就一直有效，除非修正或取消，一直引導決策來完成目的。

政策的制定，也是要各級單位的擬定，所謂組織有組織的大政策，單位有單位的小政策。爲了使各單位均有政策的制度，書面是較好的做法。缺少政策，每一單位每遇事情都要去思考問題，結果白費精力，並使做出的決策相互衝突，造成混亂。政策正好可以保證工作容易達到一致性。例如，現代美術畫廊的政策簡單明瞭的標榜「現代」，對古代的美術品自然容易排除，不成干擾，這就是政策。

一、政策的來源

政策的制定有一定的方式可參考：

（一）原始政策

這裡稱的原始政策是就藝術行政團體、機構在成立之初就規定的目的、目標，這是組織內部制定政策的主要依據。

（二）強制政策

行政人員在職責範圍內所認定需要的決策，也是由於各級機構建立的不成文做法，這類政策可能會造成混亂，因爲是強制的，沒有經過深思熟慮。例如美術館受捐贈的畫作中有「情色」者，典藏人員就不予處理，久而久之對研究部門多少會造成影響。

（三）推測性政策

某種活動常造成先例，循往例是一種推測性政策，不一定合理合適，此方面應儘早提出討論以免產生誤會。

（四）外加政策

凡團體機構以外的因素造成的政策均爲外加政策，例如許多藝術相關協會的標準、工作手冊、細則均會造成藝術單位的政策修正，政府有關單位的決策也會影響，都要考慮進去。

二、政策在類別上的區分

政策可分爲兩類：一類是關於計畫、組織、人事、管理和控制等管理職能的；另一類是關於企業的、職能的，例如對資源、財政、人員和公關的選擇和發展。另一種說法可將類別簡分事務性和業務性兩種，總務是事務性，研究是業務性。兩者關聯性和區別性比較清楚。這些政策都是爲了達到目的來規劃行政措施。

三、有效政策的制定

在制定政策方面有些原則是有效的，可供參考。

1.政策要反映組織的目的，政策、目的、計畫應互相配合，不能相衝突。

2.所有的政策應當有一致性，以保持高效率的行政。

3.政策應當具有靈活性，也是可以改變的，以免不合時宜，因此政策有其穩定性，也要具有靈活性。

4.政策有別於規章、程序，而且不是工作手冊。

5.政策也應該書面化，傳達給每一位工作人員，以便於檢查翻閱。

補充說明的是，執行政策還是要透過程序和規劃，例如每年編製預算的時間表、提調藏品的手續、合作借展的程序等，甚至工作規範中的種種規定都可視爲行動的指南，是從屬於政策的。

四、決策的產生

決策的產生不應該只限於少數領導人，因爲許多決策影響到實務工作，因此基層工作人員也應該參與，以現代民主的方式，集體做出決策是最普遍的。

集體做出決策絕對和個人做出的決策不一樣，主要是具有集體動力，是更具團體的代表性和建設性。其優點有：

1.集思廣益：更容易找出問題和合理適用的辦法。

2.集體權力：個別的決定有獨裁的危險，集體權力分擔了各部分權力，因此決策上易於施行和推動。

3.交流：集體做決策，勢必會將各個單位之業務帶到臺面上，內部組織就容易交流包容，決策之阻力少而對工作人員大有鼓舞激勵之效。

但是集體做決策也有缺點：

1.浪費時間、精力、經費。

2.妥協的結果往往犧牲了最好的決定。

3.議而不決也是集體決策上常見的通病，冗長的爭辯，紙上談兵，而不付諸行動。

4.在集體決策中，常在少數人的控制下，使反對意見成爲弱勢，會議成了一言堂，完全失去集體之優點。

5.造成少數不被尊重的工作人員，心情沮喪，甚至日後消極抵制。

在集體決策過程中，只有心胸廣大、專業能力強、有經驗的人士投入，才會有較好的決策產生。現在有些藝術行政團體或機構，也組織了委員會，代表各階層單位的意見，經過多次的研討來決定最後的決策。

當決策落實後，還可以交由相關單位去評價，對人事物等條件都要去試著配合行之，不要希望任何決策是永遠對的，因此更改修正決策也是在所難免。

第四節　文化藝術行政中的募款活動

文化工作確實是件花費大的投資，藝術文化團體、機構之經費常感不足，除了政府有關單位的撥款補助，更需要工商企業、財團基金，乃至民眾的捐款，募款活動因而成爲文化藝術行政中重要的一環。

我們要知道，募款的活動並非易事，草率不得。許多藝術文化團體機構之中，設立委員會，或專責單位，由副主管級以上領導人擔任召集人。在組織型態上，也有隸屬於發展部門、發展委員會或獨立的基金會的。募款組織擔負的任務大略有三：一是尋求潛在的捐款對象；二是對捐款對象展開勸募行動以獲得捐贈；三是建立捐款者檔案，保存完備的捐款紀錄，並向捐款人致謝。

一、捐贈的環境和背景

在募款活動進行之先，應對捐贈的環境和背景做個介紹，這也是成功募款的前提：

（一）免稅制度

免稅是刺激各界人士捐款的主要因素，就美國來說，依現行聯邦稅法的規定，對於某些捐款，可享受減稅優惠的項目，包括所得稅、遺產稅和贈予稅三種，所得稅部分依所得稅法第一百七十條規定「個人對於宗教、教育、醫療及其他公益團體或機構之捐贈，可列爲列舉扣除項目，得於申報所得稅時，扣減當年所得。」其免稅金額不得超過捐贈人當年度所得額的百分之五。若屬長期資本利得，其免稅金額以不超過捐贈人當年度所得額的百分之三十為限。倘有超出的部分，依法得遞延至未來五年中申報，惟每年可申報的金額仍應依規定計算限額。

贈與稅與遺產稅均為移轉稅的形式，基本上二者的稅率和免稅額一致。依美國聯邦稅法的規定，可由其遺產總額中扣除，亦即免徵遺產稅或贈與稅。再則，依據美國稅法規定，公司行號、機構團體對於捐贈，不論其捐贈類型，均得享有所得稅扣減之優惠，並以該機構當年度應稅所得之百分之十為扣減上限。至於捐贈總額超過該比例數額之部分，得申請於未來五年內遞延扣減。有了良好免稅法規和制度，加上累進稅率之施行，民間團體和個人自然為節稅而將金錢捐獻出來，利人利己。

（二）強化免稅額度或政府提供相對資助

為了更強化免稅的捐款辦法，有些國家在某些年度中，將捐款與免稅減免額度乘某些倍數計算，以鼓勵大家捐款。例如加拿大某些年分，將捐款減免數乘以二倍，也就是指一萬元，可以從所得總數裡扣除二萬元，然後繳稅。

或者，政府提供相對支持，民眾捐助一萬元，政府也相對提供一萬元經費補助，大家自然樂於解囊。

（三）熱心風氣

募款捐款風氣的養成是長期的。要使民眾將捐款回饋社會，當作是自己的義務，也是一種榮譽，則熱心之情，油然而生，將蔚為風氣，如此，募款活動就容易推動。

（四）主題明確

捐款的方向有時也會迎合風尚，或配合某些事件，任何文化藝術團體機構，都要有很明確的宗旨和活動方向，捐款人可依其心願，支持某類活動，而專注捐獻。因此主題明確是極重要之關鍵，例如，某醫療慈善團體爲小兒痲痺症病患募款，早年頗具成效，但沙賓疫苗發明後，病患大減，醫療知識普及後，小兒痲痺症所獲同情大爲削弱，如果將醫療方向改爲癌症防治或愛滋病研究，可能更能迎合社會需要，而獲得資助。

（五）急切性事件

在募款過程中主題明確以外，更需要迫切性，才容易引起大眾之關注。例如興建某團體（慈善、文教）之危樓，或捐款改善古物古蹟之自然破壞等，因有時效性，民眾關切，自然願意出錢出力。社會上許多災害救助，最能得到大眾援手，原因就是十分急切。

（六）傳統淵源

在各國都有其傳統的捐獻習俗，西方天主教、基督教徒遵守「十分之一所得捐獻教會」的觀念，對社會福利也做出許多貢獻。而我國民眾在年節，廟會也會有定額、不定額的奉獻，都是本著傳統行事。某些家庭或家族也有捐獻的傳統。例如某些家族只對慈善有興趣，慷慨投入，而有些家族則全力資助教育，成立基金會等，可從中發掘出對文化藝術的支持者，將有益文化藝術之募捐。

（七）利用公關

潛在性的捐款人是多數，能利用公私各種關係將能開闢寬廣的財源。這正是募款工作要努力的方向，例如，利用同鄉、同僚、同學之關係，進行募款常能帶來很好的成績。

二、募款的步驟

募款通常有一些程序，按步就班地做起，應該有些成果。下面是結合了許多募款的經驗，綜合整理的步驟，可供參考。

（一）明確募款案件

要對募款案有詳細的陳述。在機構團體的負責人面前，和機關團體的成員，一起溝通商議。大凡募款的動機、目的、目標和方式等，都需要提出來討論，做成書面的計畫，以便於推行。

（二）所有捐款人的認定

當各項捐款人名單表列出來以後，就開始檢核和評估，需要將捐款人訂出等級和先後順序。這是就捐款人對藝術機構團體的親疏關係、利益關係和其興趣或能力來訂定的。

（三）組織募款活動的架構

領導募款活動的高階主管，必須及早將從事運作的組織架構建立起來，並且在機構團體的日程表中認定。這些確定之後，所有成員和義工，才能充分了解其功能，才會積極參與支持。

（四）未來捐款人的培植

每一回的募款活動，不要忘了教育未來的捐款人，因此在活動中不可缺少未來捐款者的參與。培植捐款人的工作，平時可以做，募款活動到臨之時，更可以做，培養其興趣，讓其有歸屬感，邀請參與，日後正是捐款的中堅。

（五）預備適當的禮物或紀念品，以促進工作的進行

募款要吸引參與，需要一些具體現實的做法，適當的禮物（紀念品）來源於機構團體，可表達首長的心意。其次像樂隊、花車、遊行、餐宴等也能導致募款活動的成敗。

（六）時間

時間是最重要的成敗要素，在募款活動的進行中，安排要合邏輯，並且要接續得適當，讓捐款人參與此類活動有緊迫感而被聯繫著。

（七）動力也是重要的因素

募款活動的推動，開始進行的時候要緩，徐行漸進，讓參與的人慢慢進入狀況。爾後應予加速，直到緊張而強度最大的時刻。強度大要持續不易，需要安排才能延續。例如一天的活動到晚宴是高潮，能再配合義賣募款將可延續動力。

（八）開出要求是關鍵

不論任何募款活動，設計安排得不管如何完善，應該在適當時間，開口向捐款人提出需求，通常這也是活動達到高潮時，一定要做的，而且成敗就在此一舉。許多募款活動，大家都知道，並且來參加，若缺少開口請求捐款的這臨門一腳，結果許多捐款人因能免就免的心理而逃脫掉，致使捐款數量大受影響，不能不慎。

（九）後續的工作要周全

捐款的收據、免稅的辦理、謝意的表示、捐款人檔案的建立、帳目的公布等，缺一不可。這也是爲日後能再獲得支持留一道門。

（十）申請補助

如果有機會，配合政府或基金會，申請相對的補助使捐款效果更顯輝煌。

補充說明，在捐款人名單的準備上，現在有些徵信公司可以提供（需要付費），具參考價值。另外，和藝術文化性質相近的捐款人，通常也熱心慈善福利和健康醫療的捐助，因而他們的捐款人名單，值得借用。

但不要在他們忙於募款，同時發動，形成干擾。通常募款時機以年底前爲佳。捐款可確認稅捐之減免，有利解囊。

三、募款的要訣

最後再開列一些募款可參考的要訣：

1.理事會的理事或委員，要推舉活躍而有地位者，最好能跨其他組織，身兼數職。成員自身熱忱捐獻，募款自然事半功倍。

2.成員不僅給予頭銜，更應讓其了解活動，組織的政策等更應讓成員參與。

3.新舊成員要多交流溝通。

4.藝術性質的募款要能獨一無二，和別人不同，以免重複，使捐款人興趣缺缺。

5.藝術性質的捐獻不給佣金，不能落人口實遭受責難。

6.特定用途的捐款，不能移做他用。

7.理論和實務在募款活動中都是重要的。

8.募款廣告要放在最重要的位置。

9.統計和評估一樣重要。

10.徵信極爲重要，誰來做和做得好一樣重要。會計財務要分別獨立，必要時請專業機構核算。

11.所有的開支和收入應明列公布。

第五節　藝術行政人員的再教育（在職訓練）

在還沒有藝術行政這個名字之前，就有了藝術行政這行業。從事藝術行政的人員已有長期的歷史，而藝術行政人員的正規教育及訓練卻是近二、三十年的事。就臺灣地區來談，文化大學史學研究所有圖書文物組，近年來國立臺南藝術大學有博物館學與古物維護研究所，國立政治大學圖書資訊與檔案學研究所有博物館組，國立臺北藝術大學設有博物館研究所，另外有藝術行政與管理研究所在培養藝術行政與管理人員。其他還有國立臺灣藝術大學藝術與文化政策管理研究所、元智大學藝術管理碩士班、國立臺灣師範大學美術系藝術行政碩士班、表演藝術所行銷及產學組，以及國立中山大學劇場藝術學系藝術管理碩士班等，總而言之，在過去藝術行政人員在培訓上是不足的，所謂半路出家比比皆是，因而這一節談談藝術行政人員的再教育。

一、藝術行政人員再教育的需求

藝術行政除了是門學科，也是一種技能，除了理論，也需要實務的磨練，例如申報組織之登記、免稅手續、展覽設計、票房業務、劇場管理等。這些技能日新月異，在講究效率的時代，自然有再教育的需求，因此第一重要原因，是專業的需要。近十年來藝術行政電腦化也普遍運用，網際網路的使用，更是藝術行政所不能缺。這些翻天覆地的變動，早年從事藝術行政的人員，只有透過再教育，才能跟得上時代。

第二、人與人的關係和壓力，日漸沉重，EQ比IQ更被藝術行政單位重視，應對大眾和藝術觀眾（愛好者）更熱忱、更親切，才能推動藝術行政工作，而人際關係也是再教育中的重要課程。

第三、個人的心情和個性，往往影響正常的業務發展，正確的人生觀、價值觀，甚至宇宙觀，都會牽動個人的行爲，這也需再教育。

第四、當經濟不景氣，藝術行政團體或機構，在預算少、節目（活動）少的情況下，人員缺乏工作量，此時可將非專業人員再教育，以備走更長的路。

第五、人員變動升遷，將新工作付予新人時，再教育也應運而生。

第六、人權思潮的盛行，人人要求獨立思考，獨當一面，追求自我貢獻，以求得工作上的成就感。因此爲提升工作程度和水平，需要再教育。

第七、藝術行政在特殊專業上應用頗多，例如，標準、評鑑、民意調查等等，這些認知和技術，需要再教育來發揮功能。

第八、人員變動不大，工作內容呆板，常使藝術行政人員產生倦怠感，做事不力，需要給予指導。

第九、升遷的需求，爲獲任用資格，專業證件，或高等學歷，都需再教育。

第十、個人的興趣所致，對藝術的涵養、對藝術史的了解、對藝術的鑑賞等，再教育可以滿足需求。

二、再教育的方法

談到再教育，形式和方法應該是多元化的。

1.用「留職留薪」、「留職停薪」或「獎助金」的方式，進入正規教育體制中，求取學位，或申請學分，提升藝術行政的專業知能。

2.給予部分工作時間，接受專業訓練，即上班時間給予公假，外出求學。

3.同意調配工作時間，可白天上課，晚上工作，完成再教育。

4.給予差旅費、經費及公假，派赴參加研討會議。

5.升遷鼓勵，獎掖進修。

6.利用藝術行政較空閒時段，給予長期假期，接受再教育訓練。

7.和相關藝術行政機構團體合作，互換人員，進行培訓。

8.舉辦有獎活動，出版刊物，鼓勵藝術行政人員自修研究，成果可發表或獲獎。

事實上，再教育的科別和範圍是寬廣的：藝術行政專業需要課程訓練；人際關係的心理層面有相關課程可開設；管理科學的人事、會計、法律、電腦軟體等課程亦有需要，甚至休閒的美術、音樂欣賞、戲劇導讀都有需要，進而社團性質的書法、攝影、插花等也都能舒展心情，結交朋友，提升生活品質，在藝術行政工作的觀點來說，都是有效而可行的再教育。

關鍵詞彙

組織	理事會	委員會	基金會
計畫	政策	募款	在職教育（再教育）

自我評量

1.試以展覽做一書面計畫，並涵括預估的經費與人員等項目。

2.人員在職教育的方式，除了章節中所提，請嘗試再想些受教育的方式（例如選課上空中大學之類）。

3.自行設計些可行的募款方式。

參考文獻（第六章～第八章）

一、中文部分

行政院文建會（民83）。中華民國臺灣地區文化建設方案草案。臺北：文建會。

行政院主計處（民75～85）。中華民國統計年鑑，民國74～84年。臺北：主計處。

林文炫（民83）。對我國文化政策的省思，國策，78期，2-3頁。

周功鑫（民78）。「法國博物館事業的研究」，故宮學術季刊，第六卷，第四期，1-42頁。

莊芳榮（民79）。美國聯邦文化行政。臺北：文建會。

教育部高等教育司編（民82）。大學校院募款策略。臺北：教育部。

教育部高等教育司編（民84）。募款作業參考手冊。臺北：教育部。

張中訓（民85）。大學募款新思維。臺北：教育部高教司印行。

楊孔鑫（民79）。英國文化行政。臺北：文建會。

鄒明智（民79）。法國文化行政。臺北：文建會。

劉碧如譯（民75）。圖書館管理學。臺北：五洲出版社。

二、英文部分

Reiss, Alvin H. (1979), *The arts management reader*. N.Y.: Marcel Dekker, Inc.

第四篇　博物館行政

第九章　博物館的文化地位
——所具備的時代角色

學習目標

讀完本章內容之後，學習者應能達成下列目標：

1.了解西方博物館的起源。

2.了解收藏與博物館的關係。

3.認識大英博物館收藏的規模。

4.對中國近代博物館產生的背景有所了解。

摘要

本章以博物館的文化地位——所具備的時代角色爲討論重心，從歷史文化的角度檢視二十世紀以前中、西博物館發展的社會條件與時代定位。

由於博物館起源於西方，而西方在不同時代所產生不同型態的博物館，皆以收藏爲發展的基礎。及至十九世紀末葉，英國柯爾館長所倡導的「民享化」經營理念，更促使西方博物館對社會大眾造成文化影響力。

當西方博物館已邁向現代化時，中國才開始對博物館有所認知。因此，中、西不同社會條件所產生的博物館型態，既造成文化功能上的差距，也導致博物館事業在行政管理上的分野。

第一節　博物館的起源及其精神

「博物館」這個詞彙，是十九世紀以來中國人才開始使用的一個翻譯名詞。「博物」的涵義，反映了當時日本人及中國人在西方所見到的博物館特色（陳媛，民84，頁15～22）。嚴格說來，西方博物館收藏的「博物性」是在十七世紀以後才日益突顯，所以爲了對西方博物館的起源及其精神有所了解，以下就Mouseion字源、「博物園」實體之出現，及其時代角色與精神予以說明。

一、「博物園」之建立

（一）Mouseion字源

西方語文所使用的Museum（如英文、德文）、Musee（法文）、Museo（西班牙文、葡萄牙文、義大利文）、或Музей（俄文），都源自希臘文mouseion這個字源。

法國學者布德（Guillaume Bude）在其編著的《希臘語——拉丁語詞典》中，解釋mouseion爲「供奉繆斯（Muses）、從事研究之處所。」（*The New Encyclopedia Britannica, 1985, Vol. 24, 478*）所謂神廟中所供奉的繆斯諸神，指的是九位各有專司的年輕希臘女神。她們分別是Cilo（司掌歷史）、Euterpe（司掌音樂）、Erato（司掌抒情詩）、Melpomene（司掌悲劇）、Polyhymnia（司掌宗教音樂）、Thalia（司掌喜劇）、Terpsichore（司掌舞蹈）、Urania（司掌天文）。而她們的母親專門司掌記憶，所以一切可記憶的、以及繆斯諸神所司掌的文學藝術等人類應記憶的活動，便都可以用繆斯來象徵知識與文化的整體。

（二）「博物園」實體之出現

根據文獻的記載，大約西元前三世紀到西元後三世紀的六百年之間，在尼羅河三角洲的亞歷山大城（Alexandria），曾由名王托勒密・索托（Ptolemy I Soter，西元前三六七～二八三年）建造一個Mouseion（博物園）。

因為「博物園」崇尚科學、研究人文、並強調文化的傳承，所以學者一致認為亞歷山大城的「博物園」就是後世西方博物館的起源。以下針對「博物園」之興衰，說明它與時代的關係。

1.托勒密的時代

托勒密・索托與亞里斯多德（西元前三八四～三二二年）是差不多時代的人。他是亞歷山大大帝逝世後（西元前三二三年），參與瓜分希臘王國的一個馬其頓將領。

當托勒密以蓋世武功取下埃及、北非、阿拉伯，於尼羅河三角洲以亞歷山大Alexandria之名，建立饒富希臘風格的都城時，托勒密已是帝國內最具權勢、最富庶的君主。而新興的亞歷山大城更逐漸成為西方文明的中心，擁有高度組織化的各種公共設施，包括劇院、體育館、圖書館、藝術中心和舉行競賽與節慶活動的場所（*世界歷史百科*，*1995*，*vol.2*，*94～95*）。

2.「博物園」之興建

當托勒密決定在亞歷山大城建造「博物園」時，他特別敦請希臘的流亡政治家德米特里斯（Demetrius，生於西元前三五〇年），與物理學家蘇特拉托（Strato），協助他策劃「博物園」的構想。

在他們的心目中，「博物園」將是一個研究中心，可以提供希臘的天文學家、數學家、醫生與文學家專心從事研究，因此他們計畫在「博物園」內規劃天象觀測所、圖書館、修道院、演講廳、花園、膳房、宿舍等完備的設施。而大約在托勒密七十七歲（西元前二九〇年），也就是托勒密二世當政的時候「博物園」竣工啓用（*The Oxford Companion to Art, 1979, 757*）。

由於王室全力支持「博物園」的研究工作，因此所有學者的薪俸都直接由國庫支付，並由一位埃及祭司在「博物園」內主持供奉繆斯的神廟。

至於「博物園」的規模，據稱它的圖書館藏書曾高達四十至七十萬卷，收藏包括哲學家柏拉圖、亞里斯多德等人的手稿。而它專供學者沉思、冥想用的林蔭步道，與討論、講學用的「艾克塞多拉」大廳，更是讓學者潛心研究並發表心得的設施。

3.「博物園」之沒落

托勒密王朝傳至七世（Ptolemy VII，西元前一四五～一一六年），被埃及人以武力推翻政權，「博物園」因而一度被關閉。

當托勒密王族的最後一位成員，也就是聞名於世的埃及女王克麗奧巴特拉（Cleopatra VII）被毒蛇咬傷致死（西元前三〇年）後，埃及正式被納入羅馬帝國的行省之一。羅馬人統治期間，「博物園」雖再度開放，但原先那種自由研究的風氣，與積極傳播希臘文化的功能逐漸消失。其後，埃及人經常反抗羅馬人和希臘人，因而多次引起暴動，「博物園」的建築也終於在西元二九五年的一次戰火中被毀。

其後，基督教成爲羅馬帝國的官方宗教（西元三八〇年），「博物園」的文化功能因而更形式微。西元三九一年，「博物園」殘存於王畿神廟賽拉皮斯（Serapis）內的圖書被基督徒以違背信仰的理由付之一炬，「博物園」最後的學者希帕提亞（Hypatia）也被基督徒處死（西元四一五年）。於是在信仰戰勝理性的時代，「博物園」的文化功能也被宗教的狂熱徹底中止了。

二、「博物園」之時代角色

回顧「博物園」前後長達六百年的歷史，它的全盛期當然是托勒密王室所支持的前三百年。在它的全盛期，亞歷山大城是帝國財富的中心，希臘思想家亞里斯多德被公認是西方科學的鼻祖。而「博物園」也明確地反映了時代所賦予它的角色，成爲科學與人文教育的中心。

（一）科學中心

希臘流亡政治家德米特里斯所策劃的「博物園」實驗室，體現了亞里斯多德科學理論與實物相結合的治學精神，所以「博物園」內的許多研究成爲西方科學發展的基礎。

譬如，西元前二六〇年希臘發明家阿基米德把水從低處汲取到高處的實驗，成就了「阿基米德鑽（Archimedes srew）」之理論、西元前二四〇年伊拉特尼斯（Eratosthenes）精準的估測了地球的尺寸、發明家賽提伯斯（Ctesibius）製作的水鐘與幫浦、歐幾里得（Euclid）的《幾何原理》（Elements of Geometry）、托勒密（Claudius Ptolemy）的《天文》（Almagest）著作，都是當時締造科學顚峰的實證。

（二）人文中心

「博物園」所支持的學者中有不少詩人、作家，他們自稱「聚集在繆斯的牢籠裡（In the bird cage of the Muses）」皓首窮經。尤其，「博物園」的圖書館有當時最豐富的藏書，讓學者們群策群力的釐清考訂希臘古籍版本的眞僞，以至將可靠的文獻傳抄保存下來。所以早在西元前一九五～一八〇年亞理斯塔曲斯（Aristarchus）整理「博物園」藏書時，就已創下斷句法，使後繼的學者得以進入研究希臘古典文學之堂奧。

三、「博物園」精神

「博物園」不但設施完善，學者又得到王室優渥的資助，所以研究風氣鼎盛，並吸引大批來自各國的青年追隨知名學者從事科學與人文的研究。

羅森（Rawlinson）所著《古代史》（Ancient History）就認爲由學者傳道授業的「博物園」，如同一座大學建築（A university building）。《巴別塔》（Babel's Tower）的作者泰勒（Francis Henry Taylor）也說過「博物園」是「一個以實物致力於傳播知識的研究機構（An institution for research with material objects for the dissemination of knowledge）」。

因此，「博物園」重視研究與傳播文化的功能，被後人視爲博物館的精神指標。美國博物館學者瑞普利（Dillon Ripley）在《神聖叢林》（The Sacred Grove）一書中，特別強調博物館承接「博物園」的精神是：

> 一個讓學者研究，並樂於將成果傳播出來的中心。（A center for a"sacred band" of scholars who indeed wished to work and to put the fruit of their labors into tangible, communicable form.）（*Ripley, 1969, 126*）

以瑞普利的看法，證諸「博物園」產生的社會條件與時代角色，它最值得我們注意的是那些聚集在「博物園」的精英學者們，絕不自限於「在繆斯的牢籠裡」研究，而是樂於藉著授業傳道或卷帙傳抄等「可傳播的形式」，將他們的研究成果教育給年輕的一代。所以「博物園」精神之內涵是研究與教育並重的。

當然，在托勒密王族瓦解，以至於「博物園」學者精英各自流散以後，它的文化功能也告式微。「博物園」精神之再現，理論上一直要等到艾許莫林博物館在牛津大學的出現（西元一六八三年），才有所傳承。

因此在第二節，我們要從文化傳遞的角度，討論收藏與博物館形成的關係，並說明第一個大學博物館「艾許莫林博物館（Ashmolean Museum）」的形成，以及十七至十八世紀的博物館概念。

館的關係

悠久，但由收藏而形成博物館的現
說，擁有收藏並不表示它必然會形
的博物館，自有其時代因素配合特

藏的時代性，再以西元一六八三年
斤當時有關博物館概念之形成。

所支持的是一個全力發揮研究功
一些思想家的雕像，實驗室內也
「實物」，卻沒有任何藝術品或
。

羅馬征服希臘時即已展開。當時
運回了羅馬城，用來陳設貴族
富的象徵。
尚顯得更爲熾熱。由各地運回
在公共廣場、花園、神殿、戲
以觀賞得到。因此哲學家亞格
豪不要再用藝術品做爲個人庭

園宅院的裝飾品，而應該將它們公開「讓大眾都可以享有」。這是歷史上第一次記載有人提出「藝術品應爲大眾文化遺產」的觀念（*Encyclopedia of World Art, Vol.10, 379～380*）。

然而貴族富豪競相以收藏累積財富的行爲，畢竟一直延續到羅馬帝國的末期，絲毫沒有被「大眾分享」的觀念所動搖。

（二）中世紀教會保存之功

及至基督教成爲羅馬帝國的官方宗教，西半部的羅馬帝國被蠻族統治期間，開始了眾所周知的黑暗時代（西元四〇〇～七〇〇年）。從此知識與文化的傳布必須仰賴教會的神職人員，而古文物的收藏與藝術品的創作也都是爲宗教目的而進行，所以基督教修道院逐漸成爲保存經典、繪畫及雕刻的地方。

羅馬帝國衰亡之後的中世紀初期（西元五〇一～一一〇〇年），歐洲出現的新國家仍受基督教會和嚴密的社會體制所掌管。貴族富豪也基於信仰，把他們擁有的收藏奉獻給教會、寺院或教皇以示虔誠。因此教會保存了大量的聖像、宗教法器、聖者遺物、鑲飾金銀珠寶的手抄經典，和來自東方的織物。

然而，在義大利的王室中，則開始出現一些稀有野生動物、藥草、化石、象牙，和鍊金術之工具等性質略嫌駁雜但具有「百科encyclopedic compilations」傾向的收藏（*Encyclopedia of World Art, Vol. 10, 379～380*）。

（三）文藝復興之黃金時代

及至文藝復興運動（西元一四〇〇～一七〇〇年）發生在義大利，並隨後擴展到荷蘭、西班牙、法國、英國和德國，因而扭轉了中世紀「信仰戰勝理性」的狹隘局面，使歐洲人掙脫宗教的束縛，打開知識的疆域，並探險通往遠東的新航路。

這個運動使義大利學者重燃對古希臘、羅馬文化的興趣，進而推衍出嶄新的思考方式，對人與自然的關係、經驗與科學的觀察、美與藝術的愛好等各方面，都有超越前人的成就。例如，文藝復興時期繪畫題材與雕塑風格皆益趨寫實就是證明。

這個時代的價值觀是崇尙「多才多藝」的。大家都知道的達文西，不僅精於繪畫、製圖、建築和雕刻，也是一位幹練的工程師、音樂家和發明家。在他至今保留的筆記本上，我們還可以看到他對解剖學、植物學和地質學的興趣。達文西在多方面的興趣與成就，具體說明了文藝復興時代所謂「完人」的教養理想。

而一個如此崇尙知識與追求多元的環境，使文藝復興時代被史家稱爲收藏的黃金時代。事實上，這個時代王室貴族所累積的收藏，也成爲後來歐洲一些大博物館（如法國凡爾賽宮、義大利梵蒂岡、西班牙埃斯科里爾Escorial等）誕生的基礎。

譬如，聞名於世的烏菲齊美術館（Uffizi Gallery），至今仍然可以在畫廊中看到波提切利（Botticelli, 一四四五～一五一〇）於西元一四七七年～一四七八年爲梅迪契家族繪製的《春》、《維納斯的誕生》等曠世名作。而該美術館所享有的盛名也就是奠基於十四世紀以來佛羅倫斯最有影響力的梅迪契家族之藝術品收藏。

二、收藏多元化的趨勢

義大利王室自中古時代即已開始發展的「百科式」收藏傾向，至文藝復興時代則更爲包羅萬象。十六世紀歐洲出現的幾個與收藏展示有關的字彙如Galleria、Gabinetto和Wunderkammer，就充分反映了這個時代收藏多元化的趨勢。以下先扼要說明畫廊（Galleria）與多寶閣

（Wunderkammer）收藏的特色：

（一）畫廊（Galleria）

有人推測義大利文畫廊Galleria這個字彙之首度使用，與西元一五八四年公共政事廳烏菲齊（Uffizi）落成後，用它的二樓長廊展示文藝復興時期之繪畫名作有密切關係。

而這種長廊式，自兩側窗戶引進自然光照射繪畫或雕塑作品之展示大廳，從此也就成爲用來專門展示藝術品的空間形式。所以，上面提到的烏菲齊美術館，和後來歐美許多美術館皆以畫廊Gallery爲名（如英國The Tate Gallery、美國The National Gallery of Art），而他們也都是以藝術品爲收藏及展示的主要內容。

（二）多寶閣（Wunderkammer）

至於德文wunderkammer多寶閣這個字彙，則是專門指稱十六世紀以來歐洲所流行的「奇珍異寶」式的收藏。同樣型態的收藏，在義大利文稱作gabinetto、英文稱作cabinet of curiosities。而多寶閣通常以櫥櫃，或房間的形式爲收藏品集合的單位。中文一般將wunderkammer譯作「珍物櫃」，但個人以爲「多寶閣」既適用於櫥櫃、又適用於房間，且詞意古典洵雅，故以之取代「珍物櫃」之慣用詞。

在十六世紀歐洲王室貴族的心目中，裝滿動物標本、罕見植物、小形雕像、肖像畫、人類學或考古發掘遺物等各式各樣「奇珍異寶」的多寶閣收藏，具有反映宇宙萬象（a mirror of the universe）的功用。

尤其海域大開之後，歐洲人從遠東、新大陸帶回的異國奇珍，爲王室貴族增添許多誇耀權勢、象徵財富的收藏物。譬如混合著北極熊、澳洲火雞，美洲蜥蜴、武器、瓷器、骨牙，和櫻桃木玲瓏巧雕的東西，使王室貴族所款待的賓客們大開眼界、嘖嘖稱奇。雖然，多數王室貴族的多寶閣沒有經過整理或研究，但多寶閣顯然能為他們博得令名，並達到宣傳或經濟投資的效益（*Oliver Impey, 1985, 214*），而這些價值已足以讓收藏者心滿意足了。

相形之下，一些基於本身之教養與對知識的追求之私人收藏家或學者，他們的多寶閣收藏則呈現了專業研究的色彩。同時，他們也在「奇珍異寶」的分類整理中，找尋到「宇宙的秩序」（張譽騰譯，民*85*，頁*7*）。以下說明十六世紀以來，在多寶閣收藏的風尚中，這些專業收藏家之性質與他們研究自然科學之取向。

1.專業收藏家之性質

哲學家培根（Francis Bacon）在十六世紀末葉（西元一五九四年）談及當代飽學之士建立專業學養的四項要務時，這樣表示：「首要藏書廣泛的圖書館、次要空間寬敞的花園、三要含藏自然物與奇珍異寶的多寶閣、四要陳列各式器具可點石成金的殿堂（a palace fit for a philosopher's stone）。」（*Oliver Impey, 1985, 1*）

對歐洲的知識分子而言，他們的多寶閣收藏迥然不同於王室貴族之處，就在於有圖書館、動植物園與實驗室（即點石成金的殿堂）等「配備」，做為他們研究收藏之基礎。而且這些收藏家各有學術專長，他們通常是以醫學或生物相關之學為專業，所以彼時出現於比薩（Pisa，一五四三）、波隆納（Bologna，一五六七）、萊頓（Leiden，一五八七），牛津（Oxford，一六二〇）等大學植物園內的，有植物學家以標本做研究、內科醫生測試藥物、草藥學家與外科醫生提煉醫藥物質（謝慧中譯，民*81*，頁*57*）。

而任何動、植、礦物的稀有標本，也都被專業收藏家井然有序的陳列在索引編號的小抽屜中，以做為分類比對的「物件」，從而架構他們追求知識的系統。

2.研究自然科學之取向

論及這些專業收藏家的研究態度，知名的動物分類學者衛勒符（Francis Willughly）說過：「我們尙未發現所有的類群，但力求以比較適當的方法去描述、辨別和分類已經看到的物件。」（*Oliver Impey, 1985, 187*）事實上，衛勒符按字母序列所做的鑑定分類法，迄今仍然適用。而另一位義大利收藏家馬斯歷（Luigi Ferdinando Marsili）也說過：「自然的每一件產物，即使是最平常的，也必須收藏。因爲在基礎科學的了解上，自然史的完整性與系統性才是收藏的重點。」（*Oliver Impey, 1985, 15*）

顯而易見的，當多寶閣經由專業收藏家分類研究之後，「反映自然秩序」的系統之門逐漸開啓。而專業收藏家不以奇珍異寶爲訴求的收藏態度，與他們秉持專業精神所蓄積的研究成果，在十七至十八世紀以後肇始了歐洲自然科學收藏日益「專門化」的趨勢。

尤其，專業收藏家除了重視收藏研究，並樂意與大學相結合。如任教哥本哈根大學的渥耳姆（Olaus Worm）就以個人收藏提供教學之用（*Oliver Impey, 1985, 122*）。在波隆納大學教授自然哲學的鄂瑟（Ulisse Aldrovandi），也一面負責大學植物園、一面致力於昆蟲研究（*Oliver Impey, 1985, 5[illegible]-6*）。因此，收藏與大學結合的學術型態，不僅推動了第一個大學博物館在牛津誕生，也賦予博物館重視收藏研究的性格。

三、收藏與博物館的形成

成立於西元一六八三年的艾許莫林博物館（Ashmolean Museum），被公認爲是英語世界中第一個成立的大學博物館。從博物館是永久性非營利機構之角度衡量，至今有三百餘年歷史的艾許莫林博物館，自有其永續經營的管理法則。而就收藏與博物館的關係來討論，艾許莫林博物館經由

（二）收藏管理

艾許莫林捐贈的許多物件，在博物館成立之初即已損毀。最有名的例子是一個據稱來自模里西斯（Mauritius）島嶼的「嗄嗄鳥」藏品。它的體積很大，被崔氏當做「奇珍」收藏，而沒有考慮到有機物會腐敗的事實。因此，據說該物件進入博物館後沒多久就逐漸產生惡臭，所以博物館只得將其焚毀，而僅保存了鳥喙與局部的骨骼支架。

由此可見，收藏之存廢與藏品之材質結構有極密切的關係。而博物館一旦決定將某件藏品毀掉或轉移爲其他用途，該物件在博物館的收藏狀態就從此中止。因此，從博物館學的觀念來說，「嗄嗄鳥」就是從收藏管理之系統中被中止收藏（Deaccession）的一個例子。

（三）收藏保存

艾許莫林博物館爲了將艾氏捐贈的物件納入博物館永續管理的系統，三百年來經過多次的整理與研究，曾經將眾多物件中止收藏後，再轉移至牛津大學其他性質更適合的機構或博物館內，以達到分類保存的目的。

爲了善盡分類保存的目的，其轉移收藏的工作大致都是在十九世紀進行的。如艾許莫林之藏書與善本，轉移至巴德雷恩圖書館（Bodleian Library）保存、自然史與科學性收藏轉移至西元一八六〇年成立的大學博物館（University Museum）保存、民族學與人類學收藏則轉移至比特瑞福博物館（Pitt Rivers Museum）保存。

而艾許莫林博物館在收藏經過整理分類與重新安置後，又接受了許多考古與藝術類的捐贈品，使收藏部門擴大爲古器物、西方藝術、錢幣室、與東方藝術等四個單位，並於西元一八四五年遷入現址，成爲牛津大學考古藝術類的博物館。至於當初由伍德建造的博物館原址，則轉型爲今天牛津大學的科學史博物館（Museum of the History of Science）。

五、十七～十八世紀的博物館概念

上述的艾許莫林博物館是結合演講廳、實驗室為一體的大學研究機構，所以它在精神上與「博物園」是頗為接近的。至於當時有關博物館的概念，也可從一些文獻紀錄中得到了解。

（一）貯藏所特性

早在西元一六五一年，倫敦的醫師學院（College of Physicians）就興建過一個博物館，但不幸後來毀於倫敦大火。然而至今尚存的博物館設計圖顯示它主要是一座圖書館。而對照這個博物館負責人在西元一六六〇年編纂的目錄內容，顯示在大量書籍之外，還有反映時代風尚的多寶閣收藏。同時，醫師學院的年鑑也指出：博物館內是圖書館和貯藏所（Repository）並存的，而且貯藏所占有相當的面積。

根據西元一七〇六年《環球英語字典》（Universal English Dictionary）的解釋：「博物館為一個書院、圖書館，或學院；是一個公開的、有學養的人常去的地方。」證諸艾許莫林博物館或醫師學院博物館的屬性，顯然在多寶閣貯藏所之性質外，它們也都兼容圖書館或學院於同一場所。所以，研究者認為十七世紀的museum涵義是「一個從事學術的場所」。

（二）對外公開程度

西元一六八三年成立的艾許莫林博物館，其實在開館五十年後才對公眾開放。因為它在成立之初，僅供學者及學生利用其收藏去進行研究，並沒有對「大眾」公開的意圖。

而在博物館「為一個從事學術的場所」之概念下，到底它對外公開的程度如何？而所謂「有學養的人常去的地方」除了學者做研究以外，還會有什麼樣的人在使用它呢？一則博物館在倫敦報紙上（一七七三年九月十三日）所刊登的公開啓事，或許可以解答上面的問題：

> 本人對於一般大眾企圖參觀我設在艾克瑞屯（Alkrington）之博物館，甚感煩擾。今後低層人士（lower class）若無（與我相識之）紳士淑女提供票券，一概不得前來參觀。本人授權我輩友人，每位可提供一張票券給行為端正之人，由其協同十一位觀眾入場，並負責他們的參觀行為合乎規定。然而，紳士淑女在場參觀時，他們將不得進入；而須另擇他日，限定於上午八時至十二時參觀。
>
> 賴符（Ashton Lever）聲明　　（*Ripley, 1969, 32*）

當時刊登這個報紙啓事的賴符爵士，是以公開自己的多寶閣收藏來經營一個收費博物館。而賴符館長所刊登的聲明，表達出十八世紀博物館以社會精英爲服務對象的宗旨，因爲這些人不僅與收藏家或博物館經營者有相似的教養背景，而且被認爲是可以信賴的。所以不同層次的人想要參觀博物館時，一定要經過他們的引介才可能得其門而入。

至於一般大眾或被稱之爲低層的人士，則必須要等到下一個世紀，才爭取得到堂而皇之進入博物館的權力。

六、博物館學的發軔

由於十七至十八世紀博物館的貯藏所特性，以及偏重「學術研究」的導向，使收藏博物館化的過程，以分類整理工作最受重視。因此，自十六世紀以來所發展的分類體系，逐漸成爲博物館學的基礎。以下簡述這段時期博物館學發軔之大要。

（一）分類法

十六世紀有名的多寶閣收藏之一，是日耳曼查理五世（Emperor Charles V）的王室收藏。該收藏因爲經過荷蘭學者昆齊貝（Samuel van Quiccheberg）的分類，並在西元一五六七年發行目錄，所以廣爲人知。昆齊貝編的目錄被公認是第一部關於博物館學的專論，目錄中他提出如何建立收藏、如何系統分類，與如何展示陳列等實務性的指南，並於系統分類中提出藝術、自然科學，與奇珍異寶等三大類，以爲當時歐洲多寶閣收藏的分類依據（*Oliver Impey, 1985, 86*）。

艾許莫林在西元一六五六年出版的目錄，將收藏品分做三大類：自然類（natural），包括鳥類、動物、魚類、昆蟲標本、礦物、寶石；人爲物類（artificial），包括武器、錢幣、勛章、服飾、家用器具、雕刻、車[illegible]細作和繪畫等；植物類（trees and plants），包括稀有灌木、樹木、果實等，而他的分類法基本上還是參照昆齊貝的分類系統。

（二）展示法

十八世紀德國博物館學者尼可（Caspar F. Neickel）於萊比錫出版的拉丁文著作《博物館方法學》（Museographia）一書（一七二七年），除了討論博物館收藏的分類，並兼及藏品展出的一般原則。其分類法雖沿襲崔氏目錄的分類觀念，但他以人體解剖標本爲自然類之首的展出概念，以及根據時代先後次序的展出方法，成爲日後發展應用博物館學的先聲（王宏鈞，民79，頁65）。

（三）研究導向

十七世紀以來博物館重視「學術研究」的導向，以及由專門學科的權威人士領導典藏研究的傳統，突顯了博物館典藏研究的重要性。這個趨勢一直要到博物館邁入現代化以後，博物館的收藏意義擴大爲物件研究與知識傳播的複合體，所以收藏必須通過適當的詮釋才能與觀眾溝通，因而博物館學才開始納入更多輔助學科，與典藏主題相關的學科建立交叉性，並發展成爲一門綜合性的社會科學（*Peter Van Mensch, 1989, 85*）。

從收藏反映文化的觀點來看，不論是古羅馬的富豪宅邸、中世紀的教會修院，或文藝復興以來的多寶閣，基本上都具有權貴收藏的私密性色彩。

十七世紀以後，艾許莫林爲了使收藏傳世，向牛津大學提出捐贈條件，因而促使第一個大學博物館的成立，並展開了收藏博物館化的過程。

就收藏與博物館的關係而言，倘若抽離了收藏「博物館化」與「公開化」的過程，恐怕除了突顯權貴富豪與社會精英享受文化的優先權，博物館將難以發揮研究與教育並重的根本精神。然而，要見證此一文化使命，則必須使博物館超越貯藏所的特性，開始承擔社會責任，才能逐步邁向博物館「民享化」的現代之路。

第三節　博物館現代化之起步——從國家化邁向民享化

研究大英博物館建築的克魯克（J. Mordaunt Crook）認爲現代博物館是「文藝復興人文主義、十八世紀啓蒙運動和十九世紀民主思潮的產物。」（謝慧中譯，民*81*，頁*57*）

誠然，文藝復興時代歐洲人打開知識的疆域，從藝術、科學到新航路的探索，開創了西方文明的黃金時段。而啓蒙運動以理性來詮釋人與周遭環境的關係，並以科學方法去觀察與實驗，因而促使化學及生物學的興起。同時，法國思想家伏爾泰、盧梭等人，公開表達對政府或公民權利的看法，於是形成對政治事務的影響力。所以，克魯克所指的民主思潮，是西方人累積對知識與政治的覺醒後，在十九世紀於各地所掀起的一波波革命浪潮。西元一七八九年的法國大革命，就是不滿政府的人民把昏庸腐敗的君王處決，並試圖引進民主政體的例子。而其後一百多年，在亞洲的中國，也以革命方式改變了國家的政治體制。

所以，西方自文藝復興以來，聚合各方面動力所形成的一連串變革，在十八～十九世紀民主化運動以後，開始對博物館的發展環境產生極大的影響，歐洲許多的國家博物館陸續在這個時期出現（表9-1），就反映了歐洲殖民帝國的國家實力，以及各國支持博物館事業的文化企圖。

這些博物館的成立，理論上使歐洲原有的皇室收藏，因「國家化」而爲民所有，實質上這些博物館是因爲國家的支持，而使其規模趨於大型化。

英國博物館學家赫森（Kenneth Hudson）論及十九世紀歐洲博物館發展大勢時，就提到三個關鍵因素：「其一，爲具有高瞻遠矚識見、能推陳出新的人物；其二，爲時代與社會條件都能配合改革；其三，爲具有實現新觀念的媒介體。」赫森並以羅浮宮博物館爲例，認爲在羅浮宮博物

表9-1 十八～十九世紀設立的考古美術類國家博物館

設立年代	博物館名稱	所在地
1738	那不勒斯國立博物館	那不勒斯
1753	大英博物館	倫敦
1793	羅浮宮美術館	巴黎
1819	布拉多美術館	馬德里
1824	國家畫廊	倫敦
1825	慕尼黑美術館	慕尼黑
1830	柏加曼國立博物館	柏林
1852	列寧格勒國立博物館	列寧格勒
1866	國立考古學博物館	雅典
1882	特爾美國立博物館	羅馬
1882	東京國立博物館	東京

世界博物館1982，《大英博物館》，頁157。

館開放十年後，拿破崙的強勢作風將博物館更名爲拿破崙博物館（一八〇三年），並匯集他稱霸歐洲時掠奪之繪畫名跡，因而使羅浮宮博物館躍居爲歐洲的古典藝術之宮（*Kenneth Hudson, 1987, 4*）。

但就博物館民享化來說，當皇室私產移轉爲國家財富後，人民雖是法理上的分享者（*Kenneth Hudson, 1987, 28*），但人民所享有的權力，其實是時代與革命所賦予，而並非由博物館本體去經營的。

表9-1所列的博物館中，西元一七五三年成立的大英博物館是最早國家化、規模亦最大的一個博物館，相繼於西元一七九三年成立的羅浮宮美術館，則爲革命轉型的國家博物館。兩者固然都見證了歐洲政治與社會的變革，但大英博物館的國家化過程，更具有博物館演進的時代意義，值得我們進一步去了解。

一、博物館國家化——大英博物館之規模

英國早在十六世紀就參與新航路的探索，成為揭開近代殖民主義序幕的重要成員。十七世紀的工業革命使英國成為「世界工廠」，它以其他國家所沒有的優越條件，如大量的廉價勞工、豐富的煤鐵礦藏、足夠的資金，和沒有戰爭的社會，累積鉅額的財富。於是承平歲月加上大量財富，使英國積極的從事海外殖民事業，以至於維多利亞女王統治的時代（一八三七～一九〇一），大英帝國的疆域和人口已經占全球土地、人口的四分之一，英屬殖民地則包括了加勒比海地區、非洲、亞洲、大洋洲和大西洋等地區（世界歷史百科，1995，第八卷，頁610）。

殖民時期的歐洲人，為了滿足對殖民地的好奇心，開始研究人類學、考古學、地質學與古生物學（尹建中，民83，其79～80）。同時他們也產生強烈的企圖心，要掌握全球自然與文化的資源，所以各國競相在殖民地蒐集具有地方特色的物件，積極為國家博物館建立豐富的收藏。

（一）大英博物館之形成

英國在十七～十九世紀間，毫無疑問的是世界上財力最雄厚、文化觀瞻最廣闊的國家，所以大英博物館以「世界級」的規模出現，可謂得其盛世之時也。而其舉世聞名的規模，則象徵了英國的實力，與歐洲殖民帝國奮發向外的開展精神。

1.購買史隆收藏

大英博物館的創立，奠基於漢斯．史隆爵士（Hans Sloane, 一六六〇～一七五三）生前留下的可觀收藏。

終生行醫的史隆爵士，由於頗具世界觀的收藏視野，所以他包羅萬象的藏品可謂名聞遐邇。富有的史隆爵士，年輕時曾前往英屬殖民地西印

度群島的牙買加，致力網羅各種動植物標本，並著有《牙買加植物錄》一書。據說他從牙買加回國時，還帶著黃蟒蛇、大蜥蜴等動物同行，著實令倫敦人大為吃驚，由此可見他近乎痴狂的收藏癖好。

西元一七五三年，史隆爵士遺志將七萬九千五百七十五件藏品與藏書，以兩萬英鎊的價格（史隆按全部收藏價值四分之一折算）提供給英國政府，希望以此為基礎來「改善科學藝術，並造福人類」（*British Museum London, 1979, 12*）。英國國會得知此事，隨即成立董事會，發行全國性彩票來募集財源，於是一口氣同時購買史隆爵士，與哈雷（Harleian）家族的收藏。並在倫敦市北郊買下蒙太居舊邸（Montagu House），修繕增建後做為博物館的館址。

六年之後，在博物館的軟（藏品）、硬（館址）體相繼準備妥當的情況下，大英博物館於西元一七五九年正式開放參觀。

2.建立世界性收藏規模

大英博物館因為有強大的國力為後盾，所以得以進一步建立世界性收藏的規模。譬如，刻有古埃及文和希臘文的「羅賽達石碑（Rosetta Stone）」原來是拿破崙遠征埃及時帶回法國的，但英法戰爭時法國失利，所以為英國占有，而成為大英博物館的鎮館之寶。又如西元一七九九年，英國政府以三萬五千英鎊收購的「艾爾金雕塑群（Elgin Marble）」，是當時派駐在外的艾爾金爵士暗賄土耳其官員，偷偷地從雅典的帕德嫩神殿運回的。再如北非總領事亨利・索特（Henry Salt）斡旋軍力而得以運送古埃及拉姆賽斯二世的頭像到英國（呂禧鳴譯，民*83*，頁*103*）。

十九世紀以後，大英博物館更以實際參與近東的考古發掘來充實館藏。譬如在美索不達米亞地區，他們發現重達十公噸以上的人面獅身大型雕塑，輾轉經過水路、陸路才運抵倫敦。又在亞述王國的遺址，挖掘到二萬五千多片寫著楔形文字的泥板，而將其整批入藏大英博物館，成爲日後研究古文字的絕佳材料。

到了十九世紀下半葉，法蘭克夫（August Wollaston Franks）任館長達三十年之久（一八六六～一八九六），於是他爲大英的典藏政策訂下三點擴張性的決定：一是增收歐陸中世紀藝術品、二是開始關心民俗藝品、三是開始收藏遠東地區，包括中國、日本的文物（呂禧鳴譯，民*83*，頁*105*）。凡此皆可以看出英國政府爲建立國家博物館的世界性收藏所展現的強烈企圖心。

所以，今天大英博物館總計超過七百萬件的收藏數量，和涵蓋世界性的收藏規模，皆奠基於創館之初的收藏政策，以具有國際觀瞻的廣大範圍爲收藏對象，所以經過兩百五十年的累積才達到今日的成果。

3.國會立法免費參觀

英國政府募款成立大英博物館後，國會隨即立法（Act of parliament）宣布：爲了讓「好學與好奇的大眾皆去利用」大英博物館，所以「免費參觀」爲其開放的首要原則。兩百多年來，該博物館也一直維持「免費」的原則。

西元一七五九年博物館正式開放時，雖不收門票，但參觀者需先取得許可，再由博物館館員帶領每五人成一組，進行限時一小時的參觀。根據記載，在西元一八〇八年時，大英博物館的陳列室已有十四間，分別展示人類學物件、哈雷家族收藏、蘭斯道（Lansdowne）捐贈之藝術品、手抄經卷、名人肖像（有二間）、王室圖書與英王群像、宴會廳，與自然史物件等（有六間）（*Ripley, 1982, 41*）。然而，觀眾的參觀方式，基本上還是沿襲五十年前「限時、限人」的原則，每週開放四天、每天最多容許一百二十人參觀（*Kenneth Hudson, 1987, 23*）。

因此，國會立法讓「好學與好奇的大眾皆去利用」的美意，顯然在博物館經營的策略上難以完全配合。

（二）大英博物館經營之道

西元一八三六年，大英博物館曾遭到下議院強烈的抨擊，考伯特（William Cobbett）議員言詞犀利的指斥博物館的精英主義與管理上的混亂無效率，認爲它「只是一個讓好奇和有錢的人去消遣的地方」（*Kenneth Hudson, 1987, 28*）。當時的館長伊利斯（Sir Henry Ellis）爵士無言以對，只好以「圖書館卻被過度使用」來搪塞（世界博物館1982《大英博物館》，頁160）。由此可見，當時大英博物館服務的對象只是有限的觀眾。至於爲什麼會如此，就與博物館經營者的立場有密切關係了。

1.經營者立場

大英博物館經營政策的主導者，除了館長，還包括在館長之上的董事會。對於博物館未被充分利用的問題，顯然肇因於大英博物館的董事會和館長都持有相同的看法。

西元一八四八年，英國發生一次規模最大的民權運動，雖然事實上也是最後的一次，但對大英博物館的經營政策卻深具影響。當時參加運動的大批民眾，情緒激動的群集於倫敦，所以大英博物館在警備森嚴中，深恐「暴民」越界闖入（*Bennett, 1995, 70*）。

民權運動期間所揮之不去的印象，導致保守派的董事會與館長所領導的博物館典藏研究人員，一致認爲如果博物館向大眾公開，館內的陳列必會遭受破壞。因此之故，伊利斯爵士雖受議員痛斥，但在館長任內，一直堅持大英博物館週六、日，和所有例假日絕不開放的原則，以免「低俗階級，或碼頭的水手帶著女友」前來參觀（*Kenneth Hudson, 1987, 23*）。而該博物館直到西元一八七九年才實行每日開放參觀的政策。

在大英博物館極端重視參觀行爲的尺度下，那些合乎參觀條件的觀眾對博物館有什麼印象呢？下面引述美國作家霍桑（Nathaniel Hawthome）與中國駐英大使郭嵩燾的遊記，來說明不同文化背景的觀眾對大英博物館的看法。

2.觀眾的看法

美國作家霍桑在西元一八五六年參觀大英博物館後，在他的《英倫筆記》（English Notes）中這樣記載著：

> 現今背負著太多過去的包袱。我目不暇給地看著這裡幾近氾濫的收藏品，拖著一顆疲憊的心徘徊在每一處大廳間，心中默禱艾爾金雕塑群與帕德嫩神殿雕飾能在瞬間化為灰燼……所有殘留下來的古物都該隨著那些製造它們的時代一起消失無蹤。大英博物館中，十分之九對展覽品似乎頗有興趣的參觀者，其實對古物根本漠不關心（蔡怡君譯，民*85*，頁*14*）。

而相較於霍桑的感喟，西元一八七六年首度放洋使英的郭嵩燾，在《使西紀程》的記載，則純爲「文化觀光客」的感受：

> 克羅斯約游步利萊斯妙西阿母書館（即British Museum譯音）藏書數十萬冊，皆分貯之最後一圓屋，四圍藏書六萬卷。中高為圓座，司事者處其中。兩旁為巨案曲抱，凡三。外皆設長橫案，約可容千餘人，每日來此觀書者六七百人……。數十楹羅列古跡，零銅斷瓦，雜遝珍收。舉凡天地間所有之鳥獸、鱗爪、草木、谷果、山川之精英、淵叢之怪異，《博物志》所不及辨，《格古論》所不及詳，莫不雲布星陣，各呈其本然之體質……。

霍桑與郭嵩燾相隔二十年的參觀經驗，當然不能「同日而語」。但他們顯然都已見識到大英博物館「世界性」收藏的壯觀。

所不同的是，撫今追昔的霍桑後來定居英倫，並經常走訪大英博物館。而他的母國新大陸的博物館事業，也在十九世紀中葉以後蒸蒸日上。但來自中國的郭嵩燾，在飽覽大英收藏之壯觀，深深嘆服英國政府：「不憚數萬里致之，魄力之大，亦實他國所不能及也。」之餘，也遊覽了南坎興頓博物館，而更加感慨：「西洋專以教養人才為急務，安得不日盛一日？」只是賢者的憂國之思，並不能影響滿清政府的作爲，而中國的博物館事業也要遲至二十世紀才能起步。關於中國的部分，在本章第四節我們才會談到。

下面要談的是博物館民享化的問題。因爲國家博物館的出現，並不表示博物館一定會朝著「讓大眾都可以享有」的目標去努力。然而博物館「民享化」的理念，則非得從博物館改善經營之道才有實現的可能性。

二、博物館邁向民享化——柯爾館長經營南坎興頓博物館之理念

從博物館的經營本體而言，眞正實質上經營博物館民享化的，開始於英國的南坎興頓博物館（South Kensington Museum）。以下對這所今天稱之爲維多利亞博物館（Victoria and Albert Museum），在創始期間的經營理念予以介紹。

十九世紀中葉，最先領導博物館朝「民享化」這個方向去努力的，是英國南坎興頓博物館的創始人柯爾館長（Henry Cole）。而這所在西元一八五七年成立的博物館，是一個立意迥然不同於大英、羅浮宮的博物館。

它的首任館長柯爾，對新興工業社會裡生活艱苦的勞工階級充滿同情，認爲他們在力圖溫飽之餘，除了「杜松子酒巷買醉」之外，應該享有一些更有意義的生活樂趣。因此，當他目睹西元一八五一年「萬國博覽會」六百萬參觀人次的盛況，以勞工大眾的參與最爲熱烈時，就積極推動「歡迎藍領階級參觀」的博物館經營之道。

尤其，柯爾館長的理念，獲得英國維多利亞女王及其夫婿亞伯特（Prince Albert）的支持，所以當政者的大力支持，也是使這座博物館能夠眞正邁向「讓大眾都可以享有」的關鍵因素。至於柯爾館長的經營特色可歸納爲以下三點：

（一）重視常民文化

柯爾館長在博覽會展出期間，觀察到吸引大批人潮前往參觀的，主要是各國的工藝與工業產品，所以他領悟到一般大眾感興趣的，往往是設計與手工俱佳，並與他們生活產生關聯的物件。所以，南坎興頓博物館在創辦之初，即由英國外貿部向國庫申請五千英鎊，購藏「萬國博覽會」的優質展品。並陸續以富有創意、精工製作的英國雕刻、建築模型、專利設計品、動物製品、教育用具等爲擴充收藏的對象（*Kenneth Hudson, 1987, 49*）。

這種以「常民文化」與工業產品爲博物館收藏取向的新觀念，是柯爾誘導大眾到博物館參觀的原動力。然而柯爾的做法，在當時卻未必得到一般社會精英的認同（*Kenneth Hudson, 1987, 52*）。

（二）延長開放時間

柯爾開風氣之先的經營策略中，以延長開放時間，方便藍領階級在「公餘」之後去博物館參觀，最具劃時代的意義。根據該博物館統計西元一八五七年至西元一八八三年（共二十六年）的參觀人次，竟高達一千五百萬人次，而其中有六百五十萬人次（占百分之四十三）是在延長開放的時段去博物館參觀的（*Bennett, 1997, 70*）。

該博物館的開放政策，在一八六〇年代遭到保守勢力的質疑，並認爲博物館過於開放會招致行爲不當觀眾的騷擾。但是柯爾在英國下議院提出有力的證據反駁質疑，並公開聲明博物館參觀大眾不致爲社會帶來負擔。柯爾的說服力，因而也影響了大英博物館在西元一八八三年以後逐漸延長晚間的開放時間（*Bennett, 1997, 71*）。

（三）提高博物館使用率

柯爾的博物館經營之道，源自於他對社會整體的關懷，因此他一向呼籲文化環境的改善並不只限於博物館一途，而應當是多面向的。以下的言論清楚表達他對文化環境的看法：

> ……以音樂、以繪畫、以宗教的虔敬去關懷（藍領階層的）他。由於人不能住在教堂裡，所以再給他音樂飄揚、蟋蟀蟲鳴的公園去散步。在教堂禮拜之後，讓他去科學的、美術的博物館，與家人同在博物館參觀與用餐，以避免他前往琴酒宮貪杯買醉（*Bennett, 1997, 21*）。

柯爾爲了提升大眾參觀的品質，以展品附加說明的方式，取代博物館館員的「帶領」，使觀眾建立自我約束、自我教育的觀念（*Bennett, 1997, 40*）。並設立展品巡迴部門，使無法前往博物館的民眾也有觀賞博物館展品的機會。同時，他又以博物館教室、餐廳等設施，提高大眾對博物館的使用率。

所以，當英國於西元一八四五年通過博物館法案（Museum Bill），授權地方興建博物館與畫廊後，柯爾提倡的「博物館引導社會向善」的理念，產生一股相當大的力量，促使英國博物館的總數從西元一八六〇年代的五十座，加速成長爲西元一九〇〇年的二〇〇座（*Bennett, 1997, 72*）。

英屬殖民地在進入二十世紀以前，開始逐漸掙脫大英帝國的統治，而德、美、法、俄四國在急起直追的情勢下，使英國不再居於領導世界工業的地位。但歐洲博物館事業最發達的國家，仍以英國爲首，其次才輪到法、德、義等國家（*Kenneth Hudson, 1987, 7*）。至於柯爾所經營的南坎興頓博物館，則顯然是率先領導博物館邁向民享化的最佳典範。

古德（George Brown Goode）在西元一八九五年所撰寫的《博物館經營原則》（Principles of Museum Administration）一書中，就一再肯定柯爾以博物館理性改革社會的功能，並強調博物館的發展方向必以教化大眾爲未來經營之導向。

第四節　中國近代對博物館的認知

自十七世紀以來，中國的瓷器、茶葉和絲綢就被西方人視爲珍品而不斷輸出歐洲，但相對於歐洲殖民主義向外開展的積極精神，滿清盛世的康熙、雍正、乾隆三朝（一六六二～一七九五年），不僅對西方貿易的興趣不高，並且對外國商人十分鄙棄，所以一向視歐洲的工業產品爲無用之物。

西元一八二〇年以後，外國商人開始走私鴉片，企圖打開與中國貿易的局面。西元一八三九年，滿清政府爲了遏阻此事，在廣州查封英國倉庫，爆發第一次鴉片戰爭，首度讓中國人見識到西方的船堅炮利。西元一八五六至一八六〇年的第二次鴉片戰爭，中國人再度屈服在西方勢力之下，因而開放五口通商，並且讓外國商人和傳教士在中國定居。

中國人真正接觸西方事物始於十九世紀的後半葉。在圖強求富的動機下，清朝政府開始派遣一些人出洋留學、出使、考察或旅遊，以實地了解西方。而這些人對西方博物館的接觸，大抵類似今日所謂的「文化觀光」的方式。

早期到歐洲的中國人，曾先後使用公所、行館、畫閣、軍器樓、集寶樓、積寶院、集奇館、積骨樓等不同的名稱，來描述他們參觀過的博物館，有關的紀錄大多見於他們的遊記。譬如，張德彝的《航海述奇》、郭嵩燾的《使西紀程》、劉錫鴻的《英軺私記》等，都繪形繪色地描述了他們的西方博物館見聞。

一、「博物館」一詞的使用

然而「博物館」一詞的使用，根據學者考證，大約是在西元一八六〇年率先由日本人名村元度翻譯而成的。該詞的結構，一方面反映十九世紀西方博物館多寶聚珍的特色，一方面運用了中國既有語彙「博物」的涵義，來詮釋參觀者在西方的見聞，所以「博物館」是一個相當高妙的翻譯名詞（陳媛，民84，頁12）。

十九世紀後半葉，日本傾全力吸收西學的成效，見之於東京國立博物館的籌建。而日本在西元一八六七年第一次參加巴黎舉行的世界博覽會之後，即採取南坎興頓博物館購藏博覽會展品的方式，攜回大批國際展品，開始奠立「博物局」的收藏。又陸續在維也納（一八七二年）、芝加哥（一八七六年）的世界博覽會購藏儲備了更多的收藏。

及至西元一八七七年，日本政府首次在國內舉行工業博覽會時，請到英國建築師康德爾（Josiah Conder）爲東京國立博物館設計西式的建築。

因此，日本從翻譯「博物館」一詞到成立國家博物館，其間二十餘年的時間，自上而下有系統的去認識新事物、產生新觀念，並籌設了屬於自己的東京國立博物館（一八八二年），可見明治維新在文化事務方面，積極向西方學習的態度與成績。

二、中國知識分子對博物館的期望

比較中、日兩國接觸西方事物最大的不同之處，是中國政府始終不曾像日本那樣大規模又有系統的輸入西學，所以放洋人士帶回國的訊息，往往是一些個人的、零散的吉光片羽。

以中國人對博物館的認知而言，出洋人士在遊記中所記載的，至多是參觀經驗或博物館見聞，而少有對西方博物館實質性或深入性的了解。

加以滿清末年國事蜩螗之際，知識分子在亟思圖強的心情下，熱切冀望以西方新事物來解決中國積弊已深的大問題，因此博物館之創設亦被寄予厚望。譬如，康有為與張謇都曾經向清廷提出奏議，以創設博物館為國家圖強的一個手段。

（一）皆為備購、博覽兼收

康有為認為「西方的博物院凡地球上天生之物、人造之器，備列其中。……合萬國之器以啓心思，烏得不富？烏得不強？」所以在他的〈戊戌奏稿〉（一八九八年）中，提出創設博物館的期望：

> 今創設此院，凡古今中外兵農工商各種新器，及各種電學、化學、光學、重學、天文、地學、物學、醫學諸圖器，各種礦質及動植物，皆為備購、博覽兼收。

以為博物館可經由「皆為備購」的方式，達成「博覽兼收」啓迪人心的效果，乃康有為未及深究西方博物館之「博覽兼收」，實導源於歷時長久的文化累積。此一認知上的落差，是康有為那個時代知識分子為追求國家富強，而對西方事物所一貫抱持的「即學即用」之熱切態度，實令人不忍見怪。

而維新人士創設博物館的主張，固然曾經得到光緒皇帝的支持，然而當時國庫空虛，政府根本無力推動此事，所以僅規定了「民辦博物館」的獎勵辦法（王宏鈞，民79，頁79）。然而百日維新失敗之後，上述的期望也就全都落空了。

（二）內府所藏、公於國人

至於張謇創設博物館的主張，最早見於他在西元一九〇五年〈上學部請設博覽館議〉與〈上南皮相國請京師建設帝國博覽館議〉之兩篇奏議。

他所提出的「博覽館」是博物館與圖書館的合體，他所期望的是滿清政府能以日本帝室博覽館爲榜樣，將宮廷與私人之收藏公開展示：「盡出其歷代內府所藏，以公於國人，並許國人出其儲藏，附爲陳列，誠盛舉也。」

張謇創設博物館之理想，旨在輔助學校教育，所以他期望先於京師設帝室博覽館，再於各行省、府、州、縣相繼成立各地博物館，以達到「庶使莘莘學子，得有所觀摩研究以輔益於學校」的目的。

以中國歷代收藏與研究文物之傳統，宮廷民間原本皆富於收藏。尤其清高宗乾隆又極力蒐求文物，所以清宮囊括有古代銅器、書畫、玉器、瓷器、緙絲、拓本等無數珍品。加以乾嘉時代金石、考據的研究，與鑑賞文物的風氣都非常盛行，所以張謇的呼籲，在公、私收藏條件皆充足的情勢下，並非全然不可能實現。但清末岌岌可危的政局和動盪不安的社會，在客觀形勢上，卻無從呼應張謇對博物館所抱持的期望。

三、中國近代博物館的產生

本章第二、三節，曾論及「收藏與博物館的關係」以及「博物館從國家化邁向民享化」之問題，說明西方博物館產生的歷史條件和社會背景。若以這些條件衡諸於十九～二十世紀的中國，就可以了解到中國知識分子創設博物館的期望勢必落空，因爲他們對博物館之形成條件有認知上極大的落差。

由於中國近代博物館的產生與當時知識分子的期望、國家社會所提供的環境、以至於一般大眾的接受能力，都形成相互影響的因果關係。所以下面以三個博物館爲例，說明中國近代社會所醞釀出來的博物館型態與功能。

這三個博物館成立的時間依序是震旦博物館（一八六八年）、南通博物苑（一九〇五年）與故宮博物院（一九二四年）。

（一）震旦博物館

震旦博物館於西元一八六八年創設於法國神父韓伯祿（Piere Heude）之手，並由韓伯祿主持館務長達三十餘年。該博物館的產生，正値歐洲殖民國家熱中蒐集全球自然、文化相關物件的時代，因此這所名爲Museum of Natural History的震旦博物館，實際上是法國耶穌會在上海的一項文化事業，其收藏特色則集中在長江流域的動、植物自然標本。

這類基於西方殖民理念、並具有地方自然史及少許民族學色彩的博物館，在當時都是由外國人創設的。例如，上海博物院（一八七四年）、華北博物院（一九〇四年）、濟南廣智院（一九〇四年）、北疆博物院（一九一四年）、華西協和大學博物館（一九一九年），以及日本人於西元一九一五年在臺灣創設的「臺灣總督府民政部殖產局附屬紀念博物館」等（王宏鈞，民79，頁98～102）。

然而，這類型的博物館對中國人的影響力卻非常有限，甚至在民族自尊的捍衛下，它們被視爲「文化侵略」的產物。所以即使它們的收藏極具特色、並富有研究價値，而一旦外國勢力撤出中國，往往就沉寂下來，或逐漸轉型爲綜合型的博物館，以致其原先自然史的收藏也就無以爲繼了。

就震旦博物館而言，在西元一九二五年費耕雨出版的《博物館學概論〉中，僅給予「規模甚小，不足多述」的評價。後來它雖然歸屬震旦大學管理，增設包括銅器、玉器、陶器等收藏的古物部，並於西元一九三三年以綜合性博物館的面目重新開幕。然而，當震旦大學改制爲醫學院後，該博物館也就逐漸沉寂，而終致「蕩然無存」了。

（二）南通博物苑

西元一九〇五年張謇提出請設博覽館之奏議無效後，即回歸家鄉江蘇南通，一面經營實業，一面振興地方教育。在此期間，清朝政府雖無力創設博物館，但於學部設五司一廳（一九〇六年），分科管理博物館業務（王宏鈞，民79，頁84），因而建立我國博物館事業納入教育行政範圍的傳統。

至於南通博物苑的創設，則是張謇在創立中國第一個師範學校「通州師範」（一九〇二年）後，結合園圃與博物館而成的「輔助學校教育」之設施。它座落於「通州師範」西側，從最初的購民宅、築牆垣，到廣蒐先賢遺文、中外動植礦物標本，以至於設計櫃架、陳列展覽，皆出自於張謇的擘劃，並由其承擔所有費用。所以南通博物苑可以說是一個不折不扣的私人文化事業。

然而，西元一九三八年日本占領南通時，南通博物苑被當作他們的馬廄，以至於其園圃被破壞、收藏被劫毀。一直到西元一九五一年它改名爲南通博物館，隸屬於南通市府文教科，園圃部分劃作人民公園後，才逐漸發展爲今日的規模。

相對於震旦博物館「西方移植」的特性，南通博物苑是中國人創設的第一個博物館，至今已有八十餘年的歷史，所以它在中國博物館學者的心目中占有極特殊的地位。同時由於它扎根於地方，並綜合自然、歷史、藝術等三方面的收藏型態，頗符合中國人所認知的博物館觀念。因此，二十世紀中葉前後，中國博物館事業的發展多以兼具地方性與綜合性的博物館爲主流。

（三）故宮博物院

中國近代最具代表性的國家博物館，毫無疑問地是故宮博物院。從西元一九二四年十一月，政府將清遜帝溥儀逐出宮廷，到次年雙十節乾清門廣場舉行故宮博物院成立大會，這個國家博物館的誕生不僅是終結帝制的「產物」，更是打開庶民大眾一探紫禁城究竟之門徑。

1.名稱由來

故宮博物院的名稱是仿照法國羅浮宮博物館與德國皇宮博物館的前例，以「故宮」爲明清兩代的皇宮，所以亦以宮廷爲博物館之名（呂彼得，民84，頁29）。

而「故宮」與羅浮宮不同之處，在於清代歷朝皇室都居於宮中，所以在博物館籌備期間，已由當時的國務院聘請公正耆紳會同清室近支人員，共組「清室善後委員會」一起做點查清宮文物的工作，並訂有「點查清宮物件規則」十八條，以昭社會公信（呂彼得，民84，頁14）。

2.創始期業務（民國十四年～民國二十六年）

從國家博物館成立的角度而言，這個博物院創設的「起點」，並非一般博物館所面臨的「建立收藏」，而是以如何維護、保存與管理清宮建築及歷代收藏爲首要之務。因此，它在創始期（民國十四年～民國二十六年）面對的重要業務，前一階段爲「清宮之博物館化」，後一階段則爲「文物遷運」與「國寶出國」。

(1)清宮之博物館化

點查工作：「清室善後委員會」最先著手的點查工作，始於民國二十四年底，進行了三個月，已大致把宮廷各重要宮殿登記造冊完畢。然而故宮經費窘困、人事紛擾，因此次年三月北京慘案發生後，點查工作就此中斷。而直到民國十八年易培基任館長，將院內人事安排就緒，才由故宮祕書處繼續負責文物點查之事。

文物展覽：點查期間，善後委員會隨著點查進度，陸續開放宮殿供民眾參觀，並將宮中規劃爲三區，每週開放參觀六天。同時也在坤寧宮、文淵閣、養心殿開闢專門陳列室，展覽清宮所藏書畫、銅器、瓷器、善本圖書、四庫全書等歷代文物，另外如康熙、乾隆皇帝的戎裝盔甲、硃批諭旨，及后妃畫像等也一併展出。

雖然這些展覽都是利用原有的宮殿或廂房，因陋就簡的布置展出，但顯然庶民大眾是十分好奇的，所以開放宮禁的頭一天，就吸引了五萬人前去參觀（昌彼得，民84，頁33）。而民國十七～二十年之間，除部分宮殿保持原狀開放參觀外，總計重新布置的專門陳列室已有三十七間（昌彼得，民84，頁89）。但以宮廷之寬廣、殿宇之眾多，要把所有可以參觀的地方都看到，至少也要花費三天的時間，由此亦可以想見當時博物院所面臨的管理問題。

民國二十年發生九一八事變，日軍並在民國二十二年攻陷山海關，使平津大爲震動，因而迫使故宮理事會緊急決定文物南遷，於是故宮同仁面臨極不尋常的博物館業務。

(2)文物遷運

南遷：爲免文物因日軍侵華而蒙難，於是故宮古物館、圖書館、文獻館等三個單位，分頭進行重要文物的裝箱工作。而散置各宮殿尙未集中的文物如鐘錶、盆景、清瓷、皮衣等，也由祕書處負責裝箱。

至於文物南遷貯放的地點，乃經由行政院核定在南京、上海兩地。因此，故宮先後分四梯次南運上述「三館一處」的文物，共計一萬三千四百九十一箱。直到民國二十二年中日簽訂塘沽停戰協定，才告一段落（昌彼得，民84，頁92）。

西遷：民國二十六年七七盧溝橋事變發生，中國展開全面抗戰。於是故宮將存放於南京的文物，又分水、陸三批，輾轉遷移到貴州的安順，與四川的峨嵋和樂山。以躲避戰火的破壞。已故玉器專家那志良先生，歷次參與故宮文物的遷運工作，在《典守故宮國寶七十年》一書中，他記錄了文物疏散的艱辛歷程（那志良，民82，頁77～197），有助於我們認識文物遷運之沉重使命。

(3)國寶出國

然而在國家蒙難時期，素以收藏中國文物著稱的英國，竟於民國二十三年組織理事會來推動故宮國寶出國展覽。

該案經行政院核准後，交由教育部與故宮會同辦理，教育部長王世杰先生爲了文物的安全與安定反對的聲浪，訂下重要原則（昌彼得，民85，頁112）：以「非精品不入選」、與「凡存世極稀之絕品不入選」之標準，選提出國文物七百三十五件，參加倫敦皇家藝術院舉行的「中國藝術國際展覽會」。前後共展出十四週，民國二十五年五月展覽結束，遠渡重洋的文物才由英國郵輪運回南京。

以上所述，爲故宮創始期（民國十四～二十六年）重要業務的梗概。其中「文物遷運」與「國寶出國」之業務，實非一般博物館在創始階段所能應付的任務，而其所動員的人力與物力，亦非一般博物館之常態作業所能處理。以故宮創始之初，組織機能尚未健全的情勢下，如何因應此「非常時期」的「非常目標」？這個問題，若從「國家博物館」的立場去思考，就可以理解，當博物館必須達成國家所賦予的任務時，它的時代角色與功能，也必然由國家的政策與機制去承擔和塑造。

四、餘論

以上從中國近代接觸西方博物館的經驗、「博物館」一詞的形成、論及知識分子對博物館的期望，以及中國近代博物館產生的背景。中國在前後不過半世紀的時間裡，經歷一連串前所未有的變動——從閉關自守而外力相侵；從反清革命而進入民國；繼而國家尚未眞正統一，卻又遭逢日本侵略，種種內在與外在相互激盪的力量，造成國家面臨新的變局與挑戰。

就中國人對博物館的認知而言，知識分子的經驗與期望，固然爲近代博物館之產生設計了「皆爲備購、博覽兼收」的途徑，然而時代的變動與府庫的空虛，根本無法實現維新人士「即學即用」的理想。及至南通博物苑之創設，實業家張謇以私人之力促成博物館「輔助學校教育」之功能，不謀而合的響應了西方「教化大眾」的博物館理念。

當然，中國博物館發展的方向，從清末知識分子的呼籲，到民國初年（一九一二年）周樹人任教育部社教司第一科科長，負責全國圖書館、博物館、美術館、動植物園及調查蒐集古物等工作（王宏鈞，民79，頁435）。以至民國十年《第一次中國教育年鑑》記載，全國已有十三所博物館（王宏鈞，民79，頁88）。而蔡元培先生（一八六八～一九四〇年）也一再提出理論，強調博物館可使人得到積極的休息與高尚的消遣，所以我國的博物館一直被定位爲理想的社教機構。

及至故宮博物院之創設，以其尚具規模的「清宮博物館化」工作，或許原本可以逐步實現張謇「內府所藏、公於國人」的願望。可惜時代環境的遽然變化，並不允許故宮充分發展教化大眾的目標。以至於中日簽訂塘沽停戰協定之次年（一九三四年），它的全年觀眾僅五萬二千七百七十六人次（王宏鈞，民79，頁89）。由此可以想見，時代與環境的不安，相對遞減了博物館的文化功能。

接踵而至的抗日戰爭，使政府必須全力守護文物，並竭力爭取西方的支持，因而在國家機制的主導下，故宮發展的方向，但以保存老祖宗遺產爲首要目標，因而暫時中止教化大眾的博物館機能。

由於中國近代對博物館的認知始終存在著理論與實踐之間的差距。換言之，也就是知識分子對博物館所抱持的期望，在時代條件與現實環境無法充分配合的情勢下，是根本難以實現的。

因此，從歷史文化的角度檢視十九世紀以來中、西博物館在近代發展的差異，我們可以歸納爲以下三點：

1.中國博物館產生的理論基本上是借鏡西方的，但中國卻缺乏足夠的資源去實踐「收藏博物館化」的原則。同時，對於博物館教化大眾的機能，也始終未能獲致普遍的認同。

2.西方博物館的「博物」性，藉地理大發現與殖民主義達到最高峰。而中國則因受限於主、客觀的各種條件，博物館僅能以「綜合」性爲其發展之極致，並且自始缺乏自然史類型的博物館。

3.中國博物館自近代以來即被定位爲社教機構，其用意在輔助學校教育，並且經常與圖書館合流，以致博物館學之扎根較淺，博物館從業之專業性也無從建立。

上述三點，無疑地成爲中國博物館日後發展的主觀限制。然而，近十餘年來臺灣經濟的發達與人民的高所得，使博物館事業呈現蓬勃的榮景，而一些相繼成立的公、私立博物館，也都朝著類型多元化與專業化的方向在進步。因此博物館的發展環境獲得相當改善，大眾對博物館的社教功能也逐漸產生較活潑的認知。

關鍵詞彙

博物館定義	收藏的博物館化	中止收藏	大英博物館

自我評量

1.艾許莫林博物館是怎麼形成的？

2.柯爾館長的博物館經營理念是什麼？

3.中國人什麼時候開始使用「博物館」這個名詞？

4.試舉一個博物館的例子，說明中國近代博物館產生的時代背景。

第十章　博物館的行政管理

學習目標

讀完本章內容之後，學習者應能達成下列目標：

1. 了解博物館事業管理體制的特性。
2. 了解博物館組織運作調整的基本理念。
3. 了解博物館領導核心的重要。
4. 了解博物館職務類別。
5. 了解博物館從業培訓的重要。

摘要

本章分爲六節。首先討論法、英、美三國博物館事業的管理體制，並歸納不同體制的共通性，以做爲改善我國博物館事業管理的借鏡。再就博物館組織運作的基本理念與實例，說明博物館呼應社會需求的觀念。最後討論博物館領導核心，與博物館從業規劃的問題，以強調在體制運作合理的前提下，博物館事業最需要的就是具有文化理念的管理人才。

根據《世界博物館名錄》（The Directory of World Museums）近年來的統計，全世界的博物館至少有二萬五千座以上（張譽騰，民*83a*，*219*）。以博物館事業最發達的歐、美地區而言，美國是世界上博物館最多的國家，大約有六千座，北美地區的加拿大也有一千二百座。至於歐洲各國的博物館總數，則大約有一萬六千座。所以把歐、美地區的博物館加起來，就已超過全世界博物館數目的九成（占92.8%）以上，由此可見全球博物館分布的版圖。

英國博物館學者赫森（Kenneth Hudson）曾針對歐洲各國博物館的數目與人口比例，做過一份統計（表10-1），顯示芬蘭、瑞士、奧地利等地狹人稀的國家，當地人口享有博物館的密度已到了令人稱羨的地步。而一個地方博物館事業的發展往往與其文化水準同步，此所以歐洲的巴黎和倫敦，既是博物館總數居冠、亞軍的國家首府，也是匯集世界文化的國際都會。

近年來亞洲國家博物館發展的速度，也隨著經濟的起飛在成長。日本一家專門設計和承造博物館展示的公司「丹青社」，在西元一九八七年出版的博物館名錄中，刊載當時日本正在興建的大小博物館就多達一百四十餘座（張譽騰，民*83a*，頁*246*）。

我國博物館興建的速度雖不及日本，但根據民國八十四年《文化統計》資料顯示，目前臺閩地區博物館的設施也有一百三十一座，而且多數集中在全國首善之區臺北市（表10-2）。

而臺北市除了在民國八十六年先後開放天文科學教育館與二二八紀念館，其積極擴增博物館版圖的規劃，還包括未來兩年內，開始興建水博物館、溫泉博物館、兒童博物館、兒童美術館、北美二館、北美三館、凱達格蘭中心、客家文化會館等，足以呈現文化多元面貌的各項設施（聯合報民國*86*年*3*月*17*日，第五版，陳水扁市長主持「歷史復活節」文化週開幕講詞）。

表10-1　歐洲各國博物館數目與人口比例統計表

國　名	博物館數目／百萬人口	國　名	博物館數目／百萬人口
芬　蘭	124	希　臘	41
瑞　士	106	盧森堡	40
奧地利	90	西　德	39
挪　威	85	英　國	39
丹　麥	64	法　國	35
比利時	57	義大利	33
荷　蘭	55	葡萄牙	20
瑞　典	44	西班牙	20
愛爾蘭	41		

根據張譽騰，民83，頁116。

表10-2　國內博物館分布概況

區域別	館　數	百分比
總　計	131	100.00
臺北市	47	38.88
高雄市	4	3.05
臺灣省	76	58.02
北部區域	15	11.45
中部區域	25	19.08
南部區域	33	25.19
東部區域	3	2.29
福建省	4	3.05

根據行政院文化建設委員會1995《文化統計》，頁14。

（博物館統計資料至民國84年10月1日止）

以上提供的國內外博物館量化資料，固然呈現文化版圖的分布概況，但在博物館數目多寡的背後，更重要的是博物館的品質及有關事業的管理問題。然而一個國家博物館事業管理的有效性，一定要通過時間的考驗，累積相當經驗與條件後，才能逐漸形成足以憑恃的系統與規範。

因此，在第十章我們選擇博物館版圖、歷史、數目和事業管理都一致領先的歐美國家，做爲借鏡的對象，做爲討論博物館行政管理的借鏡之資，其用意不是要我們依樣畫葫蘆的去模仿，而是希望從既有的規模中，思考我國博物館事業的管理之道。

畢竟，中國人對於博物館的認知已迥然不同於前一個世紀，而今天我們博物館事業的發展條件，與從業環境內所牽涉到的一些問題，大抵仍以管理體制與實質經營方面居多。所以本章討論的重點放在博物館事業的管理體制、組織運作、領導核心以及從業規劃等主題，並特別強調系統性規劃從業培訓的重要。

因爲要使博物館發揮文化功能·我們需要的是更多對文化有理想、對行政有理念的人，積極導引「文化爲大衆服務」的觀念，這樣我國博物館事業的發展，才能對大衆文化產生眞正的影響力。

第一節　法英美三國博物館事業管理體制

博物館事業的管理不同於一般行政管理，在各國體制分殊的情形下，一個國家行政系統內是否設有博物館事業的專責管理機構，一向沒有絕對的標準。加以各國國情、律法、社會條件等因素之不同，大概除了社會主義國家普遍實行集中統一的管理外，歐美國家都各自採用行之有年的管理體制。

當一個國家博物館事業的管理機構，與其行政體制直接產生關係，並對於博物館的預算經費、館長任命、員額錄用，與相關法案之訂定等重大事務，負有實際權責時，該管理機構即視爲博物館事業的主管機關。

根據聯合國教育科學文化組織指出，自一九六〇年代以來，將文化事務由教育部門分離出來，獨立設「部」成爲一種全球的趨勢。《歐洲年報》亦顯示，設有教育及文化相關部會之六十八個國家中，計有二十一國，設有獨立而職掌較完整之文化事務主管機關，而其中將文化與新聞業務合併管理者，計有四個國家，法國即爲其中之一（行政院組織法研究修正專案小組總報告，民78，頁272）。

以下針對法國文化及傳播部（Ministry of Culture and Communication）之下，專責管理博物館事業的「博物館司」，予以簡要介紹。

一、法國行政專責機構：文化部博物館司

法國的文化及傳播部或被稱之爲文化部。其下所設的博物館司，爲法國國立博物館事業的主管機構，它所監督的博物館包括羅浮宮博物館在內約三十四座國立博物館，和一千餘座地方博物館。

博物館司（Direction des Musees de France，簡稱DMF）成立於西元一九五九年，是主管法國歷史、藝術類博物館的專責機構，但它並非唯一管理法國博物館事業的官方機構。除文化部博物館司外，法國教育部的博物館處負責監督四座國立博物館的科學教育、和全國一百八十三座自然史博物館的業務。其餘如拉威葉特科學工業城屬法國研究技術部與工業發展部聯合共管，軍事博物館則屬法國軍方管轄。

然而，法國博物館由於大約百分之八十都是歷史、藝術類的博物館，所以文化部博物館司的管理機制對於主導法國博物館事業，具有最大的影響力。下面針對博物館司的組織與職掌，予以說明。

（一）文化部博物館司的組織

法國文化部博物館司主管業務的法源依據，源自西元一九四五年制定的「藝術博物館暫行條例」。該條例由於迭經修訂，以符合主管機構監督博物館事業的立場，所以也被泛稱爲博物館法。

1.管理架構（圖10-1）

博物館司之下設博物館總監和檢查處、科學與文化事務管理處、行政與財務管理處等三個行政管理單位，負責監督所屬中央與地方博物館的相關事務。而隸屬於藝術品修復處的各檢驗室、修復室，負責博物館科技維修之專業功能、國立博物館聯盟與羅浮宮學院，則爲專家審查博物館業務，與專門培訓博物館從業的兩個單位，二者對法國博物館事業管理的特殊效用，值得我們注意。

2.國立博物館聯盟（Reunion des Musees Nationaux，簡稱RMN）

國立博物館聯盟是由法國國立博物館館長及專家所組成的一個權威機制，負責審核撥付博物館專用經費、提供藏品徵集意見，並諮商有關博物館複製文物與行銷等事務（周功鑫，民78，頁4～5）。

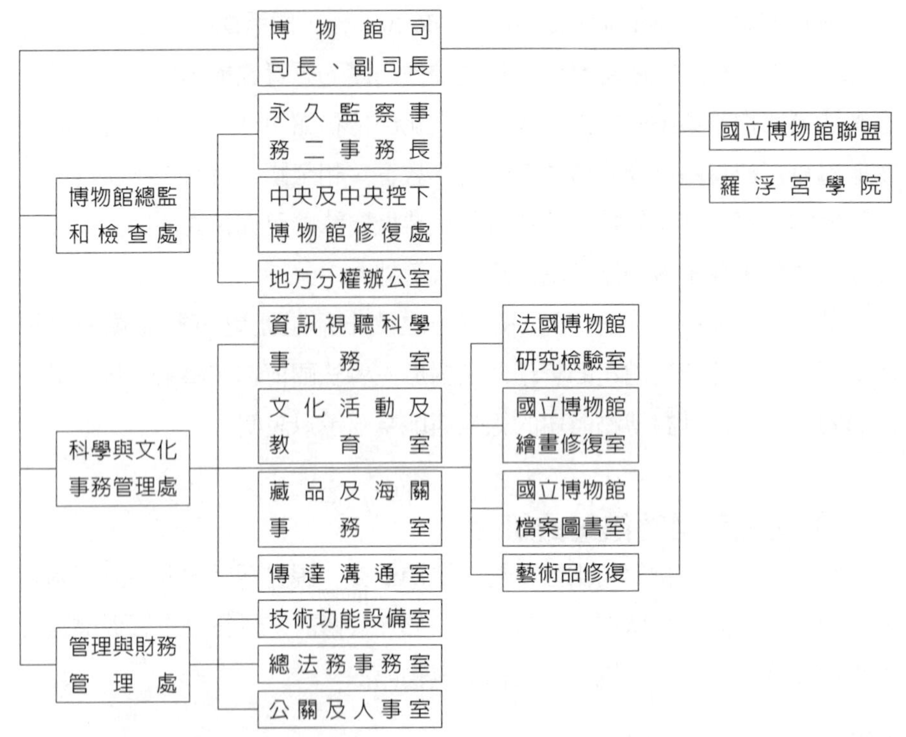

圖10-1　法國文化部博物館司組織圖

根據秦裕傑、張譽騰，民79，頁38。

該聯盟由兩個顧問委員會共同管理上述事務。一個是行政顧問管理委員會，另一個是藝術顧問委員會。前者設主席一人，由文化部博物館司司長擔任，委員包括文化部行政官、法院首席、預算部長等若干人。後者由當然委員、指派委員及十八位專家共同組成；其當然委員是博物館司司長、美術院常任祕書、財政管制員，而指派委員則由文物歷史總監察、博物館典藏維護專家等三人以上共同擔任。舉凡法國博物館之重要典藏、徵集，與相關之研究業務，都必須由聯盟內的委員會督導執行，所以「國立博物館聯盟」委員會，對法國博物館的政策具有決定性的影響力。

3.羅浮宮學院

成立於西元一八八二年的羅浮宮學院，一向是法國博物館專業與技術人才的培訓中心，因此所有法國博物館的正式從業人員，都需要通過該學院的培訓，以維持一定的博物館從業水準。

（二）文化部博物館司職掌

1.「專用經費」核撥

上述的「國立博物館聯盟」負責統籌法國國立博物館的「專用經費」，該項經費專供博物館採購收藏、舉辦大展、印製門票、說明等用度，所以博物館如有所需，其申請案經「國立博物館聯盟」委員會審核通過後，即可撥用「專用經費」。

至於「專用經費」的資金來源，則包括博物館門票收入、專題導覽參觀費、特展與藝術文化表演收入、博物館資產收入、私人財團捐贈、政府補助以及其他文化活動（如複製文物）收入等，是一筆收益金額龐大之博物館周轉金（周功鑫，民78，頁4～5）。

2.館長任命

凡文化部所屬之博物館館長，皆由部長或內閣任命。而館長人選，或為博物館主任研究員（Chief Curator），或為博物館總監察（Inspecteur General），基本上他們都具有博物館專家或專業的背景。

3.員額錄用

至於博物館內部員額之部署與任用，則由館長決定後，經文化部核轉財政部，依預算經費之多寡裁定任用與否。由於法國博物館從業員都具有公務員身分，所以他們都需要通過國家資格考試，才會被博物館錄用。

4.從業培訓

隸屬於博物館司的羅浮宮學院，一直是法國博物館從業的培訓中心，而凡是通過國家考試的人員，一定要在羅浮宮學院接受十八個月的實習培訓。訓練課程包括典藏徵集、文物研究與維修、文化資產保護、博物館行政與實務等。

（三）體制特性

法國文化部博物館司之組織，可謂科層分工環環相扣，加上「國立博物館聯盟」之專業諮商與監督、羅浮宮學院培訓之效，以及各檢驗室、修復室，及藝術品修復處的科技支援，使得它管理博物館事業的威信不容置疑。惟其過度由官方集中管理的型態，有時難免因主事者缺乏活力，而使博物館事業的推動陷於被動與僵化（周功鑫，民*78*，頁*8*）。

二、英國公共法人組織：藝術與圖書館處

英國在西元一九六四年頒行「公共圖書館及博物館法」（Public Libraries and Museums Act）的第二節之十二至十五條中，規範了地方機關支持博物館的政策（秦裕傑、張譽騰，民*79*，頁*99*），條文中特別強調：「各地方的主管機構（local authority）須確認轄區內博物館全力提升教育，並重視兒童與學生興趣之所在。」可見英國博物館事業重視「教育扎根」的本質。

而英國博物館事業的管理機構「藝術與圖書館處」（Office of Arts and Libraries），則是一個獨立的公共機構（Public Body），在名義上雖不隸屬於政府部門（張譽騰，民*83a*，頁*112*），但主要負責監督英國十一座國立博物館。

「藝術與圖書館處」之下設有「博物館與畫廊委員會」（Museums and Galleries Commission）或簡稱「畫廊委員會」，專門替二千餘座公、私立博物館做業務諮詢。

以下簡述「藝術與圖書館處」和「博物館與畫廊委員會」分責管理英國國立與地方博物館事業的方法。

（一）國立博物館之管理

根據西元一九八七年官方出版的年報資料顯示，英國全國共有十九座國立博物館。其中除了在蘇格蘭、北愛爾蘭與威爾斯的博物館，其行政隸屬於當地的教育部；位於英格蘭的國立軍事博物館、皇家空軍博物館隸屬於國防部、皇家武器博物館則隸屬於環境部。其餘包括大英博物館在內的十一座國立博物館，都隸屬於「藝術與圖書館處」（張譽騰，民*83a*，頁*119*）。

由於英國國立博物館都是歷史悠久的文化機構，譬如西元一七五九年開放參觀的大英博物館，至今已有將近二百五十年的歷史。由於各博物館的運作規範皆有悠久的傳統，所以英國政府除全力支持這些博物館的財務（一般而言國立博物館仍要自籌約百分之十的經費），並未設定細則，去管理或約制國立博物館事業的發展。

惟國立博物館館長之人選，經各館董事會提名後，須呈報「藝術與圖書館處」轉請首相同意才任命。至於國立博物館之組織結構、人事法規或員額修訂等事務，皆由博物館自主。除非發生博物館無法自行解決的疑問，才由「藝術與圖書館處」諮商裁處（秦裕傑、張譽騰，民*79*，頁*70*）。

（二）地方博物館之管理

根據西元一九七八年的統計，英國有七百一十七座地方政府博物館、與一千三百座私立博物館。就管理體制而言，它們都隸屬於「博物館與畫廊委員會」。

「博物館與畫廊委員會」由於負責管理地方與私立博物館，所轄屬的博物館範圍廣泛，而補助地方博物館經費的「多元監督」運作也較複雜，所以該委員會之管理架構（圖10-2）嚴密。

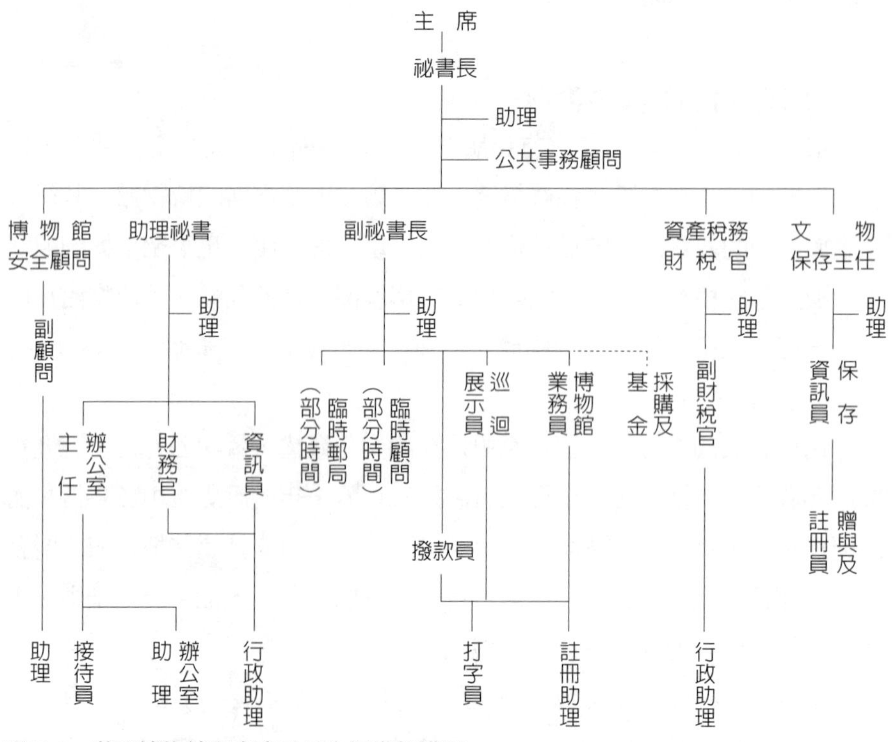

圖10-2　英國博物館與畫廊委員會組織架構圖

根據秦裕傑、張譽騰，民79，頁12。

委員會設主席與委員共十六人，均由首相任命，任期五年並得連任，但皆爲無給職的榮銜。該機構的主要職掌，是對所屬博物館提出業務諮詢、實際業務的執行則由祕書長領銜，針對博物館文物保存、資產稅務、安全維護等分設管理部門。其中尤以評估地方博物館經費補助、與鼓勵出版專書爲最重要。

1.評估經費補助

由於英國地方博物館的經費，一半由中央政府負擔，一半由地方政府或博物館自籌。因此「博物館與畫廊委員會」乃與博物館民間專業組織「博物館協會（The Museum Association）」合作（張譽騰譯，民82，頁19～21），制定了一套多元監督的方法，做爲政府核撥地方博物館經費之依據。

這套多元監督法的運用，是以英國「博物館註冊準繩」（Guidelines for Registration）爲基準，來評鑑各博物館的重要業務，如博物館的收藏政策、展覽、教育、服務設施等整體的表現（秦裕傑，民81，頁87～88），並訂出最低標準，以做爲各博物館申請經費之依據。

同時，「博物館與畫廊委員會」也結合具有聲望的國立博物館，如維多利亞博物館（Victoria and Albert Museum）、科學博物館（The Science Museum）承辦各美術館及科學館收藏經費之補助案。並且先委託七個地區性博物館協會（Area Museum Councils、Museums Documentation Association）初部審查有關博物館行政、展示、教育經費之申請案，再核定補助金額之多寡。

2.專書出版

「博物館與畫廊委員會」每年固定出版一系列有關博物館之專著，包括呈交國會參考的博物館年報（內含財務細目）、及《博物館行業》（Careers in Museums）之類的書籍。此外亦贊助「博物館協會」彙刊博物館文獻、與最新博物館事業的資料，以提供博物館同業參考。

（三）體制特性

英國博物館事業的管理特色，在於結合公共法人組織與「博物館協會」的合作關係，以客觀立場諮商博物館業務，建立評量的準則。兼以體制內鼓勵出版，使各博物館的業績與財務統計得以公開，因而建立具有公信力的文獻資料，提供學術界分析檢討。此一特色乃各國管理體制皆無法媲美的。

三、美國博物館事業組織

美國政府的聯邦體制在行政架構內既未設文化部，也沒有博物館事業的主管機關。由於美國博物館不論其為公立或私立（占總數三分之二），皆為法人組織，政府除了對博物館適度財力贊助外，可以說聽任博物館自治自理，所以形成「政府最好、管事最少」的局面。

（一）美國博物館事業特色

曾任華府史密桑機構節目部主任（Director of the Office of Museum Programs of the Smithsonian Institution）的博物館專家葛萊瑟（Jane R. Glaser）女士，在"USA Museums in Context"一文中，將美國博物館崇尚自由的精神與特色說得很中肯：

> 美國博物館為數六千餘座，僅二千座由州、郡、市政府公營，聯邦政府則利用稅收來資助國家公園、華府的圖書館及博物館，並補助史密桑機構大約百分之六十至六十五之經費。除此之外，國家既無政策亦無法令來規範管理博物館事業體。在沒有官僚轄制的情況下，美國博物館享有極度的自由、創意與彈性，去擬定決策做長期規劃，以維持其令人稱羨的自主性。當然，沒有政府集中管理的約制，也就無法享有國家補助的預算、或蒐集全國統計的資料。

> 無論如何，我不認為需要集中管理的機制。因為一此因應而生的民間專業組織或協會，包括美國博物館協會（The American Association of Museums）、美國地方歷史協會（the American Association of State and Local History）、科技中心協會（the Association of Science and Technology Centers）、美術館館長協會（the Association of Art Museum Directors）、大學藝術協會（the College Art Association）、美術館協會（the Art Museums Association）、科學博物館館長協會（the Science Museums Directors Association）、和區域性州際協會（the Regional and State Associations）等，已實際上不斷地幫助美國博物館去達成「追求卓越」的目標（譯自*Glaser, 1986, 13*）。

而葛萊瑟女士所強調的「追求卓越」目標，是博物館結合許多博物館民間專業協會所共同達成的。這些非官方、非營利的民間組織，嚴格地說，它們既無官方權柄，也不具行政效力，因此並不足以「管理」一個國家的博物館事業。但它們的組織型態結合專業與客觀性，所以深獲博物館界的尊重與信服，建立了無可取代的權威角色。

「美國博物館協會（American Association of Museums，簡稱AAM）」就是博物館民間組織中，最能代表美國所有博物館類型和所有博物館從業的一個全國性組織。同時，它也是同質性組織中，最具全球影響力的專業機構。因此，下面以「美國博物館協會」對美國博物館事業之貢獻，簡要說明之。

（二）「美國博物館協會」的貢獻

創始於西元一九〇六年的「美國博物館協會」，當初以提供全國性的博物館資訊與服務爲宗旨。一個世紀以來，它的組織發展得十分穩健，西元一九九〇年代該協會設在華盛頓特區的總部已聘用四十四位職員，協調配合六個區域性協會、十二個專業委員會、和「美國博物館協會」的行政委員會，在全美各地區舉行經常性的博物館活動，並教育大眾了解博物館存在的文化價值。

根據西元一九九七年該協會第九十二屆世界年會資料，它的個人專業會員已遍及全世界，並超過一萬零五百個，而包括博物館機構、法人組織等的團體會員，也超過了三千個。因此，該協會歷屆的世界年會都以普遍性博物館議題為討論內容：例如一九九七年「場上競技：包容力、創造力與協力」的主題，就是針對公共資助日漸衰退的情勢下，討論博物館要如何尋找財源做廣泛的討論（黃永川，民86，頁96）。

就美國博物館事業而言，該協會在改善事業環境、提升經營品質、與認定博物館資格等三方面特別有貢獻，值得予以介紹。

1.改善博物館事業環境

第二次世界大戰時，該協會參與指導博物館保存藏品之道，戰後並協助培訓博物館從業人員，及至一九六〇年代早期，該協會開始為博物館立法而努力，並呼籲大眾捐贈博物館藏品。其後又推動國會修改稅法，使博物館捐贈得以減免稅賦，而於西元一九六六年支持美國國立博物館法案之通過（葉詩雅編譯，民82，頁11～14）。可見「美國博物館協會」配合社會條件，循序漸進地為改善文化環境所做的努力。

2.提升博物館經營品質。

美國的博物館自一九六〇年代開始受到政府重視，到了一九八〇年代，全美博物館總數已達六千餘座。而「美國博物館協會」的組織動員力也日益旺盛，積極投入提升博物館的經營品質，包括認定博物館資格、建立博物館倫理規章、評估博物館計畫、提供博物館在職進修、提供博物館技術資訊服務、特約博物館消費服務、聯繫政府事務、出版專業書籍、及流通專業職訊等。其中最爲人矚目的，就是認定博物館資格，因爲它涉及評鑑博物館經營的條件，以符合該協會所制定的專業標準。

3.認定博物館資格（AAM's Accreditation）

「美國博物館協會」於西元一九六二年開始規劃博物館資格認定的作業，西元一九六八年由協會「認定委員會」（AAM's Accreditation Commission）會長伯克利先生（Charles Buckley）首先釐訂博物館定義，再於西元一九七八年出版《博物館資格認定準則》（Professional Standards for Museum Accreditation），將博物館正式定義爲：

> 一個有組織而為永久性的非營利機構，主要為教育或美學的目的而存在，配置有專業職員，它擁有並利用實體的物件，負責照顧並定期對公眾開放。

由於一九八〇年代適逢美國政府支持博物館營運的時代，因而博物館能否獲得政府補助，與它是否通過「資格認定」，形成一種必然的因果關係。換言之，當一個博物館通過了「資格認定」的審查，它的經營政策與業務運作才被認爲夠得上專業水準。而且所有通過「資格認定」的博物館，每經過五年還須複驗，以確保它經營品質之不墜（*Glaser, 1986, 15*）。

美國至今大約有七百餘座博物館通過「資格認定」，這些博物館的名字與它們被認定的年分，都被刊登在眾所周知的《博物館指南》（Museum Directory）首頁上，所以凡是獲得「資格認定」的博物館，就如同擁用博物館金字招牌。

「美國博物館協會」以一個非官方的組織，而能建立博物館資格認定的權威，其前提在於美國博物館大都具有「自治自理」的專業能力。因此，因應而生的各種博物館民間專業組織或協會，才能以其所長，提供博物館事業更上層樓的專業協助。

以上擇要介紹了法國文化部博物館司、英國博物館與畫廊委員會、與美國博物館協會等三種不同管理型態的體制，顯示它們各以有效的管理方式，對博物館事業產生相當大的監督作用。

綜合它們對於博物館事業體管理的共通性，可歸納為以下兩點：

1.管理架構清楚、事權明確

法國文化部博物館司主管機構的科層化組織，與英國「藝術與圖書館處」和「博物館與畫廊委員會」的分工合作，其管理權責都十分明確。至於美國各民間專業協會也能各盡專業所長，以共同達成「追求卓越」的博物館目標。

2.借重博物館專家輔佐管理機制之運作

法國的「博物館館長聯盟」、英國「博物館與畫廊委員會」的十六位榮譽委員，以及「美國博物館協會」博物館館長群所組成之「資格認定主席團」，皆為管理體制內常駐的專家組合。借重博物館專家共同輔佐行政運作的好處。在於其專業監督之功效，不僅能避免博物館發生重大偏差，更能取信於社會大眾，使博物館建立具有權威的公信力。

第二節　我國博物館事業管理現況

相對於歐美國家博物館歷史傳統之悠久，及管理體制功能之明確，我國博物館的設置，主要是政府為了提升社會教育而興建的文化設施，所以博物館一向被視為社教機構。

以博物館對社會文化所產生的效益而言，有識之士早已體認到博物館具有「專題性」社教機構之特點（臺灣師範大學社教系輯，民85，頁19），應當有別於社教館、文化中心等一般性的社教機構，然而，在行政體制上，政府對博物館事業的管理，基本上等同於一般社教業務。

不過近十幾年來，臺灣經濟的起飛，與政府籌設大型博物館的趨勢，使目前僅具雛形的管理體制，浮現出一些亟待解決的問題。以下我們就博物館主管機關的管理現況、政府調整管理機制的可能性，以及改善管理現況的三點建議，做一些討論。

一、博物館事業主管機關——教育部社教司

我國憲法第一百六十二條揭示：「全國公私立之教育文化機關依法律受國家之監督。」所以教育部是我國主管學術、文化及教育事務的最高行政機構。而博物館的設置因為比照一般社教機構，所以「社會教育法」是目前主管機關用來管理博物館的相關法源。

（一）法源依據

依據民國六十九年二度修正的「社會教育法」，我國博物館的設置是比照一般社教機構的：

1.由中央設立者爲國立，應由教育部審查全國情形決定之。

2.由省、市所設立的，由地方主管教育行政機關（省、市教育廳、局）核准，並轉報教育部備案。

3.由縣（市）設立，及私人或團體所設立（私立的），應報請省（市）主管教育行政機關核准，並轉報教育部備案。

4.由鄉（鎭、市、區）所設立的，應報請縣（市）政府或直轄市主管教育行政機關核准後，並轉報上級主管教育行政機關備案。

（二）管理架構

從「我國社會教育行政組織」（圖10-3），可以看出博物館事業在我國行政從屬關係上的管理架構。

此一架構關係，反映我國博物館事業的管理是沿用既有的教育行政體制，以中央、地方之行政層級爲畫分。因此，國立博物館直接歸屬教育部社教司管理；省、縣、市各級博物館的業務，則分屬省教育廳與縣、市教育局管理。

以我國現有之國立博物館爲例，除了國立故宮博物院以外，包括國立歷史博物館、國立自然科學博物館、國立科學工藝博物館、國立海洋生物博物館、國立臺灣史前文化博物館，與正在籌建的國立海洋科技博物館等，皆爲教育部所屬的社教機構。

而其他由省、縣、市設立的博物館，則分別隸屬省、縣、市各級的教育行政機關。所以，各級博物館業務的管理體制是：省（市）博物館由省（市）政府教育廳（局）第五（四）科主管；縣（市）博物館由縣（市）政府教育局社會教育課主管。

但是，由於地方博物館的預算經費來自各級政府，所以地方政府對各級博物館的行政效力是最直接的。相對而言，各級主管機關在行政架構上雖有層屬關係，但在實質管理上卻僅具間接的監督作用。

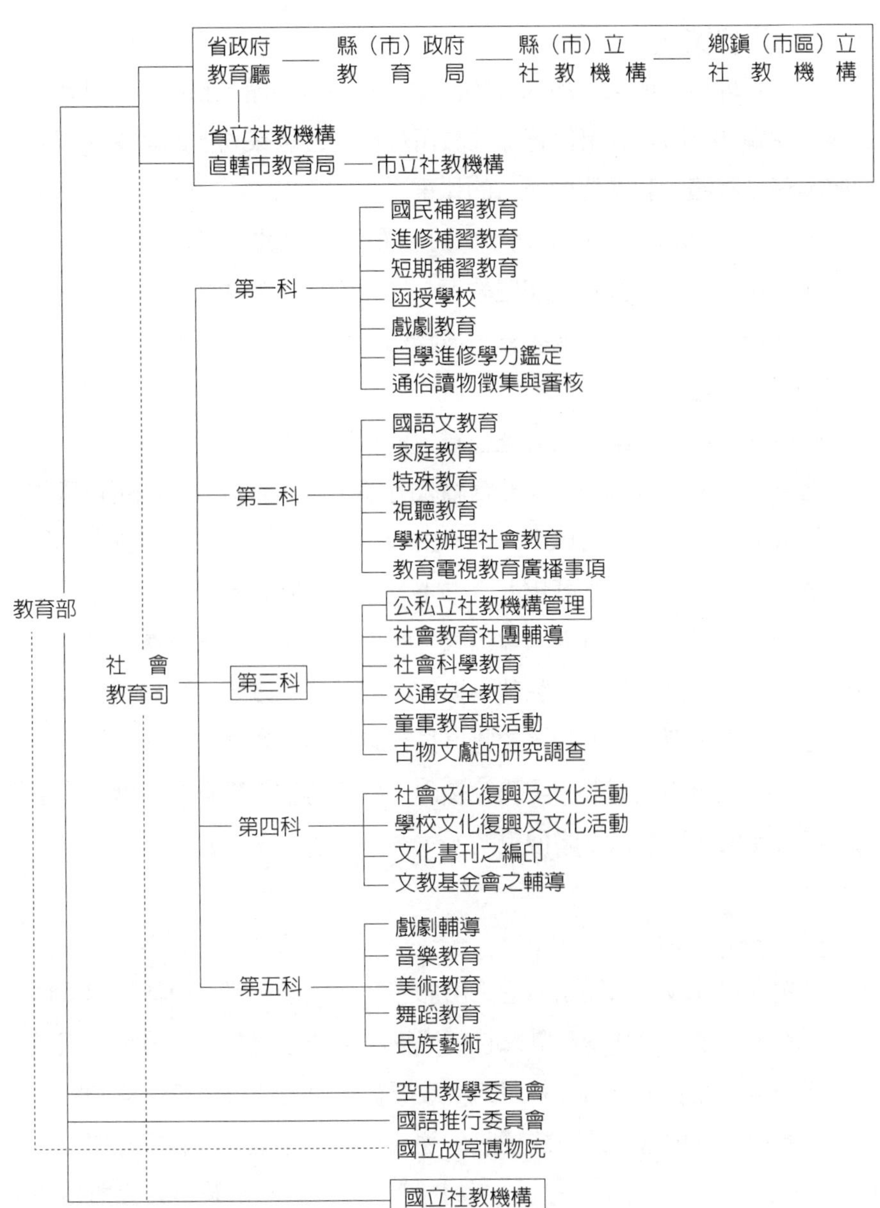

圖10-3　我國社會教育行政組織及教育部社教司管理業務

根據楊國賜、陳益興，民82，頁538。

（三）社教業務

我國管理博物館業務所採取的觀點，是將博物館業務與各類社教業務並陳，從圖10-3即可看出教育部社教司綜理「社教業務」的範圍，以及博物館業務在整體社教業務中所占的比重。

根據教育部於民國七十九年二月公布「社會教育工作綱要」，目前的社教業務包括成人教育、家庭教育、文化教育、藝術教育、大眾科技教育、交通安全教育、圖書館教育、博物館教育、視聽教育等九大範圍，可謂業務極其龐雜。

對於社教司統轄業務之廣泛龐雜，前教育部長吳京在民國八十五年甫上任之際，即表示過看法：「非歸屬教育部主管，且無教育法規可管的業務，如電動玩具、高爾夫球等，應移由權責機關辦理。」而電動玩具等遊藝場業，固然在民國八十五年九月二十五日經當時行政院副院長徐立德裁示，改隸經濟部接管（中國時報，民國85年6月30日，第五版報導）。但其他性質之社教業務（包括保齡球、撞球、國外演藝團體來臺申請等）能否由教育部轉移，則尚未可知，於此可見社教業務駁雜之一斑。

而在社教司如此龐雜的業務範圍內，到底博物館事業之管理在主管機關的行政定位如何？以下略做說明。

（四）行政定位

以教育部社教司的編制而言，由於該司僅設置五科，而博物館管理是第三科的部分業務，其管理職掌包括博物館經費之規劃，與博物館組織員額之審議等。然而，依照社教司的行政層級，以及我國幕僚作業的特性，現階段博物館「主管」單位的權限，往往止於相關業務之聯繫和服務（教育部社會教育司工作簡報，民85，頁6）實不足以對博物館事業發揮積極規劃、審議的督導功能。

至於省市之下的博物館，其內部行政組織皆須行政院人事行政局，而非主管機關決定之。因此，當初國立自然科學博物館成立時，其組織架構、職位員額之爭取，皆由教育部社教司送達行政院，再送立法院重重審議，以致一修再修、前後歷時五年之久，其「組織條例」才拍板定案；但定案的版本，卻讓該博物館覺得「面目全非」，不符實際的需求。

其後，國立自然科學博物館再提出的「組織條例修正案」，也經歷相同的行政程序，長期面臨等待立法院的審議（秦裕傑，民82，頁15），直到民國八十六年四月十六日才正式公布施行（總統府公報，第6149號，民86，頁5～7）。

可見我國博物館主管機關的行政定位，既不足以主導相關部會的運作，又無力協調立法院牛步化之審查進度，以致所屬博物館更張調整組織或員額的迫切性，始終免不了一再被擱置的噩運。

加上臺灣社會日益惡質化的環境，於是大型博物館的籌設也遭到難以克服的阻力。例如國立海洋生物博物館第一期工程，就曾經因爲八度流標，而使主管機關備受壓力（中國時報，民國85年11月16日，「社會脈動」版）。因此體制內、外環境的變遷，與立法院長期積壓教育文化法案等問題，已經使主管機關深切意識到既有的社會教育行政體制，猶如一部老舊的發電機，早已無法因應博物館事業更新發展的需要，而亟待改進專業領導功能的不足，與主管機關在組織編制上的不合宜性（楊國賜、陳益興，民82，頁538）。

二、博物館管理機制調整的可能性

政府對於博物館事業管理機制的調整，近年來已朝健全體制的方向討論，其中較爲具體且已向外界披露的部分，有下列兩點：

（一）原屬教育部管理之大部分博物館，改隸其他文化專責機構

行政院組織法研修小組對於中央政府文化業務歸併的問題，於民國八十五年逐步做出決議。建議將原屬教育部管理之國立中正文化中心兩廳院、國立中正紀念堂管理處、國父紀念館、國立歷史博物館、國立臺灣藝術教育館，以及興建中的國立臺灣史前文化博物館等機構，轉移到文化專責機構（中國時報，民國85年5月22日，「文化藝術」版報導）。

換言之，除了自然科學類型的博物館將仍由教育部管理外，其他各類型的博物館，將全部由原主管機關「釋出」，並由將來設置的文化專責機構，另訂管理辦法。

（二）基於健全體制的認知，教育部社教司再度進行研修博物館法規

我們上面已經提到，政府管理博物館事業的唯一法源是「社會教育工作綱要」，除此之外，別無可以依據的正式管理法規。

其實，早於民國七十七年，國立自然科學博物館前副館長秦裕傑先生，即已參酌美、加、韓、日，與西歐諸國的博物館制度，會同當時國內各主要博物館之負責人，研擬過一份「博物館法草案」。

該草案的研擬要點是：「以兼有組織法及作用法之功能爲理想，務使博物館主管機關對其轄屬博物館之組織、架構、專業員額之設定能知所依據，並於監督博物館財務管理或經營機能時，俱有法可循。」（秦裕傑，民81，頁130）只可惜此一草案雖然條文俱全，卻已延宕多年，未予進一步討論。

誠然，我國各級博物館事業之管理，若要免於行政層級多軌監督之疊床架屋，政府必須邀集專家學者共同研議博物館法，並促使立法院儘速審議定案，才能有效推動我國博物館事業之發展。如今教育部社教司基於健

全體制的認知，再度打算進行研議博物館法，可謂起步革新的一個徵兆。

三、對我國管理博物館事業的三點建議

將我國博物館事業的管理問題，與法、英、美三國的體制做一番比較，即可了解唯有逐步克服管理機制上的障礙，才能推動我國博物館事業整體的進步。以下根據政府可能調整的方向，再提出三點建議以備參考。

（一）提升主管單位層級與「專責」管理權責

我國主管博物館事業的行政機制，不論由教育部或將來歸由其他文化專責機構分工負責，實際管理的行政單位至少都應當在司、處級以上，並且須由整個司或處的人力，確實掌有「專責」管理之權責，這樣才能眞正了解，並有效督察我國博物館事業之發展，而使我國博物館事業之經營，在定位明確的行政架構內，日趨自主化與專業化。惟其如此，目前多軌領導、權責不明的弊病才能有所改善。

（二）培訓具備博物館「專業素養」的行政專才

由於我國博物館事業尙在起步階段，而各博物館之經營理念或制度規模也都有待健全化。因此，現有教育行政體制內的主管人員，除非累積豐富之博物館專業管理經驗，實在無法針對博物館業務提供有效的諮詢或督導。

所以，我們需要更多的行政專才，具備相關的博物館「專業素養」，才能深入了解博物事業的特性，並洞悉博物館業務問題之所在，因而勝任管理我國博物館行政與推動博物館事業發展的職責。

在此，建議以「世界博物館協會（ICOM）」爲博物館從業所規劃的

「基本課程」（鄭惠英、左曼熹合譯，民78，頁31～38），做爲行政人員認識博物館議題的參考資料。

（三）管理機制內建立「常駐性」專家諮詢功能

在本章第一節，我們已就歐美國家管理體制中，專家諮詢博物館行政管理的例子，做過簡要的說明。

我國的教育行政業務固然也「經常性」諮詢專家意見，以做爲決議重大事務之參考。然而，若能於管理機制內設置「常駐性」博物館專家諮詢，使其發揮如同法國文化部博物館司「國立博物館聯盟」的作用，以專業權威輔助行政管理的運作，無疑將使我國博物館界的重要決策，更爲社會大眾所信服。

例如，民國八十五春天，教育部爲處理國立故宮博物院「國寶出國」所引起的風波（詳《藝術家雜誌》，1996年2月，第249期，頁238～302報導）。由教育部長出面，擺脫以往零碎分散的管理模式，高度整合行政作業方向，敦請文物專家與博物館專業的權威人士，迅速成立專案審查小組，決議限制二十三件國寶出境。因而駕馭了管理機制的事權紛爭，並緩和了鼓譟多時的社會不滿情緒，使故宮文物如期出國展覽，並達到預期的國際交流效果。

此即證明我國博物館事業的管理，必須提高行政主導層級，結合專業權威輔佐行政通才，形成具有共識的運作體系，才能逐漸減少在法制化過程中，因程序作業所遭遇到的不必要障礙。

上面的三點建議，是改善我國博物館事業之管理機制趨於正常化、有效化的起碼條件。如果再配合主管機關「專責、專業」之調整方向，使管理體制日趨合理化，那麼我國博物館事業的發展才能眞正對大眾文化產生影響力。

第三節　博物館組織運作的基本理念

博物館內部的運作體系，必須建立在一個明確的組織架構上，才能逐步發展出完善的管理規範，使博物館工作人員清楚知道工作的目標、縝密配合博物館的資源，並運用有效的溝通方式和透過績效評鑑，使博物館的業務得以創新和改革（張崇山譯，民*84*，頁*9*）。

一、博物館組織的設計

組織設計專家Jay R. Galbraith提出的看法，認為「組織設計乃針對組織本身具有的各項功能與特性，所做的一連串排列組合與選擇。這些組合的內容與選擇的對象，包括了所有與組織的宗旨、目標、運作模式、整合功能，以及組織變革相關的一切。」因此，「不論是組織人力的配置、單位之間的協調，甚至於工作人員職務適任的程度，都會對於組織是否能夠達成所設定的目標有著深遠的影響。」（賴維堯等，民*84*，頁*172*）

曾任美國地方歷史協會（American Association for State and Local History）主席的卓爾德（Gerald George）與李奧（Cindy Sherrell-Leo）合著《好的開始》（Starting Right）一書，亦針對博物館如何營運，提出過一些極具思考性的問題，可以做為博物館組織設計之參考（*Gerald George & Cindy Sherrell-Leo, 1987, 65～66*）。

1.博物館的任務何在？它的限制是什麼？2.博物館可以從哪裡得到資助？3.博物館要建立收藏嗎？4.博物館的收藏政策是什麼？5.博物館需要什麼設備？6.博物館由誰負責？7.博物館運作的規範是什麼？8.博物館運作如何授權與分工？9.博物館如何獲致和諧的運作？10.博物館維修的標

準與需求是什麼？要如何達成？11.博物館支持研究計畫嗎？12.博物館用什麼具體辦法去接近觀眾？13.博物館的發展有時刻表嗎？14.博物館需要什麼樣的員工和義工？15.博物館的各項計畫需要多少經費來實現？16.項目15.的經費來源何在？17.博物館如何建立良好的公共關係？18.博物館未來的計畫是什麼？19.博物館如何評量館內所進行的各項活動？20.博物館如何塑造充滿活力與創意的形象？如何提供博物館的能見度？

卓爾德所提出的二十個問題，無非提醒博物館在組織設計的階段，必須儘量擴大思考層面，以「愼始」的態度使博物館的機能具有明確發展的方向。那麼，當博物館正常運作時，才能夠不斷創新改革，獲致最大的文化效應，並在社會上產生最高的能見度。

二、博物館組織的架構

（一）架構原理

首先，請想像博物館組織的整體架構爲一個三角錐體的形狀，由「決策部門」居於角錐的頂部，再由「業務部門」與「行政部門」相互配合，去支撐此一錐體的整體運作。

從管理學的角度去考量三角錐體的組織結構，應該是推動博物館運作最穩定的形式。因爲博物館運作的總指揮，由「決策部門」的領導核心下達號令，再由業務關涉之「業務部門」與「行政部門」去執行決策的理念，這樣博物館才能循序漸進的彰顯其功能。

從組織架構的原理來看，雖然各博物館的建構條件不同，但由「決策部門」居三角錐之上，而由「業務部門」、「行政部門」相互配合去實現決策的這種從屬關係，顯然是博物館在實體運作上，能夠維持組織不致鬆弛，並且使業務明確分工的一項重要原理。

以執世界博物館牛耳的大英博物館爲例，它目前的組織體系（圖10-4），就是由「決策部門」、「業務部門」，與「行政部門」所形成的一個架構網絡。而大英博物館各部門間的組合模式，基本上也是一般大型博物館組織架構的通則。其間如果有差異的話，往往是各個博物館的業務內容或業務重點有所出入。因此，下面我們從博物館業務性質的角度，來進一步說明博物館組織運作的理念。

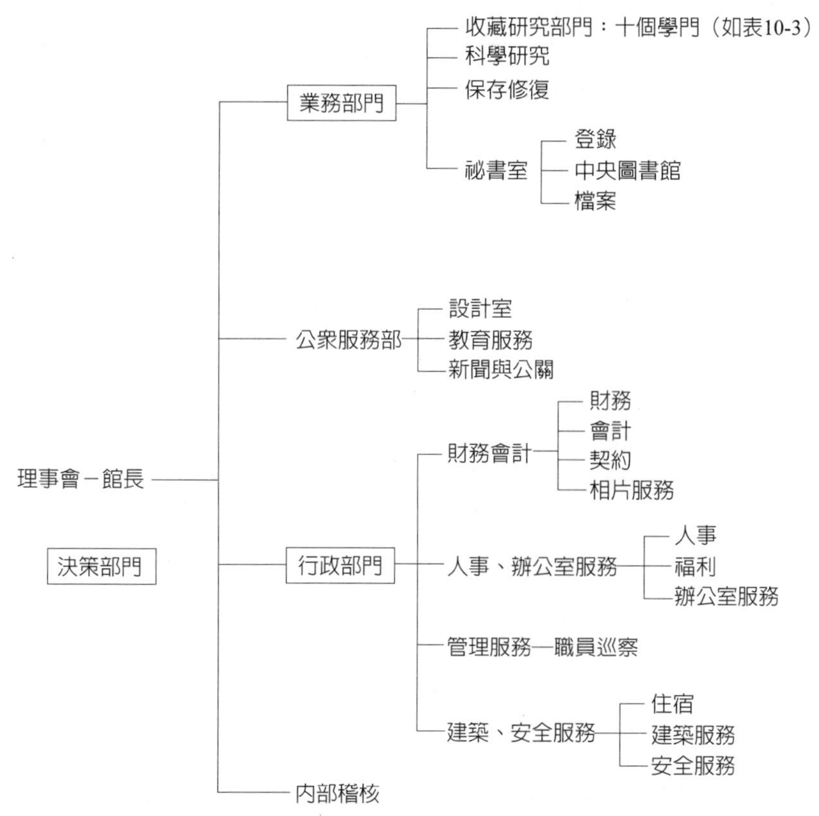

圖10-4　大英博物館組織圖

根據張慧端，民81，頁84～85。

（二）業務性質

當博物館通過組織化過程，由「決策部門」指揮「業務部門」與「行政部門」執行博物館設定的目標時，博物館整體業務之推動，必然因分工而產生核心業務、衍生性業務或支援性業務的差異。換句話說，就是組織實體的運作，在執行層面會因爲業務輕重緩急的順位，而產生主從、先後之別。

以大英博物館有如百科全書般的「世界性」典藏爲例，其「收藏研究部門」一向扮演該博物館核心業務的角色。而從「收藏研究部門」十個學門（表10-3）的人員配置去推斷，更可以看出「民族誌學門」在整個典藏部門的重要性；以該學門員額數最多，即可見出它的業務比重（張慧端，民81，頁84～85）。

至於大英博物館以典藏爲核心，所直接衍生出來的業務，至少包括文物的保存維修、攝影出版、展覽設計、安全維護與教育服務等，而這些業務則分布於博物館組織的「業務部門」、「行政部門」或「公共服務部」

表10-3　大英博物館收藏研究部門

十個學門名稱	員額數
1.貨幣獎章	22.5
2.埃及古物	16
3.民族誌	54
4.希臘羅馬古物	24
5.日本古物	9
6.中古時代及其後之古物	40
7.東方古物	18
8.史前及羅馬時代英國的古物	31
9.繪畫圖片	21
10.西亞古物	17

根據張慧端，民81，頁84～85。

等不同的領域內。可見博物館實體的運作，需要的是業務性質不同的各部門做最適當的分工與合作，才能發揮相互協調的功能，達成博物館的整體目標。

尤其，在一個大型博物館中，不論它的核心業務或衍生性業務爲何，倘若沒有「行政部門」的支援，它的整體業務目標，往往難以順利達成。以典藏文物之攝影爲例，由於博物館典藏之珍貴性，攝影工作通常都必須在博物館內進行，因此，就博物館執行藏品「攝影」之事而言，其「行政部門」支援的項目，至少包括：人事單位遴選適任的攝影師、總務單位招標監造攝影室、會計單位核撥經費購置攝影器材，才能去進行「攝影」一事，以達到替文物留下圖像的目的。

由此可見，一般所謂的人事、總務、會計等行政業務，在組織運作的執行面，往往是支援博物館各項主體業務所不可少的重要環節。以此類推博物館內各種工作的進行，也莫不是根據業務主從、先後之別，經由「決策部門」、「業務部門」、「行政部門」相互之間的調度安排，充分結合人、事、物的各種條件，才終於達成博物館設定的業務目標。

三、博物館組織的調整

然而，博物館的組織並非永遠一成不變。當博物館因應內外環境的變遷、或爲配合社會的趨勢，而產生機能上的統合或分化等調整現象時，就是博物館組織蛻變或更新的契機。以下舉幾個博物館的例子，以說明這些現象。

（一）統合機能

大英博物館爲了服務觀眾，而由「公共服務部」統合設計、教育、公關、詢問等相關性質的業務（見表10-3），並以業務間相互的搭配，確實提升對觀眾的服務品質，就足以說明二十世紀下半葉以來，博物館整體目標逐漸由「典藏爲重」的傳統走出來，而朝著「教育爲重」的方向去發展。此一發展方向也使得歐美的一些科學中心，開始從博物館組織上去調整原有的機能，以達成「照顧收藏是用來啓迪造訪博物館人們」的教育目的（高慧芬譯，民84，頁34）。

（二）更新服務

德國慕尼黑的德意志自然科學及工藝博物館（Deutsches Museum of Masterpieces of Natural Science and Technology）的組織架構及員額配置（圖10-5），顯示四百多位員工中，專任典藏研究的僅二十五人，但從事設計展覽、教育演示等業務的員工，則超過十倍以上，可見該博物館對直接提供觀眾服務的各項業務之重視。

另一個以觀眾教育與服務爲先的博物館，就是美國芝加哥自然科學及工藝博物館（The Museum of Science and Industry）。它是今天美國最叫座的博物館之一，而其績效評估的重點，也完全放在觀眾與學童的身上（蘇麗英譯，民84，頁24）。因此，十幾年前，當美國博物館由外界得到的補助與捐贈都銳減時（林美齡，民84，頁32），該博物館就裁撤了組織中的典藏研究部門，而代之以「對外事業部」（秦裕傑，民85，頁50），並由該部門兼領公關和行銷業務，積極拓展博物館開發財源的新機能。

（三）強調行銷

從組織調整的角度而言，當博物館意識到必須強調某些新機能，而主動把同質性的業務統合起來，於是就形成部門化的調整，上述大英博物館的「公共服務部」即是如此。而博物館將既有資源轉換到「更新」的目標上，則如美國芝加哥自然科學及工藝博物館「解體」典藏部門，而另成立

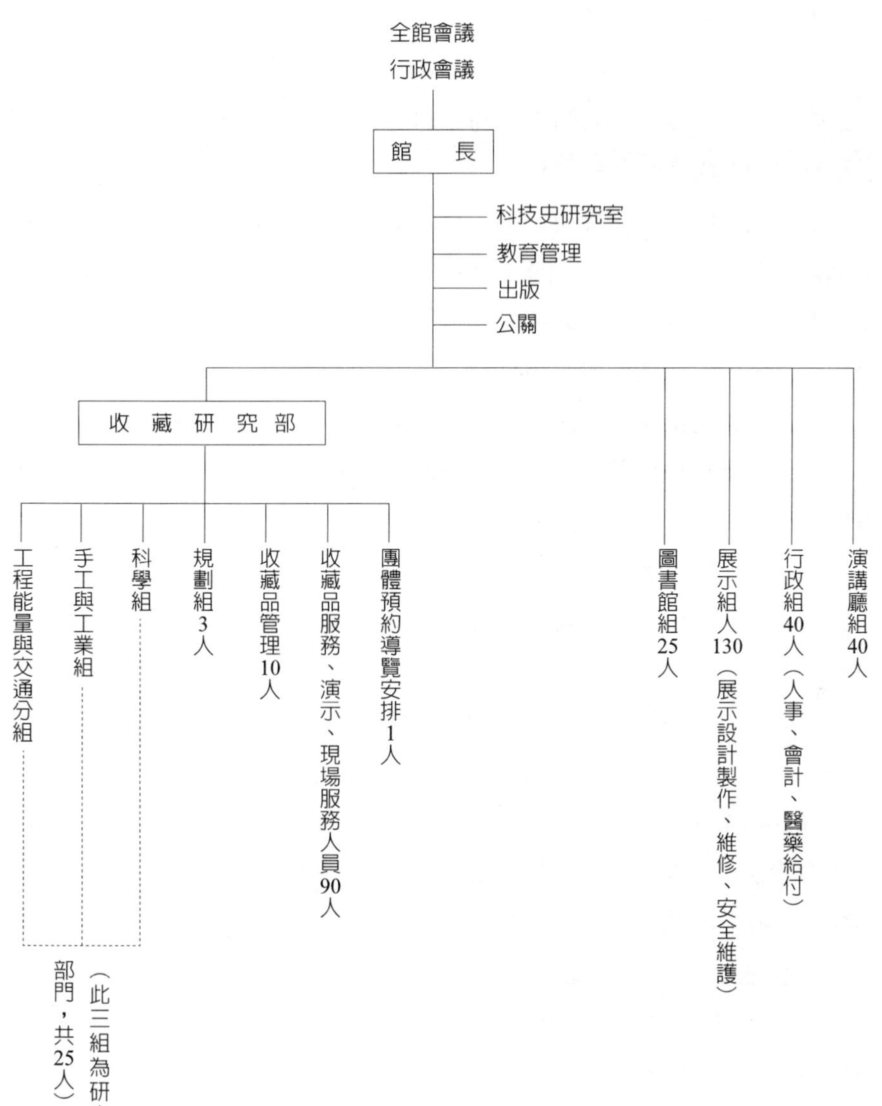

圖10-5 德意志博物館組織架構及員額配置圖

根據秦裕傑，民81，頁255。

「對外事業部」以開發新機能。

至於目前許多博物館強調行銷（Marketing）的重要性，則與博物館力圖廣開財源，以達到自給自足的目的有關。然而，強調行銷的趨勢，必然涉及博物館內部資源的重整。

加拿大文明館館長麥唐納（George F. Macdonald）就提到過該館參與Imax影片製作的目的，是期望五年內獲得一千兩百萬美元的收益（何傳坤等摘譯，民84，頁63）。因爲麥唐納館長早已預見博物館即將面臨自給自足的命運，所以積極開發影視媒體的新機能，以備將來博物館財源有所匱乏時，能以先馳得點的行銷創意，因應全球性經費消減的趨勢。

至於波士頓科學館的傑姆士（Peter James），也對博物館資源之轉換提出過他的看法：「許多大型博物館的廣告預算，占全館總預算的百分之五並不稀奇。因爲大博物館不惜爲宣傳花錢的目的，是爲了替博物館帶來更大的收益。」所以，不論強調行銷、或資源之更新，都是博物館順應潮流的生財之道。

因此，從二十世紀初，英國的經濟學家傑文茲（William Stanley Jevons, 一八三五～一八八二）和德國的諾貝爾文學獎得主毛姆森（Theodor Mommsen, 一八一七～一九〇三）最早提出對博物館組織運作調整的看法（林智惠譯，民84，頁5～7）。一個世紀以來，博物館外在環境與社會條件的改變，已使它的功能日趨多元化。

而管理學在二十世紀的發展，從費堯（Henri Fayol，一八四一～一九二五）、韋伯（Max Weber，一八六四～一九二〇）、到巴納德（Chester Barnard，一八八六～一九六一）等學者引導出一些至今顚撲不破的管理理論，譬如組織的專業分工、權威的統一指揮，或科層的行爲規則等，也早已廣泛的應用在工、商事業上，並且見出相當的績效（郭建志譯，民84，頁12～15）。

就博物館的運作而言，其業務性質雖未若工商企業體之複雜，但博物館因應周遭環境所做的組織調整，事實上也符合管理學所強調的：「組織運作須符合社會文化所接受的價值觀與需求」之理念。所以，博物館在組織上所做的部門統合或更新，基本上都是面對問題的積極對應方式，也是博物館在演進成長中所無法避免的挑戰。

第四節　博物館組織運作實例說明——以故宮博物院為例

管理學所強調的：「組織運作須符合社會文化所接受的價值觀與需求」之理念，成立至今七十餘年的故宮博物院可以得到印證。

因此，本節以故宮博物院爲例，觀察它在組織機能上，自二十世紀我國博物館事業萌芽以來，所經歷的一些關鍵性調整，使我們對於它在時代的衝擊與社會條件急速改變之情況下，如何從「百業待舉」到今日「規模獨具」之發展歷程有所了解。同時，亦可看出在政府秉持的一貫性政策下，故宮所被賦予的文化使命。

以下根據故宮七十餘年的成長歷史，分作四個階段來回顧它因應時代與環境的需求，在組織機能上所做的蛻變與更新。

一、創始期（民國十四年～民國二十六年）

（一）組織雛形

故宮最初的組織係臨時法人團體，而非正式的政府機構。由於當時火速成立故宮的原因，是爲了杜絕居心叵測人士的覬覦之心，所以故宮成立時的組織十分簡單，機能亦堪稱不足。

當時故宮組織的雛形是根據民國十四年「清室善後委員會」所通過的臨時組織大綱，以董事會爲最高決策部門，而執行部門僅設業務與事務兩單位（昌彼得，民*84*，頁*32*）。

（二）改制之後（民國十八年～民國二十二年）

民國十七年十月，國民政府公布「故宮博物院組織法」，第一條即載明：「故宮直隸於國民政府，掌理所屬各處之建築物、古物、圖書、檔案之保管、開放及傳布事宜。」（昌彼得，民84，頁60）自此以後，才建立了故宮隸屬政府行政部門的組織體系。

故宮於直隸國民政府後，由國民政府要員組成的「理事會」，成爲組織上決議及監督一切重要事項的決策核心。舉凡故宮院長及副院長的推選、預決算之審核、物品之處分，及專門委員之設立等大事，皆需提經「理事會」決議後才可執行。民國二十二年故宮文物南遷的決定，也是由理事會議定的。

而「三館」（古物館、圖書館、文獻館）、「二處」（祕書處、總務處）的設置，成爲執行博物館文物清點等核心業務的執行部門。加以「理事會」適時召集的各種專門委員會，以輔助審查文物眞僞、編輯文物圖錄、編寫展覽說明等衍生性業務之進行，使故宮於創始之初，得以次第展開整理博物館典藏的基礎性業務。

（三）隸屬行政院（民國二十三年）

民國二十三年，國民政府修訂故宮組織條例，調整的重點有三項：一爲故宮改隸行政院；二爲故宮院長由行政院簡任；三爲刪減故宮「三館二處」中的祕書處編制。次年，政府實施會計獨立制度，於是故宮亦增設會計處（昌彼得，民84，頁106～107）。自組織管理的角度而言，由於政府行政制度逐漸正常化，才連帶影響故宮之改隸與增設會計處之行政單位。

因此之故，民國二十年九一八事變後，當故宮配合國家政策去執行文物遷運，和籌辦國寶赴英國展覽等充滿機動性的艱鉅任務時，才得以克服故宮組織機能不足，仰賴政府集結動員的行政力，役使大量的人力、物力、財力等資源，達成「非常時期」的歷史使命。

二、過渡期（民國二十六年～民國五十四年）

從民國二十六年至五十四年，長達四分之一的世紀，故宮因為國家戰火滄桑與政府遷臺，而處於業務縮減，博物館機能不彰的過渡期。因此故宮內部組織亦隨之縮減，而其行政隸屬也曾兩度移隸教育部。

（一）組織縮減

抗戰期間，由於故宮文物疏運貴州、四川等地，所以歷代文物都被保存在箱子中，無法進行展覽、編目與出版等博物館的例行工作。在業務縮減的情況下，故宮處於機能不彰的過渡期，僅於文物疏運輾轉之際，設置重慶總辦事處，及安順、巴縣、樂山等三地辦事處，以有限的人力專注於防蟲、防潮、檢查晒晾等文物維護的業務（昌彼得，民84，頁136）。

（二）移隸教育部

由於故宮業務之縮減，於是行政院令故宮移隸教育部。但在抗日勝利後之次年，教育部因故宮所需經費鉅大，實在無法支應，又呈請歸隸行政院並奉核准。

民國三十八年政府遷臺以後，舉國上下為適應當時環境，節省經費開支，因而故宮曾二度隸屬於教育部。當時，政府令教育部設置聯合管理處，掌理故宮、中央博物院、中央圖書館、中華教育電影製片場等機構。此一權宜性的管理組織，於民國四十四年改組為「國立故宮中央博物院聯合管理處」，並成立「共同理事會」監督兩個博物館的業務，直到民國五十四年故宮在臺北復院為止（昌彼得，民84，頁159）。

三、發展期（民國五十四年～民國七十五年）

民國五十四年故宮在臺北復院，是故宮發展的一個轉捩性起點。自故宮復院以迄故宮組織條例通過，隨著國家社會的進步，故宮不僅業務蒸蒸日上，它的組織架構與運作機能也逐漸趨向完整。

（一）復院階段

故宮文物遷臺以後，政府在民國三十九年於臺中霧峰吉峰村建造北溝庫房，再度開始文物清點與保管維護的工作。而北溝期間的業務，由於以文物之守護爲主，所以人事頗爲精簡。

民國四十六年，北溝開始建造陳列室做小規模的展覽，並於每三個月更換展品一次，每次展出二百餘件，每週開放六天。但因陳列室狹隘，人才短絀，無法發揮博物館應有的功能。尤其北溝地處偏遠，交通不便，難以吸引國外遊客。

行政院爲了宣揚文化發展觀光之雙重效益，於民國四十九年特設兩院遷建小組，籌劃故宮在臺北近郊復院，及張羅有關土地徵收與新館設計等諸事宜（呂彼得，民84，頁189～191）。

（二）臨時組織規程

同時，籌劃工作亦涉及故宮復院之組織調整與業務規劃。民國五十三年由「共同理事會」設行政小組研議草案，報行政院核准後，正式公布「國立故宮博物院管理委員會臨時組織規程」。此一組織架構（圖10-6）呈現兩項調整的重點：其一，故宮復院後歸隸行政院；其二，組織內以「業務部門」、「行政部門」相互配置，開始具備了一般博物館組織運作的基本架構。

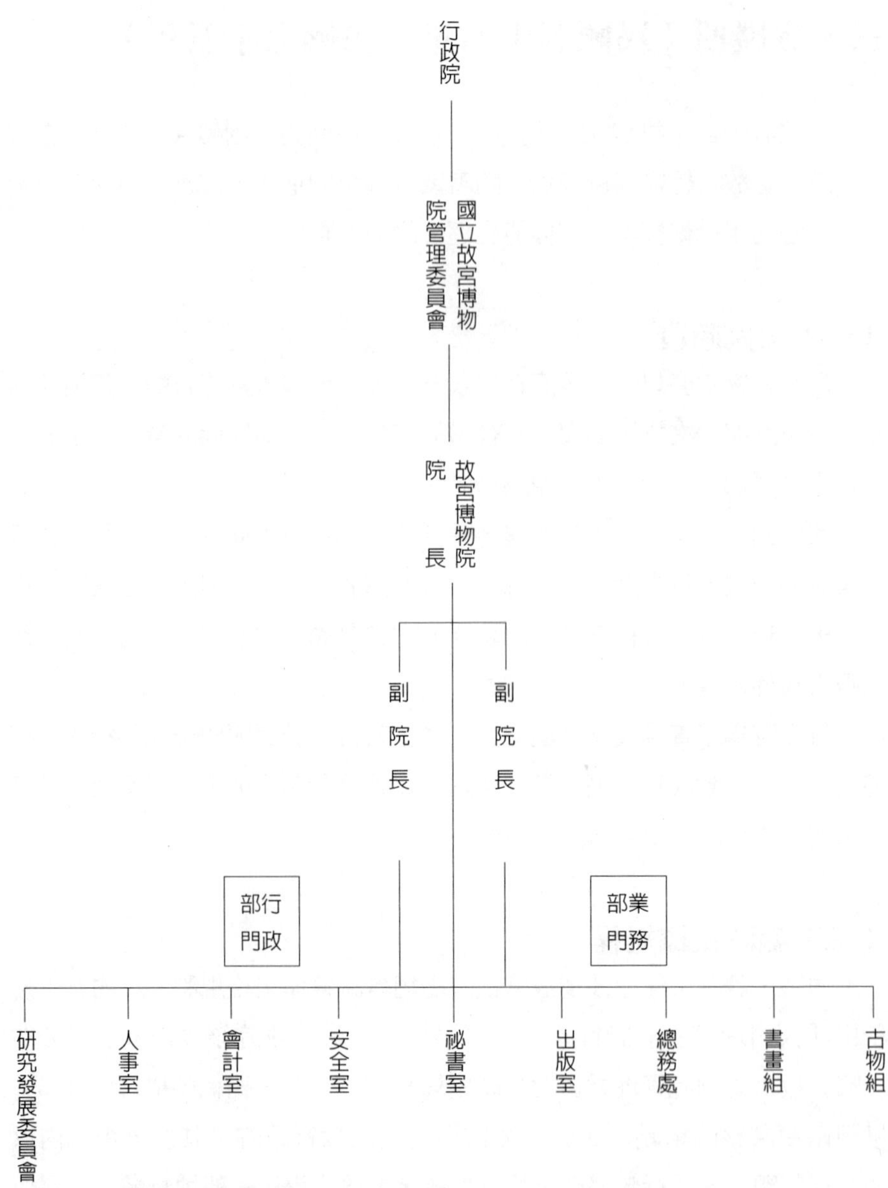

圖10-6　國立故宮博物院組織圖（民國53年）

同年八月，故宮召開第一屆管理委員會第一次會議，通過提名蔣復璁先生爲院長。蔣院長旋即在第二次會議中，提出副院長及各組室主管人選，提送行政院獲得同意（昌彼得，民84，頁198）。同時決議設置「展覽委員會」，以執行籌備開幕展覽之任務，暫時補救組織編制之不足。

民國五十四年十一月十二日舉行「中山博物院」落成典禮，是爲故宮遷臺復院的里程碑。

（三）首次擴建

故宮新館開幕後，觀眾如織，當時的十六間陳列室和八處畫廊共展覽一千五百七十三件文物，第天平均三千二百人次以上來參觀（昌彼得，民84，頁200）。到了週末假日，觀眾倍增，把逾一千坪的陳列室擠得滿滿的，幾乎沒有迴旋的餘地。所以，開館月餘，行政院即同意酌增技術人員，以應電器空調之需要，又擴增基層管理員額，以補人手之不足。

而故宮在臺北開幕一年，即感到工作空間的不敷使用，例如故宮運臺的圖書，當時還存放臨時倉庫，文物箱件亦堆積如山。所以，民國五十五年至五十九年間，相繼兩次擴建，增加了圖書室、辦公室、展覽室，並增添美化故宮環境的牌樓、華表與庭園等設施。

（四）組織擴編

民國五十七年行政院重訂故宮「臨時組織章程」，核准增加三個單位，即圖書文獻處、展覽組、登記組；使故宮運臺圖書文獻二千九百餘箱，歸由專責單位掌理、展覽業務正式部門化、文物帳冊之登錄亦開始建立系統作業之規範。民國五十九年故宮再修訂組織章程後，又增設了科學保管技術室，專門負責文物保存與維護（昌彼得，民84，頁204～205）。

故宮於復館五年後擴大組織編制，使「業務部門」內有關典藏的核心業務（書畫處、器物處、圖書文獻處）與衍生性業務（展覽組、登記組、出版組、科技室），都大致分工就緒。

故宮的擴編顯示它逐漸意識到社會趨勢，而開始重視展覽陳列與出版發行的需要，使其業務規模由典藏文物的整理擴大至博物館的社會效應。

（五）法制化階段

民國七十二年秦孝儀院長上任後，尤其銳意更新，不僅使故宮典藏文物超越宮廷博物館範疇，並積極推動精緻文化的理念，藉大量的故宮出版品，向社會傳遞華夏文物的訊息，廣布博物館的影響力。

民國七十五年底，行政院經立法院審議後，公布「國立故宮博物院組織條例」，明令故宮為行政院組織下的一級機關，其編制內設有三處、三組、六室，並對各單位的業務職掌與所屬人員的資格，逐條予以規定。

其後由於立法院不斷質詢故宮管理委員會的合法性，所以民國八十年將運作有年的「國立故宮博物院管理委員會臨時組織規程」廢止。然而，政府重視故宮業務的政策並未改變，所以仍繼續函聘包括內政、教育兩部長、行政院祕書長、文建會主委等在內約二十五位相關部會首長與社會賢達人士，共同組成故宮「指導委員會」，以定期開會的方式，針對故宮的重要業務，予以諮議及指導。（昌彼得，民84，頁299）

立法院廢止故宮管理委員會的舉措，顯然調整了故宮組織內「決策部門」的機制，使故宮院長成為實質的領導核心。從此以後，故宮所屬職員的指揮監督與所有博物館業務的綜理，皆由院長掌握實權來負責。

而故宮組織在經過數十年的蛻變、發展與更新，再加上法制化程序的規範，使其現行的組織架構（圖10-7），稱得上是國內博物館組織中，體制最合法度、系統最為完整的一個運作實體。

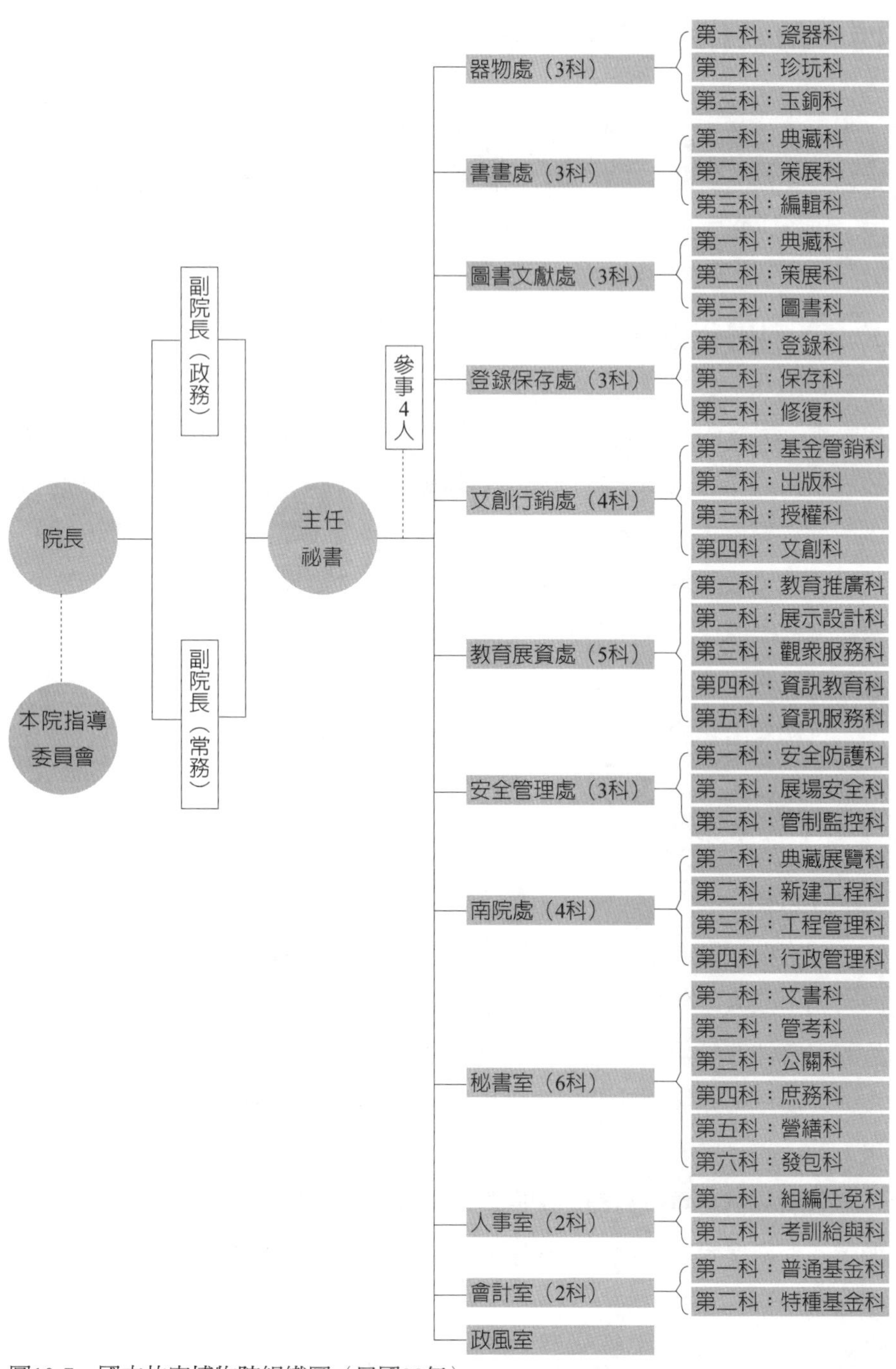

圖10-7 國立故宮博物院組織圖（民國98年）

根據故宮年報，民99。

四、故宮組織運作實況

以下就故宮八十二年度爲例，選用業已公開的一些官方資料，針對故宮組織架構內科層化業務內容、從業人力配置，與經費預算之用度等三方面，來進一步了解它的運作實況。

（一）科層化業務

民國八十二年行政院核定公布的「國立故宮博物院辦事細則」，對於故宮現行組織內，科層化作業的分科項目與職掌內容詳加敘述，可以視爲故宮業務運作的綱要。我們以故宮組織架構爲本，增補上述「辦事細則」內所列科層化之項目，並根據民國八十一年七月國立故宮博物院職員錄人力統計，製成故宮博物院科層化業務架構及從業人力配置圖（圖10-8），對故宮組織運作現況與業務分工狀態予以梗概說明。

至於故宮組織運作之實況，則可就它的從業人力與經費預算等兩方面，具體看出它的發展方向。

（二）從業人力

1.正式員額

故宮在民國八十二年立法院施政總質詢時，所提出的組織內員額數是四百四十三人，包括職員二百九十二人、技工友一百五十一人。以當時職員的業務性質分類，計有行政人員一百四十九人、教育人員一百〇七人、技術人員三十六人；而技工友之員額，則多由故宮總務室派給相關單位任用。

若將故宮各單位員額的配置數，與故宮科層化作業內容做一對照，即顯示「安全保管室」與「總務室」的從業人數，遠較其他單位爲多。究其

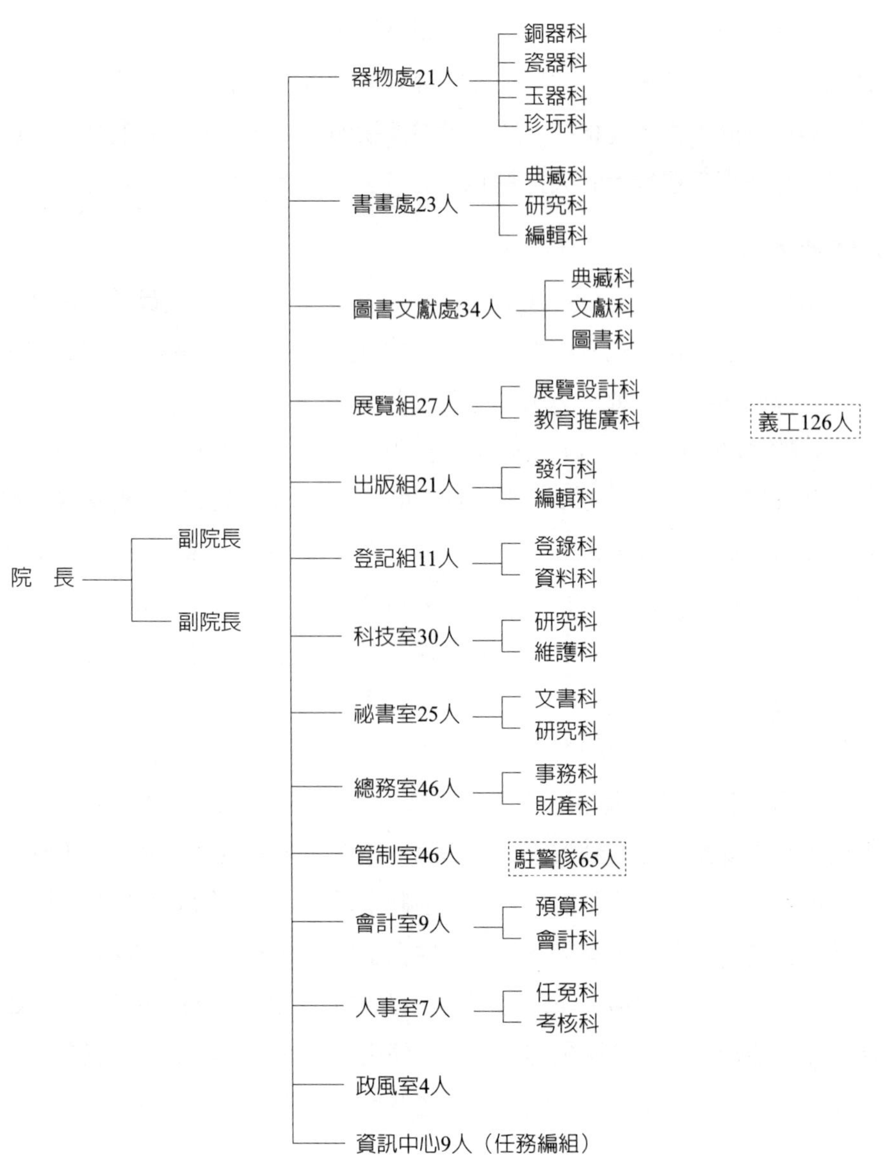

圖10-8 國立故宮博物院科層化業務架構及從業人力配置圖

根據民國82年行政院核定之「國立故宮博物院辦事細則」，民國81年國立故宮博物院職員錄及電話分機一覽表。

緣故，當然與故宮以文物之保存及展覽爲博物館最主要的功能，所以其維護文物安全的責任頗重。加以故宮院廈廣大，環境之清潔管理等業務，也須仰賴足夠的人力才能維持。所以，從博物館科層化人力配置的多寡，就看得出它在實體運作上的人力重心。

2.隱性人力

事實上，目前故宮可資運用的人力，尙不只上述的正式員額。因爲有部分人力，雖然在正式員額之外，但對故宮重點性業務，發揮相當的支援作用，因此這些人力須視之爲「隱性人力」。

最明顯的「隱性人力」，就是故宮的義工。以民國八十二年義務服務的人數計算，就有一百二十六名。他們的工作內容主要以服務臺諮詢、兒童館値班，與提供參觀導覽爲主（社會教育年刊，民83，頁94，國立故宮博物院工作概況〔民國82年6月30日至83年7月1日〕），而義工之成爲故宮展覽組教育推廣業務的生力軍是不爭的事實。以故宮現行組織員額無法擴增的狀態而言，如果沒有義工的人力支援，其服務觀衆的品質恐怕難免會減低成效。

故宮的另一批「隱性人力」是由警政署提供的故宮「駐警隊」。這批由內政部支薪、派駐到故宮的警衛隊，雖然在故宮組織架構上見不到蹤影，但從博物館運作的角度來討論，他們是眞正日夜護衛故宮文物與院廈環境安全的「要角」，其存在的必要性與重要性是絕對不可忽視的。

故宮多年來在組織上所做的調整，可以看出它實踐服務觀衆與博物館現代化功能時，所無法避免的人力不敷使用的事實，而其常態作業需要大量「隱性人力」的支援，也就說明了這個事實。

（三）經費預算

由於人力與經費是任何組織在運作時，所最不可缺的兩大資源。而幸運的是，故宮的營運經費一向由政府予以全額補助。

以故宮八十二年度歲出預算執行績效報告（表10-4爲例），其「預算」之編列較前一年成長百分之八，而成長範圍主要是調整人事待遇、藏品的增購、老舊房舍改建工程、安全系統電腦主機的購置，以及擴建故宮第四期院廈（此項爲民國八十四年完工的故宮文獻大樓）等計畫之經費支出（國立故宮博物院提送立法院第二屆第二會期預算委員會工作概況報告，民82年12月20日，頁19）。

表10-4 國立故宮博物院八十二年度歲出預算執行績效報告表

科目名稱	預算數	決算數	達成率%
國立故宮博物院	519,551,000	513,355,305	98.81
一般行政	93,488,000	93,278,226	
1.行政管理	93,488,000	93,278,226	99.77
文物管理	83,071,000	82,014,676	
1.器物管理	23,182,000	22.748,302	98.13
2.書畫管理	23,370,000	22,982,028	98.34
3.圖書文獻管理	36,519,000	36,284,346	99.36
文物展覽	66,698,000	65,129,993	96.91
文物徵集及資料管理	66,240,000	65,930,338	
1.文物登錄及徵集	57,335,000	57,166,141	99.71
2.資訊管理	8,905,000	8,764,197	98.42
文物攝影出版	33,708,000	33,203,412	98.50
文物科技研析維護	17,104,000	16,445,253	96.15
安全系統管理維護	27,673,000	27,557,042	99.58
一般建築及設備	131,569,000	129,796,365	
1.房屋建築	115,000,000	115,000,000	100
2.其他建築	11,330,000	9,817,620	86.63
3.其他設備	5,236,000	4,978,745	95.09

根據民82年12月20日國立故宮博物院提送立法院第二屆第二會期預算委員會工作概況報告附表三。

由於「預算」是以財政用語表達特定時間內，對於組織在一切活動所做最接近的估計（梁慈珊，民80，頁19）。而從這個定義來檢驗故宮會計室輔助及監督各單位執行業務與使用預算的實踐力，顯示故宮在一般行政、文物管理、文物展覽、文物徵集，及資料管理、文物攝影出版、文物科技研析維護、安全系統管理維護、一般建築及設備等八項科目之決算運用，依照政府補助經費之目標，都達成百分之九十八之績效。此一數據顯示的，當然是故宮各業務部門與行政部門之間良性合作關係，以及各部門執行預算的行政能力。當然，故宮會計室對博物館經費之籌劃修訂、查核調度，與憑證彙編的精審作業尤其令人肯定。

同時，由上述八項科目之執行，可以計算出它們所占故宮八十二年度整體經費的分項比率（圖10-9）。

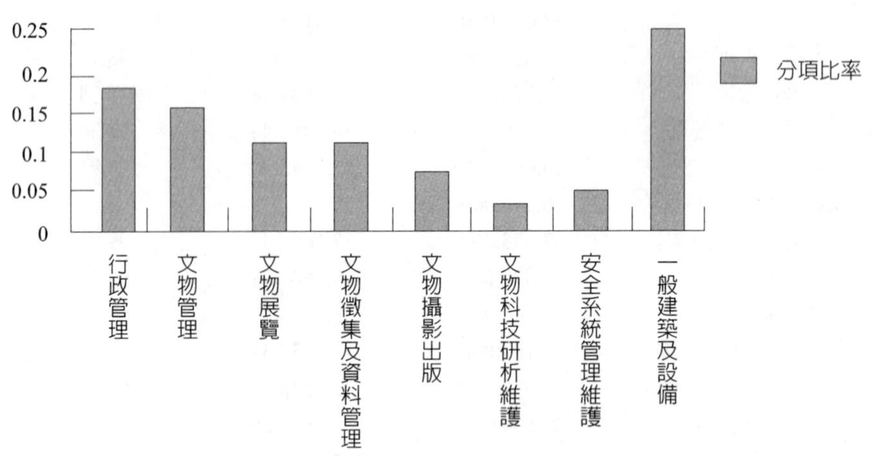

圖10-9　國立故宮博物院八十二年度預算支出分項比率

從分項比率所占整體經費的高低，顯示一般建築設備項為首、行政管理項居次、文物管理項第三，可見近年來故宮發展之方向與其資源分配之狀況。

其實故宮預算分項比率的順位，也呈現了一般大型博物館，在建築設備與行政管理兩方面一向「無法逃避的」經費負擔。而博物館事業之經費需求，在經濟景氣快速繁榮的時期，往往可以得到社會回饋性的資助，所以政府民間都一致支持博物館的營運。但在景氣低迷時期，大型博物館如果無法承擔硬體設備與行政管理兩方面不斷成長的開支，那麼它的社會效益與社會能見度都會相對降低。

近年來，歐美許多博物館在組織運作上所做的大幅改弦更張，與強調博物館行銷的功能，其主要原因即在於入不敷出，以至於不得不然的以現實考量爲要。

愛因斯坦說過：「今日我們面對的重大問題，是無法以我們剛製造出這些問題的思考層面加以解決的。」若以同樣的角度，回顧故宮七十餘年的成長與四個階段的組織沿革，我們可以清楚看到故宮如何在組織機能上因應時代與環境的需求，而不斷地在蛻變與更新。當然，政府一貫性的支持，是促成故宮從「百業待舉」到今日「規模獨具」的最重要因素。

故宮因爲繼承了宮廷收藏，業務始終以典藏爲核心之本，所以保存文物的功能與目標都非常明確。而故宮多年來在穩定發展的局面下，它的業務運作不僅在國內素有盛名，也在國際間頻頻伸出文化觸角。這樣的運作績效與成果，毫與疑問是經過七十餘年漫漫歲月才逐步建立的。

尤其，故宮因爲隸屬於行政院的緣故，其行政層級較本地其他博物館爲高，所以它的組織運作與經費預算亦有別於其他博物館。本節以故宮爲例，從管理學解析文化機構的角度，以故宮科層化業務、從業人力與政府經費等三方面說明它的運作實況，相信可以使我們進一步去了解故宮如何實踐博物館的目標。

第五節　博物館的領導核心

博物館組織結構最上層的「決策部門」，是組織運作中的領導核心。從管理功能而言，這個在西方博物館中由董事會與館長所組成的博物館決策部門，要集中精力建構有利於博物館發展的各種方案，並領導博物館的員工去實現博物館的理想。所以高品質的博物館決策，對博物館的發展是非常重要的。

本節根據西方博物館決策部門的常態結構，先介紹博物館董事會的職權，再針對博物館館長的人選、任用與領導品質，來討論館長帶動組織文化的可能性。

至於有關我國博物館的部分，由於所謂的領導核心其實是依附於我國行政管理體系之內，其體制精神與西方博物館並不相同。所以在本節之末將以兩個實例，舉要說明我國博物館館長之派用、與館長行使領導權所遭遇的實質問題。

一、西方博物館的決策部門

西方博物館由董事會與館長在職權上相互結合所形成的博物館領導核心，負責領導博物館所有的決策，因此，在組織運作上是博物館的「決策部門」。

由於董事會領導權的合法性，是來自所有董事成員，所以董事會一向被視爲博物館的「決策團體」；但其決策功能必須透過館長領導博物館從業人員去實現，因此董事會所行使的是一種間接的領導權。

而館長在董事會授權之後，要負責博物館一切運作之正常，所以相對於董事會的間接領導，館長所行使的是直接的領導權。

一般體制規模較完備的西方博物館，其董事會或理事會（Board of Trustees）往往在博物館成立之初，即由社會上具有聲望的人士出任董事，因而組成一個既能集思廣益、又能吸納社會資源的決策團體（陳媛，民84，頁41）。因此，下面先討論博物館董事會的職權。

（一）董事會

西方博物館的常例是，舉凡與博物館發展有關的重要政策，皆由董事會議決，所以博物館館長亦由董事會遴選後，才得以與董事會聯席規劃博物館業務之發展。

博物館若是遇到董事會與館長皆無法定奪的難題，則可由董事會授權館長與「專業諮詢委員」協商，做出相關提案後，再交由董事會來議決。譬如大英博物館董事會之下即設有八個專門委員會（王宏鈞，民79，頁344），包括建築與設計委員會、文物保護委員會、實驗室和技術委員會、公共服務委員會、發掘和野外工作委員會、財政委員會、學術委員會、人事委員會等，皆爲館長專業諮詢的管道，以求爲博物館規劃最妥善的發展方案。

以下分別列舉大英博物館、紐約大都會博物館，與慕尼黑德意志博物館董事會之例，就其董事會成員的結構與職權簡要說明。

1.董事會成員

大英博物館董事會每個月召開一次會議，五至七年改選一次，董事年屆七十歲必須退休。在西元一九六三年修訂的「大英博物館法（British Museum Act）」中對董事成員之任命有原則性的規定：即博物館二十五位董事中，由英王任命一人、首相任命十五人、財政部任命四人（秦裕傑、張譽騰，民79，頁82）、董事會團體任命五人。而此一任命制顯示了英國政府監督大英博物館的意圖。

紐約大都會博物館董事會設董事四十人，其中六位由紐約市政府官員出任。董事的任期爲五年，所以董事都領有全職薪津（王湘琪，民85，頁23；*Alan Shestack, 1984, 70*）。可見該博物館借重董事會之積極性，與部分董事會成員來自紐約市行政單位的地緣性。

依據慕尼黑德意志博物館章程，其董事會之董事成員，是先由行政會議提出人選，經層層選舉後才由監事投票選出七人。而董事當選後，四年一任，連選得連任，退休後也可終身任監事（秦裕傑，民81，頁254～255）。

上述三個博物館董事會成員結構的差異性，也造成他們行使職權的範圍有所不同，因而替博物館塑造了不同的領導文化。

2.董事會職權

(1)決策權

「大英博物館法」所規定的董事會決策權包括三方面：其一，博物館典藏的監督、保存、出借與中止收藏；其二，博物館館長與主管人員的遴選與任命；其三，博物館產權的合法性轉移（秦裕傑、張譽騰，民79，頁69）。由於大英博物館在英國的特殊文化地位，以及多數董事由皇家與官方聯合任命的結構性，所以「大英博物館法」規定董事會至少每三年要履行向英國國會報告（Reports by Trustees）的職責（秦裕傑、張譽騰，民79，頁82）。

(2)監督權

德意志博物館董事的職權，除任命館長外，尙包括核可館內財政預算與考核人事升遷及訂定獎懲辦法。所以，該博物館董事會對館務得行使直接的監督權（秦裕傑，民81，頁254～255）。

(3)參與權

相較於大英博物館與德意志博物館，大都會博物館的董事會是直接「參與」館務領導的。該館自西元一九七八年採行「雙首長制（Twin Lea-dership）」以後（王湘琪，民85，頁23），董事會不僅代表決策，董事長更實際負責對外籌募基金、建立公關等事務。館長則全力對內，以促使博物館組織運作的功能正常。

以大都會博物館董事長魯爾斯（William H. Luers）與館長蒙提貝爾（Philippe de Montebello）兩人辦公室緊鄰，以便「並肩」推動館務的合作關係，或可視之爲最積極圓滿的一種「美國式」領導作風。

（二）館長

博物館決策部門一般是由董事會與館長所構成的領導機制，其運作的起點必先始於董事會遴選及任用館長。因此，下面先介紹博物館館長的領導品質，再以美國博物館任免館長的體制爲例，說明館長適任的重要性。

博物館館長的領導品質及其個人的專業條件，必然影響博物館內領導者與被領導者的關係。而館長與博物館從業之間，除了維持上下的管理結構，彼此之間能否進一步建立坦誠、並富有彈性的人際行爲，使「領導」的涵義擴大爲一種「使他人願意跟隨、並願意朝目標去努力」的組織文化（許彩娥，民84，頁217）是促使博物館內部發揮最高效率的關鍵。

至於，什麼樣的人才眞正適合擔任博物館館長？下面就館長的領導品質做進一步的討論。

1.館長的領導品質

洛杉磯美術館遴選館長的「十四人委員會」，爲尋找適任人選而公開他們的考量尺度：「對外能代表整個機構發言、對內能督導博物館整體的運作；從典藏、展覽、財政事務、設備添購，到人際關係（包括館內從業人員與藝術家、收藏家等）的協調能力。」（中國時報，民國84年8月1日，第三十五版）這些條件與美國美術館館長協會（Association of Art Museum Directors）所提出的：「館長必須合乎專業適任條件，具有正式藝術史訓練、博物館經驗，與處理實務的能力。」是相吻合的。

而館長一旦具備專業適任條件，其稱職與否的關鍵端視其領導品質如何。管理學者傑哥（Arthur Jago）將「領導」定義成：「是一種過程也是一種性質，領導的過程是使用非強制性的影響力來指導，以及協調組織團體中成員的活動，以試圖達成團體的目標。而性質則指達成既定目標的品質或特徵。」（郭建志譯，民84，頁180）

以紐約大都會博物館館長蒙提貝羅爲例，他總以樂觀、旺盛的企圖心向外界宣傳博物館的目標，譬如強調博物館是活的、求新求變的論調。而即使他被問到博物館財務，也從不諱言大都會近來財務出現赤字的事實；充分傳達了博物館領導者所應當具有的開誠布公與充滿信心的風範。

而印證許多研究者所歸納出來的成功領導者的特徵，往往不外乎以下幾點（郭建志譯，民84，頁186）：

(1)願意溝通、允許投入、並願意傾聽。

(2)有趣的、有賞識力的、讚美的、支持的、人本的、體諒的。

(3)誠實的、正直的、值得信任的。

(4)客觀的、胸襟開闊的、寬容的、理性的、講理的、公平的。

(5)授權、相信部屬、允許完成工作的空間。

誠然，一個館長的領導品質如果具有這些特徵，不僅能增添其個人魅力，尤其會直接影響博物館的經營風格，使組織文化呈現較爲理想的「互動情境」；促使館長與從業人員建立良好的溝通關係，因而使館長的指揮權令人信服，博物館的業務也容易整合。

而館長在靈活運用職權、並有效領導員工的情境下，他的角色則如同「鑽石鏈（Diamond Link）」般（林美齡譯，民84，頁25～29），具有關鍵性的樞紐功能，能促使董事會與博物館內的從業人員，都感覺頗受鼓舞，而樂意為博物館建立不負眾望的聲譽。

2.館長的任免

根據西元一九八一年美國美術館館長協會所出版的《美術館專業實務》（Professional Practices in Art Museums）所載，董事會以決策團體立場行使館長任免權時，有關責任歸屬的考量有若干要點（*Association of Art Museum Directors, 1981, 20～23*）：

(1)董事會任命館長為博物館的行政首長。而館長必須合乎專業適任條件：譬如具有正式的藝術史訓練、博物館經驗、與處理實務的能力。

(2)館長人選的物色過程可委派代表進行。然而館長之任命，則須由「全體」董事會負責，不可假由任何次級會議代理。

(3)進行遴選階段的作業，應邀集各方人士提供齊全的相關資料，以決定館長人選。

(4)館長人選決定後，董事會應具名以函件或合約書，向既定人選確認結果，並於書面文件內載明：館長薪水、保險福利、退休及退休金、交際費、旅行、旅行津貼、研究時間、帶薪休假、住所、任命期限、停職辦法等條件，並訂定按時複檢上述各項條件之程序。

(5)館長之薪水應比照國內專業標準，其起薪與年度調幅並應符合一般生活指數之漲幅。

(6)館長的辭職程序，應取決於博物館能否維持正常運作。

(7)館長任命乃由「全體」董事會負責，因此其停職，亦須由「全體」董事會負責，不可假由次級會議代理。

(8)當館長與董事會之間發生歧見時，為顧全博物館利益，應開誠布公設法解決。必要時「美術館館長協會」將推薦專業調人協助仲裁。

(9)上述歧見於調解無效時，館長得予停職。然而董事會必須考慮此一決定對於博物館專業聲譽之影響。

(10)館長停職須經由「全體」董事會投票決定之。通常停職預告須在一年前、或以一年期之薪水替代。若是合約書明載館長任期，那麼一年期之預告更屬必要。

(11)館長離職之過渡期間，董事會須配合博物館政策建立一套運作機制，暫行代理館長職責。否則脫軌失序的現象，難免造成博物館難堪的惡例。

上述的館長任免要點，是董事會對於館長人選、待遇、辭職、停職、離職等各方面條件所做的考量。而董事會集眾人之智、與眾人之力要去物色一位直接負責博物館運作的館長，其實也並非容易之事。

美國博物館界近年來就有不少例子，是董事會對館長繼任人選採取「寧缺勿濫」的立場，以致造成館長懸缺未補。而董事會爲了維持博物館運作功能正常，則必須跨越「決策團體」間接領導的角色，去直接承擔「監管」博物館的責任。

以洛杉磯美術館（Los Angeles County Museum of Art）爲例，自從西元一九九二年館長包威爾三世（Earl A. Powell）轉任美國國家畫廊後，繼任者夏波芮館長（Michael Shapiro）還沒做滿一年，又在西元一九九三年八月離職，於是該館處於「無主」狀態長達兩年餘。

當時洛杉磯美術館董事會發揮了極大的穩定力量，去克服美術館決策部門的「跛足現象」。董事會一方面積極募款協助館方營運，一方面組成十四人委員會物色遴選館長。其間，明尼亞波里斯美術館（The Minneapolis Institute of Arts）館長毛爾（Dr. Evan Maurer）曾經一度被視爲最佳人選，但在董事會向毛爾館長確認接受職務與否的過程中，他卻以家庭成員不願遷居洛城爲由，婉拒了「入主」洛杉磯美術館的機會。

可見，一個設想周延的館長任免體制，不僅有助於董事會與館長之間建立良性發展的合作關係，並且可以在人選「確認」的過程中，讓適才者有「再思」的機會，讓眞正適任的館長來領導博物館。

二、我國博物館的領導核心

本節從西方博物館決策部門的體制結構，介紹董事會與館長兩者間的良性互動關係。而西方博物館在權責制衡原則下，博物館館長的角色，由十九世紀集「學者、研究者」於一身，發展到今天集「學者。企業家、教育家、遊說家」於一身（*Alan Shestack, 1984, 66-69*），以至於館長運用職權的行政能力與其領導品質，愈來愈受到重視。

反觀國內的情況，目前不論博物館的決策機制或館長行使職權的範圍，基本上皆依附於我國行政管理系統之內。所以，博物館的領導核心乃由行政機關主導，並強烈反映它們對教育文化所持的觀點。以博物館館長的職務論，他們皆爲列等的行政職位，如國立故宮博物院院長爲特任官、國立歷史博物館館長爲簡任第十二職等、臺灣省立博物館館長爲十職等，以此類推各省市立博物館、美術館館長之職等或任用資格（秦裕傑，民85，頁59）。

對於這個主導系統的行政結構與價値定位，由於並非本節主題所在，所以暫不予以討論。

以下針對本地博物館館長的任用、與館長行使職權的問題，以實例檢證本節論題，以見我國行政機關主導博物館領導核心的得失。

（一）館長之任用——臺北市立美術館館長任用案

民國八十五年五月初，當臺北市政府與議會之間爲北美館館長張振宇不適任案件而鬧得不可開交的時候，臺北市新聞處前處長羅文嘉曾被問及：「經歷此一風波後，市政府今後任用美術館館長或文化局有關行政者，會不會有較爲不同的考量？」羅處長當時回答：「至少要有三點特質，一是包容性要強；二是必須具備基本的行政、管理及溝通能力；三是具有一定的理想性格。」（中國時報，民國85年5月2日，第二十四版）羅處長的答案雖是針對北美館館長的人選，但也顯示行政主導部門因用人不當，而了解到館長人選頗費斟酌的事實。

北美館在館長「眞空」的四個月期間，曾由市府派員代管。直到民國八十五年十月二十三日，市政府才宣布由臺北師範學院副教授林曼麗繼任館長，而平息了北美館館長人選的風波。

對於臺北市政府以行政部門主導美術館館長人選之事，資深藝評家謝里法先生在〈美術館．美術的殿堂與市場——爲市美館新館長就任而寫〉一文中（謝里法，民85，頁2～3），曾表示過他的看法：

> ……臺灣進入美術館時代已經十多年了，我們所看到的美術館，館是政府的，美術則是人民的，美術與館各屬一方，政府管不了美術，人民管不了館。正因為是這樣，政府想找個管館的人還算容易，找個管美術的人便很難了。……民眾的文化需求是什麼，做為政黨的領導人在執政之前就應該有充分的認識。

謝里法先生所言，誠可謂語重心長。而本地博物館館長在「官派」之後，其處境如何？下面以博物館界重量級人物、時任中華民國博物館學會理事長漢寶德先生的言論，做爲館長「職權」之見證。

（二）館長的職權——博物館學會漢寶德理事長言論

由於我國博物館館長多由官方指派，迥然不同於西方博物館由董事會遴選的管道。所以我國博物館館長因「職權」產生背景之不同，對博物館的影響力也相當受限制。

漢寶德先生在民國八十六年五月於亞太地區博物館館長會議中所發表的論文《博物館營運的地方因素》，對於他在國立自然科學博物館擔任館長的十一年體認，有極深刻的剖析，以下節錄漢先生論我國「館長職權」的部分言論：

> ……館長並沒有得到公益法人式的授權。國立或公立的博物館要按照政府的預算、會計與審計的規定來用錢；按照政府的人事制度來用人，完全沒有彈性，屬於企業的私人博物館雖無政府那樣嚴格的制度，但事事要取得企業主的同意，其執行上的窒礙比起政府僵硬的制度，並不稍減。所以在臺灣的博物館館長，並沒有機會做一個全力發揮的館長。至少在財務上，沒有人要求他完全負起責任來。他不必去籌錢，像西方的同儕所擔任的任務，但是他也沒有權力自由用錢。
>
> 然而在臺灣，國立的館長雖然手是半縛著的，博物館最後的表現仍然視為館長的責任。這是西方的同儕所無法想像的。舉例說，臺灣的中央政府有層層的組織來審核國立機構的計畫。他們甚至審查建築圖樣、核定經費、有固定的發包方式，政府人員實際上在從事具體的決策。館長除了提出原來的方案與預算申請外，可以說是被動的（漢寶德，民86，頁163～164）。

由漢寶德先生現身說法的經驗談，不難看出國內博物館館長的角色實際上是政府決策的管理者，而非本節所論領導核心之主角。此所以漢寶德先生在論文之末，充滿無奈與幽默的總結道：「在臺灣做一個成功的館長，若不是大有智慧的人，就是大有運氣的人。」

由臺北市立美術館館長任用案、與漢寶德所論館長職權的兩個實例，不難看出本地博物館在行政體制上的一些「實質」問題。相形之下，西方博物館演進有年的決策部門之結構與體制，頗有值得我們借鏡與參酌之處，或可有助於調整我國博物館領導核心權責不符之缺失。

第六節　博物館從業的規劃

博物館從業（museum work force）的簡單定義，係指所有參與博物館組織內各項業務運作的成員，只要他們具備相關的專業知識或實務技能，並且始終抱持敬業的工作態度，就都可以被視爲博物館的從業員。

博物館從業的職務類別當然各有不同，而不同職務的從業員必然具備不同的從業條件。以典藏研究、管理、與保存維修等業務爲例，從業員的專業知識往往特別被強調；而博物館展覽設計、教育、出版與行銷等業務，則較爲重視從業員的專業技能或實務經驗。至於博物館人事、會計或總務等行政業務，其從業員若熟諳博物館發展的背景與運作的理念，他們當然會比一般行政通才更善任其事。

然而，不可否認的，現階段許多博物館的從業員，都尚未建立博物館所期許的一些從業條件。

因此，本章在討論過博物館的「組織運作」與「領導核心」後，針對博物館如何規劃從業體系與從業培訓這兩個問題，來探討博物館從業規劃的重要性。

譬如，大博物館與小博物館對從業體系的規劃方式就大不相同。小型博物館因爲人力經費有限，所以其從業規劃通常設定在一人能兼數職，以達到「十八般武藝樣樣皆通」的成效。相對而言，大型博物館的人力較爲充沛，在專業分工與組織科層化的環境中，不同學域的專家往往可以「各領風騷」。然而，一旦大型博物館的從業需求改變，其組織布局的大幅度調整卻經常會牽一髮而動全身。所以，相形之下大型博物館更要及早全盤規劃從業人力。

因此，本節以介紹博物館從業的職務類別與需求爲討論的起點，再進入博物館「專業」之意涵，與博物館從業倫理之探討，以見規劃從業的整體性。

一、規劃博物館從業體系

(一)博物館從業之職務類別

美國博物館協會在西元一九七八年提出過一份經由「博物館學委員會(Museum Studies Committee)」就博物館從業人力所做的「職務資格(Suggested Qualifications for Museum Positions)」建議書。這份建議書針對博物館十五項職務，做實質面與理想面之考量，提出從業員應該具備的學經歷、專業技能特長、或其他相關之要求與條件。

美國博物館協會此一「職務資格」的出爐，爲當時美國各大學及研究所的博物館學訓練課程，提出培訓「學以致用」的客觀依據，並且使有志於博物館從業的人，了解就業市場求才的指標，所以是一份極有價值的參考資料。

以下逐次翻譯美國博物館協會所列「職務資格」的十三項內容於後：

表10-5　博物館從業之職務資格

職務別	學經歷	專業特長	其他條件
館　長	擁有與博物館特性相關之高學位；修過博物館行政管理課程或參與過這方面實務。	專精博物館收藏；有能力整合館員、推動博物館決策，並有效的將博物館目標傳達給觀眾；擅於開發財務、處理預算；嫻熟關於博物館運作之法律事務。	
業務經理(Business Manager)	擁有商務或公共行政學位；三年行政管理經驗；具有博物館與非營利文化機構之資歷更佳。	通曉非營利機構適用之募款及獎助等財務會計；博物館營運之法律業務、人事管理、保險業務、資料處理、辦公室配備等硬體管理與安全須知。	

(續下表)

典藏研究員（Curator）：直接負責典藏之保存與詮釋；處理關於收藏／中止收藏／真偽鑑別之典藏業務；發表研究報告。可兼行政與展覽職責；重視典藏之維護保存。	擁有與博物館典藏範圍相關之高學位；三年以上博物館或教育研究機構工作經驗。	專精博物館典藏鑑定；擅長典藏詮釋與溝通；通曉選件、估價、保存、維護與展覽之相關技術。對專精學域內之市場動向、典藏倫理、及進出口關稅規則皆知之甚詳。	相關學術研究與著作
登錄人員（Registrar）：負責有關收藏登錄／編目／借展／展品包裝運送／保險／藏品清點／庫藏等程序作業。	擁有與博物館性質相關或人文方面的學位；兩年博物館部門任職資歷。	擅長博物館登錄方法、資料管理、維護庫存實務；熟悉與典藏有關之博物館法律政策、及所牽涉到的藏品複製規則。	
典藏經理（Collections Manager）：督察各個典藏部門之藏品編號、編目、庫存系統。這個職務是典藏研究員和登錄人員的助手。	擁有與博物館性質相關學位或博物館學之碩士；三年博物館登錄或處理藏品編目、庫存之實務經驗。	擅長整合人力、財務預算、策劃典藏管理；嫻熟物種分類、博物館登錄系統；通曉有關維護、安全與環境控制的方法。	
維修人員（Conservator）：以科學方法檢驗藏品；有效控制環境溫度／溼度／光線照度條件以防範藏品損壞，必要時並予以修護。維修人員通常專精於特別類屬的材質或文物，並最好加入專業組織以不斷吸收新知。	獲維修專業研究所學位，具有「手到實做」、理論與實務並重之學習經驗。大學應修過文化史／藝術史／化學／物理／生物／材料／科學／美勞藝術技法。碩士後兩年以上見習維修經驗（在專業維修員督導之下）。	「手到實做」處理材料之能力；精通有關藝術的、歷史的、科學的文物修護技術、環境控制及文物損壞過程細節；能書寫詳盡檢驗報告；擅與同僚溝通文物維修需求；勤學自勵吸收新知；有能力策劃實驗室進行維修工作，並熟悉館外維修管道。	維修物件實物照片報告履歷等實證

（續下表）

教育人員（Educator）	擁有教育、博物館學等相關性高學位；兩年博物館教育或其他教育機構之工作經驗。	能設計博物館教育節目，並融合使用博物館展覽與出版物；通曉博物館教育先進技術與資源；了解觀眾特性、學校教育目標、教育評鑑方法；口才書寫溝通能力俱佳；熟悉博物館典藏及相關研究途徑。	
展覽設計（Exhibit Designer）	擁有平面設計、工業設計、商業設計、室內設計、建築、出版印刷、媒體應用之證書或學位。具博物館展覽或聲光媒體設計與製作之經驗。	擅長將設計觀念圖像化、博物館展覽風格化；了解展品特性；具繪圖與文字示意、燈光設計、模型製作等能力；預算報價處理；督導展覽施工；熟悉媒體傳播系統。	設計作品實例
公關人員（Public Relations Officer）	擁有公關、新聞或傳播學位；兩年以上任職博物館或非營利文化機構公關的資歷。	擅於處理媒體新聞之發布（含新聞稿編撰）；能博得同僚支持公關業務；熟悉攝影、印刷製作流程。	公關案件處理實例
業務開發（Development Officer）	擁有商業、藝術行政、公關、市場行銷或廣告學位；兩年以上相當於博物館規模之非營利或研究機構之募款經驗。	組織動員募款成效；熟悉捐贈、基金與分期贈予業務之運作；擅長撰寫募款計畫與申請獎助之文案；清楚企業體、基金會財源管道；能博得同僚支持與義工協助募款活動。	業務開發案業績實例
會員開發（Membership Officer）：與業務開發、教育人員密切合作，吸引廣大博物館會員。	擁有商業、公關、市場行銷、公共行政或人文學位；兩年以上從事非營利機構與公眾節目之有關經驗。	擅長推動開發達成博物館目標之參與性節目，吸引觀眾、贊助者共襄盛舉投入會員組織；能援引媒體協助、博物館同僚及義工支持開發會員之業務；能處理財務及建立會員檔案資料。	

（續下表）

出版編輯（Editor）：督導博物館出版品之編輯流程與印刷水準。	擁有語言文學或新聞系學位。修過與博物館特性有關課程；兩年以上編輯與博物館特性有關之出版實務經驗。	擅長文字分析、撰稿、編校；熟悉印刷實務；通曉與博物館相關之外語辭彙。	編輯案處理實例
工務督導（Super-intendent）：負責博物館建築、基地之安全維護與整潔；管理機電工程、警衛人員。	高中學位或專業職訓證書。三年建築物管理及督導工務人力經驗；有博物館經驗者優先考慮。	熟悉政府工務管理規則（含建築物與人事管理）；能判讀建築藍圖與模型；能撰寫工務報告、招標程序、預算估價明細表；熟知安全系統規定，確保博物館工程進行期間安全無虞。	

※「攝影師」、「圖書館員」兩項職務為大家所熟悉，故從略未譯。

以上所列的各項職務類別與資格，顯示博物館從業之各有「專擅」。但請留意這份建議書在「專業特長」欄內對各項職務所做的說明，仍有一些「共通」的從業品質，諸如敬業樂群懂得與人合作、語言寫作能力俱佳、熟稔博物館目標功能、力行從業倫理等，顯然都是強化博物館從業能力所不可忽視的條件。

此外，美國博物館協會也強調，在博物館從業體系內，擔任主管職的從業人員若擅與同業相交、涉獵法律相關事務、能處理財務簡報及獎助申請、具備第二外語專長、並了解社區資源，那麼對於他發展博物館生涯將更為樂觀、更有助益。

（二）博物館從業之「專業」意涵

綜合以上關於職務類別、從業條件的說明，我們現在來探討一下博物館從業之「專業」意涵。

張譽騰教授翻譯韋氏字典界定「專業（Profession）」一詞的內容

爲：

> 專業必須具備特殊知識和通常是較長期而密集的從業準備，這些準備包括相關技巧的教授與資料的累積。它具有由組織或共識的力量所維繫的高度從業水準與行為準繩，並有能力約束會員持續學習和致力於一種主要是以服務公眾為目的的工作（張譽騰，民*83*，頁*52*）。

張教授並以爲這個定義，適用於一般獲得社會大眾高度認同的醫生、律師、建築師等行業。

就博物館從業的各項職務而言，「典藏研究」的職務一向被視爲是博物館專業的代表，典藏研究員（Curator）也一直是博物館從業中最受尊重禮遇的族群。其實典藏研究的業務（Curatorial Work）雖然是許多博物館的核心業務，但在現代博物館的運作系統中，它絕不是唯一重要的業務。因爲典藏的保存維護，要經由研究員與收藏經理、登錄人員、維修人員協力達成；而典藏的詮釋陳列，也必須經由研究員與展覽人員、教育人員共同合作才能呈現。所以，在博物館從業體系中，典藏研究員只是典藏階段的要角，其他分工階段則必須由上述其他角色發揮他們的專業特長，換言之，博物館從業體系中所最應該講究的是團隊的分工與合作。

看一看美國丹佛美術館籌備展覽的分工流程圖（圖10-10），就可以明瞭所謂的「博物館專業」，其實是博物館內各有專擅的不同從業所共同建立的工作水準和目標；而絕不是學術象牙塔內少數個人的成就。

英國博物館學者赫森也表示過，他並不推崇那些雖然受過正統學術訓練，但既無趣味又自視甚高的博物館「專業」人士，反倒認爲許多聰慧、有活力的博物館基層從業，因爲被狹隘的博物館專業觀念所限制，而阻礙了他們職務發展的前途（*Kenneth Hudson, 1977, 146～161*）。

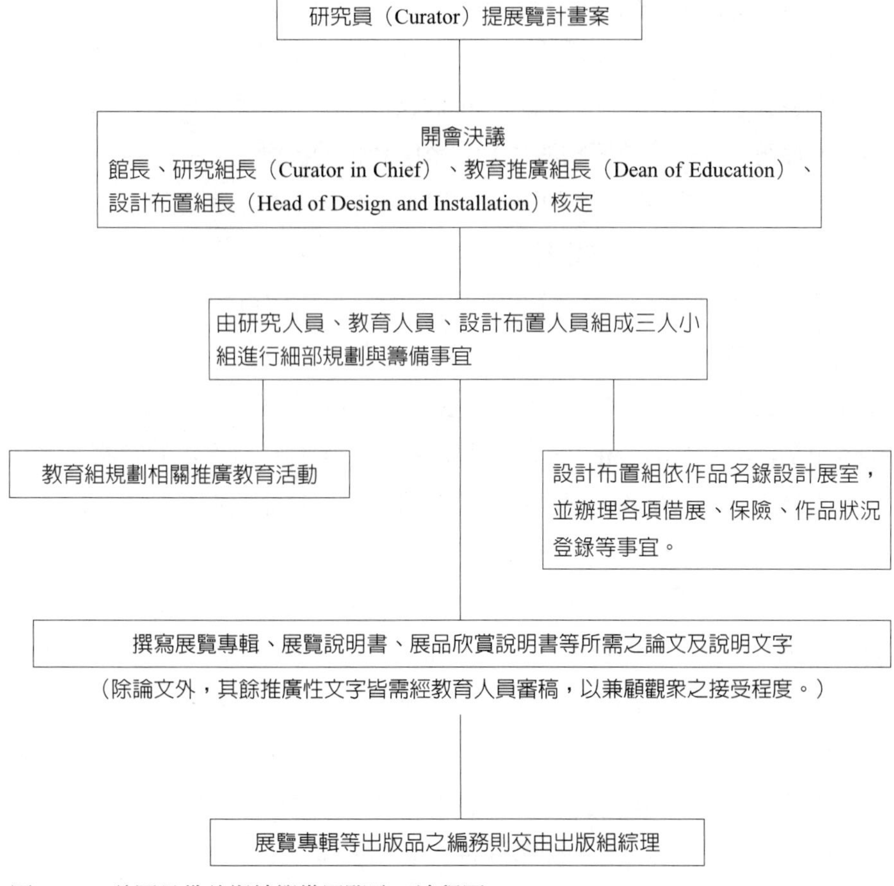

圖10-10 美國丹佛美術館籌備展覽分工流程圖

根據溫淑姿，民82，頁107。

當然，唯有更多的博物館從業有此共識並同意：「以共同的利益和目標爲博物館專業的精髓」（趙榮台譯，民*83*，頁*60*），同時樂意以這個價值系統爲評量從業的依據，這樣「博物館事業」才不致變成陳義過高，但實質空洞的職務標籤。

（三）博物館從業之職務需求

同時，我們也必須了解博物館「職務需求」是因應社會環境之需求而變化的事實。下面以西元一九九〇年大英自然史博物館發生的研究員抗爭事件，說明社會需求對博物館從業體系所產生的影響。

西元一九九〇年，大英自然史博物館有兩百餘位館員因抗議館方裁員計畫，而上演街頭示威事件（張譽騰，民83，頁9～13），因而突顯了該館五千萬件收藏標本的保存維修費用、與八百位館員的薪水支出，用罄該館全年預算（人事費占所有經費百分之九十）的事實。該館因而被迫採行《大英自然史博物館西元一九九〇年營運規劃書》（British Museum Natural History Corporate Plan）所建議的策略，打算以五年的時間，逐年縮減典藏研究員之編制，以減輕財務負擔，並同時開始進行博物館營運的更新。

該館部分從業員所面臨的失業處境固然值得同情，但大英自然史博物館因「家大業大」被迫轉型的命運並非一朝一夕才形成的。而博物館為營運前途不惜裁撤許多研究員的動機，其實是從博物館整體功能來修正發展的目標。所以，在抗爭事件後，大英自然史博物館明訂研究政策，並要求研究員重視五項職務需求，包括（張譽騰，民83，頁38）：

1.以現代社會所關心的問題為研究重心。

2.整理典藏使之能供研究展示與有效發展教育用途。

3.積極爭取與大學和其他研究機構合作。

4.鼓勵研究人員向外爭取研究經費。

5.拓展研究人員知名度，使其專業能力廣為外界所利用。

從職務需求及專業適任的角度來看，大英自然史博物館對研究員的從業要求，顯然以爭取經費、與學術機構合作為實際訴求，並以關心現代社會與同僚合作，期望研究員走出學術的象牙塔，使研究成果廣為外界所利用。

由大英自然史博物館研究員職務需求之消長，可以印證本章第三節所討論過的，博物館組織調整是為提高社會效益的基本理念。可見，現代博物館必須有效利用統計與預估的方法，對從業體系予以積極的規劃，才能掌握社會脈動。

1.職務性質統計

國內博物館對職務性質之統計缺乏全面性的資料，目前只能以少數的數據籠統推測本地博物館的職務需求。

秦裕傑先生曾指出國立自然科學博物館在組織條例修訂以前的職務比例，是專業性職務百分之五十九、技術性職務百分之十一、行政職務百分之三十。省立博物館此三類職務統計的比例則為百分之五十一：百分之六：百分之四十三。秦先生因而認為國內博物館一般專業性職務的比例，較之日本博物館並不遜色（秦裕傑，民85，頁58）。而臺北市立美術館的一份職務統計（徐文琴，民86）則呈現該館專業性（典藏、展覽、教育與研究）與非專業性職務（人事、會計、總務等）的比例為百分之四十四與百分之五十六。雖然，這些職務統計或有不同的類別基準，但至少使我們對這三個博物館的職務需求，產生比較具體的概念。

早在西元一九七四年，美國國家藝術基金會（National Endowment for the Arts）首次發表歷時兩年的調查統計（*National Endowment for the Arts, 1974, 85*），已顯示美國博物館全職從業員的職務性質以擔任支援運作職務的（Operation and Support）為最多，占百分之四十五；行政職務（Administration）其次，占百分之二十三；依次類推為典藏展覽職務（Curator, Display and Exhibit）占百分之十七；教育職務（Education）占百分之九；研究職務（Research）占百分之六。而以此數據對照西元一九七八年美國博物館協會十五項職務類別中典藏、展覽、教育與研究等四項職務，其需求比例其實只占整體職務的百分之三十二。

所以，下面再介紹美國博物館協會針對從業人力所做的另一項評估規劃，以見長效性檢討人力供求系統的重要。

2.從業預估系統

本系統是美國博物館協會針對博物館人事費占經費大宗的普遍現象，而在一九八〇年出版《博物館人事政策》（Personnel Policies for Museums: a hand book for management）中，所提出的一套人力評估計畫（Personnel Forecasting and Planning）。

它的用意在鼓勵博物館「確實分析從業現況，以有效掌握未來趨勢」（*Ronald I. Miller, 1980, 37*），建議博物館根據既定發展目標與擴展計畫，分析從業人力的現額、缺額、升遷、增補、調訓、停職等管理狀況，以每年和每三年的檢測頻率，定期評估博物館整體從業人力之需求量。

同時，本系統更強調博物館要持續更新「從業人力資料庫（Employee Information System Data Bank）」，務使從業員的學經歷、休假勤惰、工作獎懲、升遷培訓等人事資料，納入博物館薪資給付項目（如超工時加班費、津貼補助、績效獎金、薪資調幅等）的交叉分析，使博物館人事資料與經費支出兩方面之數據相互參照後，形成可靠性高的從業預估基準。

爲了有效管理博物館內部的人事資料，與調節博物館經營目標，我們建議國內博物館也應該積極設計適用的「從業預估系統」，以配合博物館生命週期之變化，主動評量職務需求的消長，以減少類似大英自然史博物館裁員事件的「殺傷力」，從而提高博物館整體的從業水準。

（四）博物館從業之倫理（Museum Ethics）

「倫理」在中國人的觀念中是人與人相處的倫常道理。在西方「Ethics」一字乃從希臘文Ethos習俗（Custom）的意思轉化而來；其引申的意義是人對自我，與對他人所產生的彼此認知的道德責任（*Mary Anne Andrei & Hugh H.Genoways, 1997, 6*）。因此，不論中西，「倫理」的觀念都是建立在人我認同的價值系統上。而本節所談的博物館從業倫理，基本上是英、美博物館多年來所大力推廣的職業道德觀念。

美國博物館協會自西元一九二五年刊印第一版《博物館倫理》以來，一直配合博物館從業環境之變化在更新不同的版本（包括一九七八，一九九四版本）。而國際博物館協會（ICOM，一九八七版）和英國博物館協會（Museum Association，一九九四版）也各有不同版本的《博物館倫理》問世。

國內博物館的經營理念與歐美國家不盡相同，對於從業倫理一向較重視個人的品行操守，至於從業管理之精神、或博物館社會責任等，有關團隊文化塑造之倫理觀念，可能要等到博物館從業體系更爲健全後才會形成共識。以下就從業倫理之價值觀與準則性，予以說明。

1.從業倫理之價值觀——反倫理二例

從業倫理形之於法者並不多見，而西方博物館談得最多的往往是「收藏倫理」的問題，譬如從業人員處理博物館收藏的態度方法、徵集鑑定維修收藏的原則、以及從業員「個人收藏」的道德規則等（陳國寧，民81b，頁215～218）。而這些問題會引起廣泛重視的原因，當然是博物館曾因典藏處理不當，而涉及收藏違禁盜賣的物品，或因人爲疏失而導致利益輸送的非法事件。

然而，倫理規範對博物館從業到底能產生多少約束力？除了個人道德責任之覺醒外，從業體系內的價值觀更是關鍵因素。以下我們舉兩個發生在中國大陸的惡例，讓各位了解違反從業倫理的嚴重性。

中國大陸的「國家文物事業管理局」自西元一九八一年便頒布「文物工作人員守則十條」以防制盜賣與破壞文物的風氣，然而十餘年來，此風不但不減甚至猶有過之。西元一九九四年八月十二日出版的《新聞周刊》就指出：光是西元一九八九和一九九〇兩年之間，中共官員所透露的大陸古墓被盜挖就有四萬座，而盜賣過程中，夥同參與的有農民、地方警察、海關人員、和政治人物等，文物工作人員涉嫌仲介的當然也不在話下。

另一個惡例，是西元一九九四年歲末，吉林市博物館毀於大火的不幸事件。起因是承租博物館電影廳的夜總會著火，因而釀成七千多件文物化爲灰燼（張世賢，民83，頁210）。吉林市博物館事件所揭露的不僅是博物館的管理問題，更嚴重的是博物館決策何以會如此「短視近利」？以致將博物館付之一炬！

可見當從業體系無法建立具有共識的價值觀時，倫理的約束力是非常脆弱而禁不起考驗的。更不幸的是，博物館收藏所代表的文化意義也會在反倫理的行爲中淪喪殆盡。

2.從業倫理的準則

美國博物館協會有鑑於博物館職務類別的分工性，曾設定了一些「強制性」的規範（Code of Ethics）供不同從業參考。所謂的「強制性」係指從業必須遵守的規定，譬如博物館從業不得購買「已遭博物館中止收藏的物件」、博物館賣店不得販賣「已遭博物館中止收藏物件的複製品」、從業須將「個人收藏」向博物館報備、或研究員避免收受館外餽贈等。有關美國博物館協會倫理規範的內容，在西元一九八〇年《博物館學季刊》第四卷第四期「博物館倫理」特輯中，收錄有陳國寧教授等譯介英美博物館針對研究員、登錄員、博物館教育及博物館賣店等從業倫理規範之多篇專文，頗具參考價值。

近年來博物館學者研究「倫理」的議題，則趨向兼容價值觀與行爲規範兩者的涵蓋面，因而提出發人深省的「準則」：

博物館是由人所組合的機構，而這些人所做的倫理抉擇不只影響博物館也影響社會。因此博物館倫理的發展，是讓我們考量博物館如何為人類的至善與優越做出貢獻。

博物館被付託的收藏（Objects）不論為科學的、歷史的、文化的、或藝術的，都是人性的代表，也是表達人類所有行為的產物。但博物館收藏之脆弱性與無可取代性，會因為展覽或處置不當，而與我們的子孫無緣。因此，博物館工作所承擔的道德風險，使我們不敢大意。

倫理所設定的準則，應該是放諸四海皆準的：精確、誠實與敏銳，而其價值的根柢，則是為了社會與服務至善而產生的一種決心（*Mary Anne Andrei & Hugh H. Genoways, 1997, 6*）。

相信當所有的博物館從業都能秉持精確（Accuracy）、誠實（Honesty）與敏銳（Sensitivity）的態度，自始至終朝著服務社會與至善的方向去發展時，博物館從業體系內自會逐漸塑造出具有共識的團隊文化，使同業之間相互尊重、坦誠溝通，並以充分的自覺和自省替博物館樹立整體的專業形象。

二、規劃博物館從業培訓

大家都知道人才是組織運作的根本，由上面所討論的關於博物館從業體系的規劃，顯示博物館必須主動評估職務需求，才能配合博物館發展的腳步。在此，我們更要鼓吹從業培訓的觀念，因為培訓的功能如同組織的引擎，能使博物館從業產生進步的動力，積極因應社會文化的轉型與需求。

以下先說明國內從業培訓現況，再介紹歐美兩個例子，說明規劃具有前瞻性、系統性從業培訓的要領。

（一）國內從業培訓現況

國內自民國七十一年各地文化中心與博物館相繼成立以來，始終沒有建立博物館「職前教育」的培訓體系（陳國寧，民81a，頁3），所以早期所面臨的「倉促成軍土法煉鋼」人才荒，直到近年博物館已逐漸出現多元化的型態，類似的恐慌症仍然層出不窮。

根據陳國寧教授五年前的統計，國內大小博物館從業人員的總數已達兩千多人。而一般從業進入博物館工作的正式管道大抵以參加國家考試，如甲等特考、高普考來取得公務員的任用資格（薛平海，民86）。至於各博物館從業培訓的基本模式，除了新進人員之「起步」規劃外，各館或配合預算選送少數優秀員工出國進修，或以專題性業務講習對有關人員施以訓練（黃光男，民83，頁398），而立意皆以針對現階段館務需要爲培訓之宗旨。以下就國內從業培訓之現況，做梗概的說明：

1.單元性短期培訓

近年來國內由文化機構和博物館舉辦的研討會，對於培養博物館基層、中層從業人員之博物館學觀念頗有助益。然而這類培訓多以單元性見長，加以培訓時間甚短，所以難免缺乏整體性與系統性。

省立美術館薛平海先生曾整理歷次博物館研討會及研習會的資料，顯示有關的議題甚爲廣泛。其中尤以文化資產及文物維護之議題爲最多，可見博物館從業渴望汲取這方面專業知識的迫切性。

在諸多培訓單元中，由漢寶德先生於國立自然科學博物館館長任內主持的一個培訓單元，最獲博物館界好評，值得我們介紹一下。由於漢先生認爲博物館從業是「雜牌成軍」的集合體，並認爲國內從業員在整體上雖然對博物館有足夠的興趣和熱情，但要眞正改善博物館的從業需求，應當藉由「專業培訓」來強化。

所以，民國八十二年漢先生爭取到教育部經費，首度與美國史密森機構及喬治華盛頓大學（George Washington University）博物館研究所合作，在國立自然科學博物館舉辦爲期兩週、密集訓練的「展示規劃暨設計理論及實務研討」，因而嘉惠國內各博物館及文化中心的從業人員達五十餘位。

當時許多正在籌備館務的從業員都認爲他們不必負笈國外，就能取得最新的博物館展覽資訊，而且與同業共聚一堂彼此切磋，實在是進入博物館從業以來，最受啓蒙的一個培訓機會（林明美，民81，頁65）。

2.全面性在職培訓

相對於單元性短期培訓的做法，經營管理堪稱一流的臺北鴻禧美術館，其全面性在職培訓的方法，也有值得參考的優點。

由於鴻禧美術館是一個小型的博物館，根據該美術館副館長廖桂英女士提出的資料，顯示它的正式編制只有十人（含館長、研究員、助理研究員、館員和一名清潔人員）、再加上警衛安全人員二人（廖桂英，民86，頁239）。

鴻禧美術館的外籍館長以精通中國文物及國際藝術市場見長，但不負責行政事務。所以，廖副館長基於人事精簡與彈性運作原則，以人性管理與團隊合作之優點，採業務混合編制，訓練館員從「籌展、選件、文件報核、包裝、押運、布展、開幕」等展覽實務做起，以培養鴻禧館員的基本從業職能。同時，並積極安排館員參與在職進修、參訪考察、與專家演講等活動，以累積他們的經驗實力（廖桂英，民86，頁241）。這種由管理者全權主導並開發從業潛能的規劃方式，是一般小型博物館精簡人事的最大特色，也是博物館以師徒制訓練新手從業能力的最佳典範。

鴻禧美術館全面性在職訓練的最大優點在於施行職務混合制，所以新進人員除了關心自己職務的範圍與工作程序，更容易感染團隊文化的精神，自始養成分工合作的良好從業習慣。

（二）國外可資借鏡的規劃要領

博物館從業培訓的目標在於激勵所有同業共同履行博物館對社會文化的責任。而唯有培訓具有未來導向，並更加系統化，才能擴大從業的視野，使他們進一步體認博物館工作的意義和展望。因此，下面以美國「博物館管理研習會」以及歐洲國家培訓博物館維修人員之例，說明他們的規劃要領。

1.導向未來的培訓

前文論及國內博物館培訓多以針對館務需求為主，所以使基層、中層的從業受惠頗多。然而，博物館在科層化組織中肩負管理角色的中、高層從業以及他們的從業品質，往往是影響博物館運作實質的關鍵。

因此之故，一個眾所矚目的美國「博物館管理研習會」（The Museum Management Institute，簡稱MMI）的培訓特色（謝文和，民81，頁29），值得我們了解一下。

「博物館管理研習會」是由美國保羅蓋提委員會（The J. Paul Getty Trust）提供經費，由美國藝術博物館協會（The Art Museum Association of America）與加州柏克萊大學教育推廣部合辦。專以培訓博物館管理和領導人才為目的的一個機構。

由於研習會經費來源無虞、參訓者同質性高、培訓內容又具前瞻性，所以博物館管理研習會延攬的師資，包括各類博物館具有十五至二十年以上經驗、享有盛名的博物館主管，以及熟悉博物館業務的企業界市場管理專家。

而每次爲期四週的住宿培訓期間，規劃研習的要領是激勵參訓者「跨界」思考博物館的角色。所以它的課程不含任何博物館學議題，而以集中討論人力資源和財務管理爲主，並規劃有關資訊管理、專業水準、博物館外部環境分析等單元。

換言之，當博物館未來的領導人才，能相互切磋內部人力和財務的管理問題，並探討如何掌握文化環境的資訊，他們的觸角已指向未來，而博物館運作的需求也可從「跨界」思考中尋求發展方向。

2.國家培訓文物維護專業

前面已經提到國內日漸增多的博物館文物維護需求，以及這門專業是理論實務並重的整合性科學，所以並非短期研習或研討就能登其專業技術的堂奧。

北京大學考古系主任兼北大賽克勒考古與藝術博物館館長李伯謙教授就表示過：即使北大博物館學專業教學方案的四年課程，有兩個學分（四十個學時）是屬於文物保護方面的，但由於「學生根本沒有實習的時間和條件，學生走上工作崗位，面對青銅器的鏽蝕、漆木器的變質、書畫的發霉還是束手無策」（李伯謙，民83，頁408），可見課堂上的專業知識仍不免「學生動手能力差、不大懂文物保護、缺乏組織管理能力和領導藝術」的缺點（李伯謙，民83，頁408）。

況且文物保存雖然是博物館首要的職責，但基本上維護的專業是「能見度」頗低的「幕後功臣」。不僅一般大眾對文物維護所知有限，即使在博物館從業環境內，一旦遇到經費預算和人力資源爭奪戰時，也都不免會將其擱置。因爲文物維護所需要的高科技設備、長時程人才培訓、穩定性工作量和報酬等因素，使許多博物館決策都難免「望而怯步」。

而博物館學者也都認爲，以保存維護的皮毛知識去處理文物是相當危險的！因此即使古蹟林立、古物流通量極大的歐陸國家，博物館設立維護部門的也並不多。西元一九一九年成立的大英博物館「科學研究保存維護」部門，至今仍是歐洲規模最大的維護單位（*Simon Tait, 1989, 161*）。

所以，英國學者赫森（Kenneth Hudson）認爲最「務實」的做法，應當是有一套深思熟慮的「國家性規劃National Plan」集中經費、設備、人才，共同從事保存維護的專業，而不是將人力物力的資源分割後，化整爲零的去各立門戶（*Kenneth Hudson, 1977, 159*）。譬如，隸屬於法國文化部藝術品修復處之各檢驗室與修復室，就足由博物館司來統合管理科技維護之專業功能。

下面則以波蘭文化資產維護工作室爲例，說明國家規劃文物維護專業之系統性培訓要領。

(1)波蘭PKZ維護工作室

波蘭人民共和國的國家「文化資產維護工作室」（PKZ：Ateliers for the Conservation of Cultural Property）有上千的員工在波蘭境內二十三個分支部門，以高水準的修護與複製技術，對各界提供高品質的專業服務。該工作室並曾與荷蘭、德國、埃及的文化機構簽約「輸出」對方所需要的石雕、古城門以及神廟等修護工程（*Kenneth Hudson, 1977, 159*）。

(2)系統化專業培訓

成立於西元一九五一年的波蘭國家「文化資產維護工作室」，在成立之初，正值歐洲戰後各國集中人力修復被戰火肆虐之古蹟文物。因此，該工作室在現實需求下．發展出一套完整的計畫，將基礎理論、動手實作和新技術之進修，結合爲系統性的從業培訓。其培訓系統包括以下三部分：

①大學專業培訓：由華沙科技大學（The Technical University）培訓建築師與土木工程師的維修教學、卡伯尼克森大學（The Copernicus University）培訓研習專業維修的研究生與相關工程技術人員。

②「師徒制」技術培訓：維修技術的實務操作部分，則由「文化資產

維修工作室」內負責維修的老師傅，將工作經驗與技術傳授給新進從業，因而使歐洲修復文化古蹟的傳統技術不致流失。

③定期研習新技術：「文化資產維修工作室」每年選送十多位從業人員至國外研習最新維修技術，並定期在波蘭境內舉辦研討會，使所有從事維修工作的同業有機會交換心得，相互切磋改進維修技術之實用價值。

所謂「羅馬不是一天造成的」，波蘭「文化資產維修工作室」的規模和信譽，若不是經過系統性逐步規劃，自然也無法建立起來。因此該工作室四十多年來。在國家支持文物維修專業的基礎上，培訓了上千名各級從業，共同達成修護歐洲文化遺產的目標。

衡量國內博物館事業發展的趨勢，如果不能及時全盤規劃系統性文物維修之培訓，以儲備有關專業的技術能量，那麼只怕博物館的增加只是累積從業的難題，而不是讓從業能夠有效承擔文化的職責。

本章以「博物館從業規劃」為探討博物館行政的總結。對於博物館從業的職務類別、「專業」意涵、從業倫理，以及從業培訓的重要性，分別予以討論。就國內目前博物館事業的發展趨勢而言，我們需要更多對文化有理想、對行政有理念的人，積極去推動「文化為大眾服務」的觀念。惟其如此，我國博物館的行政品質才能提升，而博物館也才能對大眾產生眞正的影響力。

關鍵詞彙

從業倫理	美國博物館協會	從業培訓	博物館專業

自我評量

1.請分析法、英、美三國博物館事業管理體制的特性。

2.請說明我國博物館事業管理現況。

3.請說明博物館組織調整的原理。

4.請說明西方博物館決策部門的結構與職權。

5.請分析博物館爲何應重視從業培訓。

參考文獻（第九章～第十章）

一、中文部分

王也珍譯（民82）。美國博物館協會成立後的72年，**博物館學季刊**，第十七卷，第四期，頁15~18。

王宏均主編（1990）。**中國博物館學基礎**。上海：古籍出版社。

王湘琪（民85）。大都會博物館的行政制度與營運現況，**美育月刊**，第九卷，第七十八期，頁23～40。

尹建中（民83）。博物館之文化角色與象徵意義，**海峽兩岸博物館事業之交流及展望學術研討會論文集**，沈春池文教基金會，頁69～82。

臺灣師範社教系輯（民85）。**社教機構營運問題與對策**。臺北：師大社教系。

呂禧鳴譯（民83）。大英博物館的歷史、現況與未來展望，**國立歷史博物館館刊**，第四卷，第二期，頁98～108。

李伯謙（民83）。現行博物館事業人才培養方式改革設想，**海峽兩岸博物館事業之交流及展望學術研討會論文集**，沈春池文教基金會，頁408～411。

李惠文編譯（民84）。漢斯·蘇隆爵士與大英博物館——從私人的珍藏到國家的寶藏，**博物館學季刊**，第九卷，第一期，頁93～97。

那志良（民82）。**典守故宮國寶七十年**。臺北，鴻霖彩色印刷。

何傳坤、林美芬摘譯（民84）。迎向模擬實境的博物館——第三千年的危機與轉機，**博物館學季刊**，第九卷，第二期，頁57～64。

周功鑫（民78）。法國博物館事業的研究，**故宮學術季刊**，第七卷，第四期，頁1～

42。
周添城、詹火生、蕭新煌（民82）。臺灣地區82年文化滿意度民意調查分析報告，公共政策民意調查研究系列，二十一世紀基金會。
昌彼得（民84）。故宮七十星霜。臺北：臺灣商務印書館。
林明美（民81）。博物館國際合作訓練計畫，博物館學季刊，第六卷，第四期，頁65～68。
林政弘、張沛華（民79）。我國博物館經營管理之探討。臺北：教育部。
林美齡（民84）。博物館行銷——使命的運用或主導，博物館學季刊，第九卷，第二期，頁29～34。
林美齡譯（民84）。鑽石鏈——館長是聯繫溝通者，博物館學季刊，第九卷，第四期，頁25～29。
林智惠譯（民84）。傑文茲與牟姆森對博物館管理與組織的看法，博物館學季刊，第九卷，第二期，頁5～7。
徐文琴（尚未發表）。臺北市立美術館組織編制修編研究。
張慧瑞（民81）。大英博物館的人類分館，博物館學季刊，第六卷，第四期，頁83～94。
秦裕傑、張譽騰（民79）。西歐博物館制度及營運考察報告。臺中：國立科學博物館。
秦裕傑（民81）。博物館絮語。臺北：漢光文化事業公司。
秦裕傑（民85）。現代博物館。臺北：世界宗教博物館發展基金會出版社。
高慧芬譯（民84）。大型與小型博物館的定位思考，博物館學季刊，第九卷，第二期，頁33～38。
張世賢（民83）。兩岸文物保存工作面臨的若干問題，海峽兩岸博物館事業之交流及展望學術研討會論文集，沈春池文教基金會，頁209～219。
張崇山譯（民84）。博物館組織的管理，博物館學季刊，第九卷，第二期，頁9～28。
張譽騰（民82）。英國博物館協會（MMA）的宗旨與功能，博物館學季刊，第七卷，第四期，頁19～21。
張譽騰（民83）。走在博物館的時空裡。稻鄉出版社。
張譽騰編譯（民83）。全球村中博物館的未來。稻鄉出版社。
張譽騰譯（民85）。後現代／後博物館——當代博物館評論的新走向，博物館學季刊，第十卷，第二期，頁3～12。
教育部編（民79）。社會教育工作綱要。臺北：教育部。
教育部編（民83）。社會教育法規選輯。臺北：教育部。
教育部社教司（民84）。教育部社會教育司工作簡報。臺北：教育部。

梁慈珊（民80）。美的遊戲規則：談美術館現代經營與管理，**博物館學季刊**，第一卷，第二期，頁17～21。

莊明賢譯（民84）。博物館重組——內容爲何？爲什麼？如何教？**博物館學季刊**，第九卷，第二期，頁15～17。

許彩娥（民84）。領導者——追隨者上下關係：心理模式分析，**空大行政學報**，第四期，頁205～219。

郭建志譯（民84）。**管理學導論**。臺北：桂冠圖書公司。

陳媛（民84）。**博物館三論**。臺北：國家出版社。

陳國寧（民81）。博物館專業與專業訓練，**博物館學季刊**，第六卷，第四期，頁3～8。

陳國寧（民81）。**博物館的營運與管理**。臺中：臺灣省政府教育廳。

黃永川（民86）。美國博物館協會第九十二屆年會會議側記，**歷史文物**，第七卷，第三期，頁96～97。

黃光男（民83）。美術館專案人員的培訓與展望，**海峽兩岸博物館事業之交流及展望學術研討會論文集**。臺北：沈春池文教基金會，頁391～403。

黃釗俊譯（民84）。博物館政策與運作程序手冊，**博物館學季刊**，第九卷，第二期，頁19～22。

楊國賜，陳益興（民82）。**我國主要教育法規釋論**。臺北：五南出版社。

溫淑姿（民82）。美術館的研究人員及其編制，**博物館學季刊**，第七卷，第二期，頁107～116。

葉詩雅編譯（民82）。美國博物館協會（AAM）的宗旨與功能，**博物館學季刊**，第七卷，第四期，頁11～14。

廖桂英（民86）。由鴻禧美術館談私立博物館經營方向，**亞太地區博物館館長會議論文**。臺北：國立歷史博物館，頁237～247。

蔡恰君譯（民85）。從古物的守護神到流行的風向板——談博物館通俗化的利弊，**博物館學季刊**，第十卷，第二期，頁13～20。

漢寶德（民85）。**跨世紀社會發展趨勢與策略研討會（文化篇）**。臺北：行政院研考會。

漢寶德（民86）。博物館營運的地方因素，**亞太地區博物館館長會議論文**。臺北：國立歷史博物館，頁159～171。

趙榮台譯（民83）。博物館工作專業化，**博物館學季刊**，第八卷，第三期，頁57～64。

劉欓河（民74）。省立美術館軟體規劃二三事，**雄獅美術**，第169期，頁89～91。

鄭惠英，左曼熹合譯（民78）：世界博物館協會ICOM對博物館專業訓練所訂的基本課程標準，**博物館學季刊**，第三卷，第二期，頁31～38。

賴維堯，夏學理，施能傑，林鍾沂合著（民84）。**行政學入門**。臺北：國立空中大學。

薛平海（民86）。近四十年臺灣地區培育博物館專業人員的回顧，**臺灣省立美術館館訊**，第105～109期。

謝文和（民81）。博物館管理研習會簡史，**博物館學季刊**，第六卷，第四期，頁29～34。

謝里法（民85）。美術館．美術的殿堂與市場——爲市美館新館長就任而寫，**現代美術**，第六十九期，頁2～5。

謝慧中譯（民82）。何謂博物館，**國立歷史博物館館刊**，第二卷，第十一期，頁54～63。

蘇麗英譯（民84）。博物館目標上的問題與承諾，**博物館學季刊**，第九卷，第二期，頁45～51。

蘇麗英譯（民84）。博物館管理架構的混合與配合，**博物館學季刊**，第九卷，第二期，頁23～26。

二、英文部分

Andrei, Mary Anne, Genoways, & Hugh H.(1997), Museum Ethics, Curator, *The Museum Journal*, Vol.40. No.1, pp.6-12.

Bennett & Tony.(1997), *The Birth of the Museum: History, theory, politics*. Routledge.

Gerald George & Cindy Sherrell-Leo. (1987), *Starting Right: Basic Guide to Museum Planning*. American Association for State and Local History.

Glaser & Jane R.(1986), *USA Museums in Context, The American Museum Experience-In Search of Excellence*. pp.7-26, Scottish Museums Council, Edinburgh.

Greenhill & Basil.(1983), *Museum Management*. ICOM Proceedings of the 13th General Conference, pp.41-44.

Hudson & Kenneth.(1987), *Museums of Influence*. Cambridge University Press.

Hudson & Kenneth.(1990-92), *Prayer of Promise*. London: HMSO.

Hudson & Kenneth.(1997), *Museums for the 1980s-A Survey of World Trends*. UNESCO Butler & Tanner Ltd, Great Britain.

Impey, Olive & MacGregor, Arthur(eds). (1985), *The Origins of Museums: The Cabinet of Curiosities in Sixteenth Century Europe*. Oxford: Clarendon Press.

Mensch & Peter van(eds). (1989), *Professionalising the Muses: The Museum in Motion*. AHABooks, Amsterdam.

Miller & Ronald I.(1980), *Personnel Policies for museums: a hand-book for management*,

American Assocaition of Museums.

Osborne & Harold(eds). (1969), *The Oxford Companion to Art*. Oxford: Clarendon Press.

Ripley & Dillon.(1978), *The Sacred Grove: Essays on Museums*. Washington: Smithsoniam Institution Press.

Shestack & Alan.(1984), The Director: Scholar and Businessman, Educator and Lobbyist. *Museum News*, pp.66-69.

Weil & Stephen E.(1990). *Rethinking the Museum and Other Meditations*. Smithsonian Institution Press.

1997, *Museums USA*. National Endowment for the Arts.

1981, *Professional Practices in Art Museums*. Association of Art Museum Directors.

索引

2劃

3劃

4劃

5劃

6劃

7劃

8劃

9劃

10劃

11劃

12劃

13劃

14劃

15劃

19劃

20劃

21劃

附錄

九十七年公務人員普通考試試題

類科：文化行政　　科目：文化行政概要　　考試時間：一小時三十分

一、過去一般談到文化政策或文化行政，經常想到的是藝術團隊的補助與精緻藝文活動的支持，但文化資產業務和地方社區居民的文化權越來越受重視，經常成爲各國文化政策行政的主軸，臺灣也在這個轉型的潮流中，但我們也會聽到對這種轉變的憂慮和批評，請問您如何看待這種轉變？（25分）

二、公務員經常會以「依法行政」之說詞和原則去處理涉及藝術活動和地方社區的業務，而經常引起爭議或民間的不滿，試問您如何去看待這些問題，並舉例作爲說明。（25分）

三、「文化創意產業」是行政院在2002年推出的國家發展計畫項目，包含的業務範圍包括行政院新聞局主管的影音產業，經濟部主管的設計與流行商品，和行政院文化建設委員會主管的藝術與社區營造業務，然而這幾項所謂產業的性質差異很大，甚至有時是矛盾的，例如「藝術作爲一種產業」這個問題的矛盾性在那裡，請申論之。（25分）

四、前幾年行政院文化建設委員會曾經推出「文化公民權」的觀念，試圖整合揭示未來的文化政策計畫總方向，試問您對這個課題的了解，爲何這個觀念有如此的整合作用？（25分）

九十七年公務人員高等考試三級考試試題

類科：文化行政　　科目：文化行政與政策分析　　考試時間：二小時

一、文化政策的形成不一定只是由上而下的模式，藝術家、知識分子、非營利組織、民意代表等都扮演某種角色，所以有關文化政策的性質與過去制式的了解已大爲不同，那誰該爲文化政策負責？試申論之。（25分）

二、博物館通常是殖民意識和政治權力的展現場域，國立臺灣博物館、國立歷史博物館、故宮博物院分別成立於日治和國民政府來臺時期，相當典型地呈現文化與權力的辯證關係，試比較這三個博物館的成立意涵加以申論。（25分）

三、在探討文化藝術與跨領域之間緊密結合的問題時，試以臺灣任何一鄉鎮爲例，將該鄉鎮的「歷史故事」、「文化產業」、「地方特產」、「文化設計」、「文化禮品」相互貫串整合，請簡要說明其整合模式與「文化藝術計畫」、「文化政策執行」、「文化商品市場」三者關聯性爲何？（25分）

四、解釋名詞：（每小題五分，共二十五分）

（一）歐洲同盟文化政策；（二）世界無形文化遺產；（三）藝術文化創意產業；（四）文化資產保存倫理；（五）多元文化共存共榮

九十七年特種考試地方政府公務人員考試試題

等別：三等考試　　類科：文化行政　　科目：文化行政　　考試時間：二小時

一、我國的文化政策自遷臺以來可分哪三大階段？「加強文化及育樂活動方案」爲何時通過？其目的與重要內容爲何？（25分）

二、國內的中央文化行政事務分散在哪些部會？美國與法國的制度爲何？此制度與美國、法國相比有何優缺點？（25分）

三、何謂新自由主義（Neo Liberalism）？其文化政策的主張爲何？試分析其起因及利弊得失？（25分）

四、兩岸直航之後，對於我國的文化藝術可能有何影響？文化行政如何因應？（25分）

九十七年特種考試地方政府公務人員考試試題

等別：三等考試　類科：文化行政　科目：文化政策分析　考試時間：二小時

一、對於行政院文化建設委員會爲因應政府組織再造之改制問題，您支持文建會應改制爲「文化部」、「文化體育部」、「文化觀光部」，還是維持現制？請論述之。（25分）

二、人力資源是所有產業尋求發展的重要根基。您認爲臺灣在文化創意產業的人力資源上有什麼樣優勢、不足或可改進之處，請論述之。（25分）

三、請試說明海峽兩岸在相似的歷史文化背景卻又顯十分歧異的政治、經濟與社會環境中，應如何建立起溝通與合作管道，使得在豐富兩岸藝術文化內涵的同時，又能讓兩岸的文化創意產業可以得到充分的發展？（25分）

四、我國目前的文化創意產業共分爲13大類，依您之見，您認爲我國在文化創意產業的發展上，應可優先選擇發展哪幾類文化創意產業？理由爲何？（25分）

九十七年特種考試地方政府公務人員考試試題

等別：四等考試　類科：文化行政　科目：文化行政概要

考試時間：一小時三十分

一、行政院文化建設委員會何時推動「社區總體營造」？其目的爲何？重點工作爲何？（25分）

二、文化事務「民營化」的理由爲何？試就屏東海洋生物博物館及臺北當代藝術館的營運評論其優缺點。（25分）

三、公共藝術設置的法源爲何？其徵選方式有那些？試分析其優缺點？（25分）

四、何謂文化公民權？舉例說明中央與地方政府有哪些相關措施？尚有哪些事情可推動？（25分）

九十七年公務人員特種考試身心障礙人員考試試題

等別：四等考試　類科：文化行政　科目：文化行政概要

考試時間：一小時三十分

一、媒體經常批評政府很多文化設施是「蚊子館」，意思是說只有硬體卻很少人使用。但是如果不先有硬體，文化藝術的推廣就無法進行，使用率跟著也難以提升。您認爲文化建設應該先有軟體還是硬體？爲什麼？地方鄉村怎樣才能避免「蚊子館」的文化設施？（25分）

二、文化發展不應是地方文化局（處）或行政院文化建設委員會等單一行政部門獨力所能完成，往往需要其他部門的協作，甚至各部門都需要自己去做文化藝術。請用「行政文化化」的觀點加以論述。（25分）

三、近幾年來臺灣的文化政策方向，非常強調地方文化的自主性發展，就您的觀察有那些政策是屬於這一類型的作爲，其主要的內容是什麼？（25分）

四、「社區總體營造」是十多年以來臺灣最重要的新文化政策，請說明其基本精神和內容？（25分）

九十七年公務人員特種考試原住民族考試試題

等別：四等考試　類科：文化行政　科目：文化行政概要

考試時間：一小時三十分

一、「文化資產保護法」的公布與實施狀況如何？請簡要陳述大意。（25分）

二、請說明臺灣實施「行政法人」的狀況，並請列舉其成效？（25分）

三、就你所知，國際間相關於文化政策的訂定與實施，有哪些國家值得提出參考！請述其詳？（25分）

四、數位媒體（digital medium），在當前文化政策中的角色與應用若何？請述其詳！（25分）

九十八年公務人員普通考試試題

類科：文化行政　　科目：文化行政概要　　考試時間：一小時三十分

一、我們國家的文化藝術相關行政分布在幾個相關部會和地方政府部門，試就所知簡述有哪些機關，它們的文化行政事務內容如何。（25分）

二、過去一般談到文化政策或文化行政，經常想到的是藝術團隊的補助與精緻藝文活動的支持，但文化資產業務和地方社區居民的文化權越來越受重視，經常成爲各國文化政策行政的主軸，臺灣也在這個轉型的潮流中，但我們也會聽到對這種轉變的憂慮和批評，請問您如何看待這種轉變？（25分）

三、自從新文化資產保存法實施之後，文化資產已成爲臺灣文化行政事務的主要部門，請說明這種轉折的過程和意義。（25分）

四、近年來我國文化政策觀念有一些重大的發展，尤其是像社區營造、文化創意產業、文化公民權等觀念的提出，請說明您對這些政策內容的理解。（25分）

九十八年公務人員高等考試一級暨二級考試試題

等別：二級考試　　類科：文化行政（一般組）、文化行政（兩岸組）
科目：文化政策與文化研究　　考試時間：二小時

一、雖然有關「文化」的研究已是許多學科的主題（例如人類學、歷史學、哲學），但「文化研究」（cultural studies）成爲一門獨立的顯學還是在這二、三十年間，且與文學和傳媒研究關係密切，請討論文化研究與文化政策思想的關係。（25分）

二、在最深層的意義上文化政策的性質是要運用各種資源和專業技術提升和鼓勵國民參與「審美」活動，但是藝術和審美活動的性質與現代國家的政治和行政本質存在一些扞格。因此，一位有意識的文化行政人員要做好分內的事必須了解這些矛盾的內涵。試以政府用公共預算補助藝術家和藝術團體的觀念和程序來說明上述這種矛盾。（25分）

三、我國的文化政策和文化行政最近的發展除了藝術審美領域之外也相當重視文化資產保存和社區營造活動，其中一個主要目標是「文化公民權」（cultural citizenship）的養成。請試論文化公民權、文化政策和國家觀念的關係。（25分）

四、「文化創意產業」的觀念在臺灣的發展是源於行政院於2002年的國家發展計畫，現在也成爲政府積極提倡的政策，但思想界對於「文化工業」（Culture Industry）現象的批判早就在阿多諾的著作中成爲經典理論。今天的文化產業或創意產業經常與流行消費或經濟營利有關，這與藝術文化的本質有所偏離，甚至矛盾，請分析這些觀念的內部差異及其與當代經濟、政治與文化領域的辯證關係。（25分）

九十八年公務人員高等考試一級暨二級考試試題

等別：二級考試　　類科：文化行政（一般組）、文化行政（兩岸組）

科目：文化行政與藝術管理　　考試時間：二小時

一、因藝術而生的外部效益，概可從經濟、社會、政治、文化等四個面向進行分析。請試就以上之任一面向，闡述藝術可生成的外部效益。（25分）

二、請試從一位國立博物館館長的觀點，回答以下問題：（25分）

（一）博物館的任務為何？（二）博物館應透過何種方式接近觀眾？（三）博物館應如何招募志工？

三、文化創意產業的發展與文化消費息息相關，請試說明您對臺灣文化消費的觀察，並描述可如何藉由刺激文化消費，以達促進文化創意產業發展的目的？（25分）

四、媒體在藝術行銷中扮演的角色與可發揮的功能為何？請試就一視覺藝術或表演藝術活動，進行媒體行銷規劃與分析。（25分）

九十八年公務人員高等考試三級考試試題

類科：文化行政　　科目：文化行政與政策分析　　考試時間：二小時

一、文化政策的內涵是在處理有關全體國民的文化藝術生活事務，也就是美學和價值觀的問題，要將這些精神性的工作做為一種政府政策和行政業務來執行，您認為會有哪些問題？要如何解決這些問題？（25分）

二、我國在國際外交上面臨很多困境，尤其是兩岸的問題，您認為在文化藝術上應如何強化國人的國家意識？臺灣有何文化特色？文化政策和國際文化交流業務如何在這方面發揮作用？（25分）

三、媒體經常批評政府很多文化設施是「蚊子館」，意思是說只有硬體卻很少人使用。但是如果不先有硬體，文化藝術的推廣就無法進行，使用率跟著也難以提升。您認為文化建設應該先有軟體還是硬體？為什麼？地方鄉村怎樣才能避免蚊子館的文化設施？（25分）

四、試比較行政院文化建設委員會、國家文化藝術基金會、教育部、行政院新聞局、和縣市政府在文化藝術業務上的差別性和相關性，並檢討臺灣文化行政體系的問題。（25分）

九十八年公務人員、關務人員升官等考試試題

等別：薦任　類科：文化行政　科目：文化行政　考試時間：二小時

一、文化建設要能成功，不能只靠文化行政部門單打獨鬥，政府的其他行政部門也應該懂得將文化藝術的工作融入於他們的行政計畫中。因此，文化行政人員的一項重要任務就在於協助其他行政部門一起推動文化藝術工作。請從主管經濟、農業、工程建設或教育的部門中舉一個例子說明其工作與文化藝術發展的關係，及如何在其部門中落實文化藝術的相關計畫。（25分）

二、經常會聽到人們習慣性地批評所謂「蚊子館」，總是認爲要先有軟體才蓋硬體設施。如果這種邏輯是正確的，那麼有些偏遠地方就永遠不會有文化藝術的硬體設施。而且，從另一個角度來看，沒有好的硬體設施，又如何去培養文化藝術人才或吸引欣賞人口的積極參與？請問你如何看待這個矛盾的現象。（25分）

三、「文化創意產業」已成爲政府的重要政策，但也常引起誤會，以爲只要將文化藝術活動或其周邊產品進行商品化的行銷就可以了，事實上文化創意產業的核心應該是建立在「美學」的加值效果，或是更積極地發展純粹的文化藝術以帶動產業鏈的其他環節。換句話說，文化創意產業的核心是在審美加值的效果，而不是在於商品化或流行化，試舉例說明這個道理。（25分）

四、在文化和經濟全球化的潮流中，小地方的文化特色往往成爲一項發展的利基，這是所謂「全球在地化」（glocalization）的道理，即使在國內的遊憩產業發展中，社區和小地方的發展策略往往也是在於建立其有別於其他地方的特色。這樣的發展也有助於社區地方魅力和光榮感，試舉一些例子來說明臺灣在這方面的經驗。（25分）

九十八年公務人員、關務人員升官等考試試題

等別：薦任　類科：文化行政　科目：文化政策分析　考試時間：二小時

一、就政府的基本任務而言，促使文化生根乃是政府的重要使命之一。但當面對「全球金融風暴」、「八八水災」、「H1N1新流感」時，你如何讓民眾了解文化仍然是重要的？請敘明內容。（25分）

二、就政策執行面而言，行政院文化建設委員會與各縣市文化相關局處之間，存在著哪些矛盾？又如何加以克服？試抒己見。（25分）

三、在辦理大型文化節慶活動時，應如何避免淪爲「大拜拜」或「無法產生文化積累」，請舉例論述之。（25分）

四、試舉例說明，「文化性非營利組織」可以進行何種政策遊說的工作，又其效果可能會如何？（25分）

九十八年公務人員、關務人員升官等考試試題

等別：簡任　類科：文化行政　科目：文化政策研究　考試時間：二小時

一、請就「政策評估」的觀點，試舉例說明：何以某一文化政策會生成或終止？並敘明其決策模式爲何？（25分）

二、人力資源是所有產業尋求發展的重要根基，你認爲臺灣在文化創意產業的人力資源上，有何不足或可改進之處，試論述之。（25分）

三、對於行政院文化建設委員會的改制問題，你認爲「文化部」、「文化體育部」、「文化觀光部」各有何優、缺點？請論述之。（25分）

四、我國憲法第165條規定：「國家應保障教育、科學、藝術工作者之生活，並依國民經濟之進展，隨時提高其待遇。」對於國家應保障藝術工作者之生活，並依國民經濟之進展，隨時提高其待遇的規定，你對此之解讀與看法爲何？就目前政策論之，政府又有何具體作爲？試說明之。（25分）

九十八年特種考試地方政府公務人員考試試題

等別：三等考試　類科：文化行政　科目：文化行政　考試時間：二小時

一、文化行政工作的推動，牽涉到文化政策的落實與經費的分配，又必須注意文化的自主發展，文化政策與文化自主之間有一定的緊張關係。你認爲推動文化政策時，如何才能同時維持文化的自主？（25分）

二、近年來古蹟認定問題，曾經在臺灣社會發生相當大的爭議。作爲文化行政人員，你認爲此一爭議發生的主要因素爲何？又應該從何種角度切入分析？試舉一例討論之。（25分）

三、國立故宮博物院曾經經過兩年籌劃，首度針對17世紀站在歷史十字路口上的臺灣，舉辦爲期三個多月的「福爾摩沙：17世紀的臺灣、荷蘭與東亞展覽」，受到廣泛的注意。試問其在文化政策上有何意義？（25分）

四、臺灣部分教會使用羅馬字聖經已經超過一百年，過去政府的文化政策如何看待此一課題？作爲文化行政人員，你認爲政策上應該如何處理？（25分）

九十八年特種考試地方政府公務人員考試試題

等別：三等考試　類科：文化行政　科目：文化政策分析　考試時間：二小時

一、請簡述發展「文化創意產業」作爲國家政策的源起？目前國際間的發展趨勢爲何？並就所知評論我國的相關政策。（25分）

二、近年來政府積極透過主辦或與民間合辦的方式，以大型的展覽活動，向民間宣導和傳播國際性的高雅（或稱精緻）文化。試從文化政策的觀點，評論國家以預算（包括贊助和津貼）推動此類活動的正當性及其界限。評論時請特別針對其可能涉及的政策理念（及不同政策理念間的衝突）加以分析。（25分）

三、在全球化的趨勢下，作爲地方公務人員，面對文化同質化（cultural homogenization）與文化異質化（cultural heterogenization）的緊張關係，應如何努力以找出二者間的平衡點來突顯當地文化的在地性（locality）？試就所知的理論觀點，結合具體的地方文化場景，任舉一例分析政策制定者達成這種文化政策的全球在地化（glocalization）的可能空間。（25分）

四、「公共性」（publicity）或「公共空間」（public sphere）是晚近討論文化議題

時經常出現的詞彙。試就所知，申述其義。又，如果把這個觀念引入文化政策的制定過程，會產生何種規範上的要求？（25分）

九十八年特種考試地方政府公務人員考試試題

等別：四等考試　類科：文化行政　科目：文化行政概要
考試時間：一小時三十分

一、根據法律規定，我國文化資產中央和地方的主管機關各為何？試說明之。（25分）

二、臺灣歷史上曾經有相當時間處於被殖民的狀態，因此有一些古蹟或是歷史建築，是殖民者建設的成果。作為文化行政的推動者，你認為應該如何處理這些古蹟或歷史建築？（25分）

三、精緻文化與大眾文化之間，有其差異也有其流動和轉化的可能。請就臺灣本土文化的範疇，舉例說明大眾文化與精緻文化的流動與轉化。（25分）

四、財團法人國家文化藝術基金會是我國相當重要的文化機構，根據你的瞭解其成立的背景為何？組織功能與原有的文化主管部會有何不同？（25分）

九十九年公務人員普通考試試題

類科：文化行政　科目：文化行政概要　考試時間：一小時三十分

一、試論如何以社區總體營造的精神與策略來提升縣市政府的行政效能？（25分）

二、試論如何使鄉鎮圖書館成為轉動地方的社會運動基地？（25分）

三、文化產業經常被窄化為手工藝或社區產業，而文化創意產業經常被窄化為產品設計或藝文展演。試論如何以文化來促進農業、工業、服務業等現有產業發展與提升？（25分）

四、從頒布文化資產保存法至今二十餘年，各縣市仍不斷傳出具有文化資產價值的老建築受難，及文化資產保存工作人力不足、經費短缺等問題，甚至發生多起縣市政府帶頭拆毀深具歷史文化價值的老建築。試論如何解決「徒法不足以自行」的困境？（25分）

九十九年公務人員高等考試三級考試試題

類科：文化行政　　科目：文化行政與政策分析　　考試時間：二小時

一、如果你在縣府的職務是文化資產保存，正值民眾依照文化資產保存法提報一棟頗具古蹟價值的老建築。然而，縣府長官基於某些考量而不願將此案送進古蹟審議委員會。基於專業倫理，你認爲此老建築具有古蹟價值；但基於行政倫理則需遵照長官指示辦理。此時，你如何處理專業倫理與行政倫理的衝突？（25分）

二、試論文化局如何與縣市政府其他單位（如農業局、工務局、水利局、社會局、勞工局）合作，以文化的力量來提升縣市政府各單位的活力與水準，並擴大文化局的社會網絡連結，回過頭來促進文化局的業務發展與地方文化發展？（請在上述五個單位中任擇三個單位進行討論）（25分）

三、試爲一個縣市草擬「文化立縣／市」的綱要，從而論證一個地方如何經營出文化沃土，方足以吸引產業或各種人才移入？（25分）

四、試論在產業貿易中，何以需文化輸出先於產業輸出？（25分）

九十九年特種考試地方政府公務人員考試試題

等別：三等考試　　類科：文化行政　　科目：文化行政　　考試時間：二小時

一、文化創意產業發展法第19條：「中央主管機關應協調相關政府機關（構）、金融機構、信用保證機構，建立文化創意事業投資、融資與信用保證機制，並提供優惠措施引導民間資金投入，以協助各經營階段之文化創意事業取得所需資金。」試論此條文對於發展文化創意產業的重要性。（25分）

二、文化資產保存法第17條：「進入古蹟指定之審查程序者，爲暫定古蹟。具古蹟價值之建造物在未進入前項審查程序前，遇有緊急情況時，主管機關得逕列爲暫定 古蹟，並通知所有人、使用人或管理人。」請就本條文設定的背景、理論及執行面闡述之。（25分）

三、政府舉辦文化展演活動是否採取收費迭有爭議，請就此抒發己見。（25分）

四、何謂定目劇？如何發展定目劇？（25分）

九十九年特種考試地方政府公務人員考試試題

等別：四等考試　　類科：文化行政　　科目：文化行政概要
考試時間：一小時三十分

一、根據文化資產保存法，我國中央與地方在文化資產的保存工作上各爲何？試述之。（25分）

二、試述何爲「文化觀光」，從文化行政的角度討論如何發展文化觀光。（25分）

三、文化藝術獎助條例第 9 條明示：公有建築物應設置公共藝術，美化建築物及環境，且其價值不得少於該建築物造價百分之一。請從執行面抒發己見。（25分）

四、文化產業化、產業文化化以及創意產業已是世界經濟潮流，請就「如何創造文化 經濟利益」試抒己見。（25分）

一〇〇年公務人員高等考試三級考試試題

類科：文化行政　　科目：文化行政與政策分析　　考試時間：二小時

一、邁向國際是各國在進行文化創意產業發展時的必經之路。試描述我國政府對於文化創意產業走入國際所做的努力，並請提出可能的推動方案。（25 分）

二、文化藝術與經濟發展的關係爲何？您是否同意文化藝術的「功能」已然有所變遷？（25 分）

三、公立文化藝術展演機構爲何需要重視其「營運效益」？另公立文化藝術展演機構，又應如何鑑別其「施政績效」，試闡述之。（25 分）

四、「行政法人法」已於民國 100 年4 月27 日經總統以華總一義字第10000079421號令，制定公布全文 42 條。試論此一「行政法人」設置法源，將可能對我國文化藝術的發展產生那些影響？（25 分）

一○○年公務人員普通考試試題

類科：文化行政　　科目：文化行政概要　　考試時間：一小時三十分

一、就您個人的觀點而言，臺灣應如何「輸出」文化藝術至國際市場？又如何「吸引」國際人士在臺進行文化消費？（25分）

二、值此訴求「消費者滿意」的年代，公立文化藝術展演機構應如何促使觀眾「滿意」？以使展演機構得能永續發展，試闡述之。（25分）

三、一位出色的文化行政人員應至少具備那五項行為能力？試描述之。（25分）

四、試列舉出三個我國現以「OT」或「BOT」委外營運模式經營的公立文化藝術展演機構，並請評述其營運情況分別如何？（25分）

一○○年公務人員高等考試一級暨二級考試試題

等別：二級考試　　類科：文化行政（一般組）、文化行政（兩岸組）

科目：文化行政與藝術管理　　考試時間：二小時

一、2011年6月14日，立法院司法及法制委員會召開「司法及法制、教育及文化委員會第3次聯席會議」，三讀通過「文化部組織法」等相關法律草案，同時無異議通過附帶決議，要求行政院文化建設委員會研議辦理「原隸屬於教育部之四所國立藝術大學（國立臺灣藝術大學、國立臺北藝術大學、國立臺南藝術大學、國立臺灣戲曲學院）改隸屬於文化部」之提案。（節錄自立法院院會公報100卷49期3901號五冊1168-1170頁） 請問您對這個附帶決議有何看法？並代理文化部負責辦理這項公務的人員，研擬一份簡明的評估論述。（25分）

二、我國某一公立文化機構，擬向典藏這幅世界名畫（如圖）的博物館，洽商借展事宜。請您撰擬一份簡明的「策展計畫綱要」，做為該機構內部會議提案討論的參考資料。（25分）

三、2011年8月15日行政院文化建設委員會主任委員表示，十月正式成立「臺灣書院」。請問為何成立「臺灣書院」？也請您發揮個人的文化行政想像力，為「臺灣書院」草擬「營運綱領」。（25分）

四、為行銷日月潭形象，擬訂定「101年度『獎勵電影行銷日月潭』的宣傳補助計畫」，針對以日月潭為拍攝主景或以在地故事為劇情，並已進入後製作階段紀錄片、劇情片，進行行銷宣傳及院線放映計畫。請問此計畫應由政府那個單位負責最為妥當？也請您為該單位草擬簡明的補助辦法。（25分）

一○○年特種考試地方政府公務人員考試試題

等別：三等考試　類科：文化行政　科目：文化行政與政策分析
考試時間：二小時

一、試述文化多樣性（cultural diversity）的概念對我國文化行政與政策所產生的影響。（25分）

二、全球化已產生文化效應。試述一九八○年代之後新自由主義的內涵，及其對臺灣文化發展的影響。（25分）

三、請以行政院文化建設委員會與財團法人國家文化藝術基金會爲例，分析文化行政資源採取「再分配模式」或「自由競爭模式」的異同與關係。（25分）

四、試說明「文化行政與政策」中的「文化」之意涵，及其與經濟發展的關係。（25分）

一○○年特種考試地方政府公務人員考試試題

等別：四等考試　類科：文化行政　科目：文化行政概要
考試時間：一小時三十分

一、試述我國「文化行政」的定義與範疇。（25分）

二、試比較我國中央與地方文化行政體系的結構與職責。（25分）

三、試述文化資產保存法施行細則中，有關有形文化資產的範圍與其保存方式。（25分）

四、試以「節慶」爲例，闡述如何推動具有地方文化意涵與組織模式的藝文活動？（25分）

一〇一年公務人員高等考試三級考試試題

類科：文化行政　　科目：文化行政與政策分析　　考試時間：二小時

一、文化即生活，生活即文化，要將文化藝術活動與精神在全臺各鄉鎮村里、社區紮根，請問應有何策略與具體作法？（25分）

二、普及文化藝術教育之餘，又要顧及精英文化藝術工作者之培養，請問要如何做才能求得平衡點？（25分）

三、文化部若成立「文創研究院」，如何與產業界、學術界、公部門相聯結，發揮效能？（25分）

四、文化資產保存人才培育政策方面，請就「文化資產管理人才」、「文化資產修復人才」、「文化資產檢測分析人才」，說明臺灣在近十年來對上述三種人才培育的概況。（25分）

一〇一年公務人員普通考試試題

類科：文化行政　　科目：文化行政概要　　考試時間：一小時三十分

一、對於新移民第二代的文化公民權，政府有愈來愈重視之趨勢，尤其外籍配偶所生的第二代小孩的文化參與權益，請舉例說明應如何關照？（25分）

二、對於未來臺灣將邁入少子化與老年化的時代，在文化預算與政策方針上，應該做何因應與準備，請舉例說明之。（25分）

三、文化部成立「文化資產局」，主要總攬中央的文資保存工作，如果你是文化資產局局長，請問如何將文化資產保存的理念與精神，深入到各村里，建構綿密的文資保存地圖？（25分）

四、如果我是地方政府的文化局（處）長，在推動文化事務與舉辦各項文化活動的同時，要如何開源與節流，一方面扶植文化藝術表演團隊，一方面也照顧到非表演類的藝文團體，請舉例簡要說明之。（25分）

一〇一年公務人員高等考試一級暨二級考試試題

等別：二級考試　　類科：文化行政（一般組）、文化行政（兩岸組）

科目：文化行政與藝術管理　　考試時間：二小時

一、「博物館法」自80年代初由教育部研擬以來，歷經長時間研議，至今未能完成立法，請說明推動「博物館法」立法之必要性，並論述一部進步的「博物館法」所應具備的要旨與內涵。（25分）

二、「文化創意產業發展法」於民國99年2月3日公布實施，以一文化行政官員的立場如何推動及落實，請構想一企畫案例說明。（25分）

三、請說明文化行政上「臂距模式」（arms length）之概念，並論述如何將其落實於臺灣的藝文補助政策。（25分）

四、改制前的行政院文化建設委員會整合各項計畫，推出「新故鄉社區營造－地方文化館第一期計畫」（2002－2007）及「磐石行動－地方文化館第二期計畫」（2008－2013），請說明此二計畫對地方文化發展的實質效益，並分析其利弊得失。（25分）

一〇二年公務人員高等考試一級暨二級考試試題

等別：二級考試　　類科：文化行政（兩岸組）

科目：文化行政與藝術管理　　考試時間：二小時

一、試述文化部於 102年 5月 30日訂定發布的「藝術銀行作品租賃作業要點」之目的、法源、執行機關與執行方式為何？（25分）

二、文化資產保存法在行政院文化建設委員會時代公布，並分別在 94年 2月和 100年 11月兩度修正條文，如今文化部將進行重大修法。其中，最大的改變應該是文化資產保存法所涉及的無形文化資產項目，將參考聯合國教育科學文化組織（ UNESCO）的定義。請說明新的無形文化資產項目為何？並分析其與文化多樣性的關係。（ 25分）

三、文化藝術的發展涉及 manager和 maestro兩種人才的培育，請舉例說明目前相關文化法規對此的基本作為。（25分）

四、試述衍生於 1980年代，影響文化和藝術發展甚巨的新管理主義（New Managerialism）之核心觀念與主要意涵，並舉例說明其在臺灣所產生的衝擊。（25分）

一〇二年特種考試地方政府公務人員考試試題

等別：三等考試　　類科：文化行政

科目：文化行政與政策分析　　考試時間：二小時

一、我國文化部是何時成立的？使命為何？文化部自民國101年6月起曾召開第一階段共九場次的文化國是論壇，請問其所觸及的文化議題為何？（25分）

二、請說明文化部施政的四個基本目標和四個驅動方向。（25分）

三、什麼是「行政法人」？請分析公務機構改制為行政法人的利弊。（25分）

四、什麼是「藝術銀行」？請就你所知說明文化部「藝術銀行」計畫的目標和內容。（25分）

一〇三年公務人員高等考試一級暨二級考試試題

等別：高考二級　　類科：文化行政（選試英文）（一般組）、文化行政（選試德文）（一般組）、文化行政（選試西班牙文）（一般組）

科目：文化行政與藝術管理　　考試時間：二小時

一、文化遺產價值與意義的發揮必須運用「經營管理」機制的推動以獲取實質的文化認同，確保其保存維護成效並達成永續發展的目標。試以臺灣地區「文化景觀」個案為標的，根據世界文化與自然遺產保護相關組織所訂定之公約和文獻，擬定一份經營管理計畫。（25分）

二、多元文化蓬勃發展是城市文化規劃的重要關懷，試擇一城市針對特定群體（種族、宗教、移民、同志……）的文化作為，論述其推動多元文化治理經驗的基本思維、執行機制、實踐策略、成效及待改進議題。（25分）

三、請論述國立博物館行政法人化在準備階段，政府及博物館應進行那些基本工作及觀念改革？（25分）

四、過去一年臺灣地區陸續由國外藝術家來臺進行短期大型的地景創作（黃色小鴨、月兔）或環保展演行動（紙貓熊），吸引大量民眾參觀；請評估此類公共藝術行動長期在臺灣推動的可能性及意義，並請論述公共藝術行動的基本特質及持續進行條件。如果你即將為此設計一項推動計畫，目標是經由藝術媒介讓民眾和空間、歷史、環境、自然、人和社會等議題進行思考和對話，請選擇一個適切的空間並設計一系列民眾探索和體驗的主題以達到前述目標。（25分）

一〇三年公務人員高等考試三級考試試題

類科：文化行政　　科目：文化行政與政策分析　　考試時間：二小時

一、近年來文化部門推動之重要文化政策內容為何？其具體成效以及您的評論與建議為何？請說明之。（25分）

二、文化部行政組織架構中，有關文化創意產業之隸屬單位為何？您對此一行政體系有何具體意見？請陳述之。（25分）

三、文化資產內涵為何？其實施公益信託之可行策略為何？請說明之。（25分）

四、文化創意產業發展法主要架構與精神為何？您對此法有何具體修正意見？另，對我國文化創意產業類別範疇有何修正意見？請陳述之。（25分）

一〇三年特種考試地方政府公務人員考試試題

等別：三等考試　　類科：文化行政　　科目：文化行政與政策分析
考試時間：二小時

一、有人批評地方上常出現一些「蚊子館」，但另一方面又發現地方上普遍缺乏可用的藝文空間，請問您如何看待和解決這個矛盾現象？（25分）

二、某些人對目前的「文創」（文化創意產業）政策頗多微詞，認為作法上太過於庸俗化，對於嚴肅的文化藝術領域會產生負面的影響，請舉例說明「文創」和「文化藝術」兩者之間的正面和負面作用。（25分）

三、地方的「文化施政」往往需總體思考，與每個部門都有關。但這些部門卻都與文化行政部門不相隸屬，若真要發展地方文化，只能依賴地方首長統領各部門。請問應當如何面對這樣的問題？（25分）

四、臺灣歷史雖短，但擁有南島族群、中國華南移民和戰後的新移民族群，也有荷蘭、日本和清代中國的歷史經驗。請問應如何將這些多元異質的元素應用在文化政策思維上？（25分）

一〇四年公務人員高等考試一級暨二級考試試題

等別：高考二級　　類科：文化行政（選試法文）（一般組）、文化行政（選試日文）（一般組）

科目：文化行政與藝術管理　　考試時間：二小時

一、博物館的價值與意義為何？新博物館學主張博物館應從「物」的保存轉移到「人」的溝通，博物館的存在價值與意義因而產生了根本的改變，是謂博物館的典範轉移，試從友善平權、綠能環保、社會企業、典藏管理、文創開發等面向分析討論之。（25分）

二、公共藝術執行所依循的相關法源為何？試述公共藝術的界定、類型及發展歷程。（25分）

三、試論文化賦權的內涵、特性及作法為何？（25分）

四、試闡釋藝術管理的範疇及內涵，申論藝術管理的目標與使命。（25分）

一〇四年公務人員高等考試三級考試試題

類科：文化行政　　科目：文化行政與政策分析　　考試時間：二小時

一、請說明我國創立文化部的宗旨和主要政策目標。（25分）

二、我國「博物館法」甫於104年5月25日三讀通過，請說明立法內容和特色。（25分）

三、請說明文化部設立「國家表演藝術中心」的宗旨和管理主體。（25分）

四、請說明文化部推動「文化雲計畫」的目的和做法。（25分）

一〇四年特種考試地方政府公務人員考試試題

等別：三等考試　　類科：文化行政　　科目：文化行政與政策分析

考試時間：二小時

一、臺灣導演侯孝賢作品「刺客聶隱娘」在2015年的11月底，假休士頓美術館映演，代表臺灣電影的該片，在國際上大放異彩。試問，如果你是一位地方政府文化行政人員，如何協助及輔導影視產業之推動？（25分）

二、文化部爲將藝術美感融入公共生活空間，使藝術文化於民眾生活中生根，鼓勵藝術家與民間團體在公共空間中從事藝術活動與藝術作品設置，藉以啓發地方美學意識，特訂定「文化部藝術浸潤空間計畫」。試說明此計畫之重點內容。（25分）

三、2015年11月，立法院通過「水下文化資產保存法」，我國文化資產保存同時涵括海陸領域，進一步與國際接軌。試問，該法之重點內容爲何？其影響爲何？（25分）

四、社區總體營造自民國76年推展至今已20餘年，你對此政策看法如何？認爲有何具體成果？（25分）

一〇五年公務人員高等考試一級暨二級考試試題

等別：高考二級　　類科：文化行政（一般組）（選試英文）、文化行政（一般組）（選試法文）、文化行政（一般組）（選試德文）

科目：文化行政與藝術管理　　考試時間：二小時

一、爲確保文化資產保存維護永續發展的目標，全民的參與及認知爲重要的基礎工作。試以臺灣地區「無形文化資產」個案爲標的，根據世界文化遺產保護組織所發展出的目標和原則，擬定一份文化資產教育推動計畫。（30分）

二、提升「公民文化近用」爲現階段重要文化政策之一，請依據公民群體的差異性，擬定五項不同的執行計畫，以推動本政策。（30分）

三、向社會大眾開放博物館資源是當前重要的文化任務，試以一地方文化館爲例，說明文化行政機構如何規劃並推動相關工作。（20分）

四、請根據「聯合國教科文組織創意城市網絡（UNESCO Creative Cities Network, UCCN）」設立宗旨及七項領域中，擇一評估臺灣地區某城市加入此項國際行動的可行策略。（20分）

一〇五年特種考試地方政府公務人員考試試題

等別：三等考試　類科：文化行政　科目：文化行政與政策分析

考試時間：二小時

一、什麼是「國家語言發展法」？文化部爲什麼要推動這個法案？（25分）

二、何謂「地方學」？並請說明文化部社區營造政策與地方學的關係。（25分）

三、請說明政府設立「公共電視」的目的和原則。（25分）

四、文化資產莫名「自焚」，遭一把火燒掉事件時有所聞。請說明你對此一事件的了解，並說明文化部的解決方案。（25分）

一〇六年公務人員高等考試三級考試試題

類科：文化行政　科目：文化行政與政策分析　考試時間：二小時

一、文化是一個國家的軟實力，國防是硬實力，面對瞬息萬變的國際局勢，政府正推動新南向政策之際，以文化部部長的角度，應如何提出一個最符合臺灣利益及對外文化交流政策？（25分）

二、在少子化與高齡化的社會中，如何讓「傳統文化」的生活模式與「現代科技」的生活模式，並行而不悖？（25分）

三、試以電視劇「通靈少女」所呈現的「宮廟文化」，說明我國政府如何利用此模式發展「文化創意產業」及開發「文化創意產品」？（25分）

四、對於文物修復人才的培養，如何透過本土化的師徒制與國際化的學院派修復師交流合作，薪火相傳？（25分）

一〇六年特種考試地方政府公務人員考試試題

等別：三等考試　類科：文化行政　科目：文化行政與政策分析

考試時間：二小時

一、什麼是GATT、WTO、GATS？在上述的會議談判中各國有何利益衝突？法國主張「文化例外」（cultural exception）的理由為何？（25分）

二、有關文化財務收支政策的理論有那四種論點？反應在票價上的作法又各有何不同？（25分）

三、請論述英國「臂距原則」（the arm's length principle）的產生背景？目的為何？在文化行政上如何執行？對臺灣的文化行政有何助益與侷限？（25分）

四、民國67年行政院「加強文化及育樂活動方案」的內容為何？其對臺灣的文化行政有何重要影響？（25分）

國家圖書館出版品預行編目資料

文化行政／夏學理、凌公山、陳媛編著. 一
四版. 一 臺北市：五南，2012.12
面； 公分.--

ISBN 978-957-11-6914-9（平裝）

1.文化行政

541.29 101023034

1IHV 藝術系列

文化行政

作　　者— 夏學理(436.1) 凌公山 陳媛
發 行 人— 楊榮川
總 經 理— 楊士清
主　　編— 陳姿穎
責任編輯— 許馨尹
出 版 者— 五南圖書出版股份有限公司
地　　址：106台北市大安區和平東路二段339號4樓
電　　話：(02)2705-5066　傳　　真：(02)2706-6100
網　　址：http://www.wunan.com.tw
電子郵件：wunan@wunan.com.tw
劃撥帳號：01068953
戶　　名：五南圖書出版股份有限公司
法律顧問　林勝安律師事務所　林勝安律師
出版日期　2012年12月四版一刷
　　　　　2018年 6 月四版四刷
定　　價　新臺幣550元